交通强国新时代城市综合交通智能化体系建设系列丛书

城市群综合交通枢纽布局规划与功能设计

邵春福　刘志萍　聂正英　李　萍　王会会　杜翠霞　著

电子工业出版社
Publishing House of Electronics Industry
北京·BEIJING

内 容 简 介

本书面向城市群的建设,从综合交通枢纽,重点是综合客运交通枢纽的视角进行研究,主要内容包括:城市、都市圈、城市群及交通枢纽的概念界定,城市群与综合交通枢纽交通运输需求分析,城市群综合交通枢纽布局规划研究,城市群综合交通枢纽功能设计研究,城市群综合交通枢纽一体化开发,以及城市群综合交通枢纽发展等。

本书的读者对象为交通工程、交通运输、土木工程、城乡规划等专业的本科生,交通运输工程、土木工程及城乡规划学科的研究生,以及从事相关专业教育的科研工作者。

未经许可,不得以任何方式复制或抄袭本书之部分或全部内容。
版权所有,侵权必究。

图书在版编目(CIP)数据

城市群综合交通枢纽布局规划与功能设计/邵春福等著. —北京:电子工业出版社,2022.1
(交通强国新时代城市综合交通智能化体系建设系列丛书)
ISBN 978-7-121-42448-9

Ⅰ. ①城… Ⅱ. ①邵… Ⅲ. ①城市群—交通运输中心—交通规划—研究 Ⅳ. ①U115

中国版本图书馆 CIP 数据核字(2021)第 244544 号

责任编辑:徐蔷薇　　文字编辑:曹　旭
印　　刷:三河市鑫金马印装有限公司
装　　订:三河市鑫金马印装有限公司
出版发行:电子工业出版社
　　　　北京市海淀区万寿路 173 信箱　邮编:100036
开　　本:787×1092　1/16　印张:13.25　字数:297 千字
版　　次:2022 年 1 月第 1 版
印　　次:2022 年 1 月第 1 次印刷
定　　价:88.00 元

凡所购买电子工业出版社图书有缺损问题,请向购买书店调换。若书店售缺,请与本社发行部联系,联系及邮购电话:(010)88254888,88258888。
质量投诉请发邮件至 zlts@phei.com.cn,盗版侵权举报请发邮件至 dbqq@phei.com.cn。
本书咨询联系方式:xuqw@phei.com.cn。

前 言
FOREWORD

城市群建设已成为各国经济社会发展的重要引擎。未来国家之间的竞争将是城市群与城市群之间的竞争。发达国家城市群发展的结果表明,发达国家一般都具有3~4个成熟的城市群,其经济总量占国家经济总量的七成左右。其中,城市群综合交通枢纽作为区域综合立体交通网络的重要纽带,在支撑和引导城市群乃至整个国家经济社会的发展中一直发挥着重要作用。

新中国成立之初,我国的城市化率仅为5.1%,更谈不上城市群。改革开放以来,我国的城市化发展速度迅速,城镇数量和城镇人口持续增加,城镇规模不断扩大,尤其是进入21世纪以来,城市化率每年以超过1%的速度增加,2019年年底已经达到60.6%。城市群是城市化发展到高级阶段的产物,特点是由中心城市引领,多个城市群集,相互之间经济社会往来密不可分。到2000年,我国城市化率达到36.09%,人均国内生产总值(Gross Domestic Product,GDP)超过800美元,100万人以上的大城市接近50个,50万~100万人的大城市接近80个,具备了发展城市群的基础。城市群发展被提上议事日程,至今长江三角洲城市群、珠江三角洲城市群和京津冀城市群成为我国比较成熟的三大城市群。

《国家新型城镇化规划(2014—2020年)》提出优化、提升、发展长江三角洲城市群、珠江三角洲城市群和京津冀城市群等19个城市群,以及建设城市综合交通枢纽,并相继将京津冀一体化发展、长江三角洲一体化发展和粤港澳大湾区建设提升为国家战略,各城市群相继编制了城市群发展规划和城市群交通一体化发展规划。2017年,党的十九大提出建设交通强国的要求;2019年9月,中共中央、国务院又颁布了《交通强国建设纲要》。纲要要求构建"安全、便捷、高效、绿色、经济"的现代化综合交通运输体系,实现交通运输系统一流的设施、一流的技术、一流的管理和一流的服务。然而,综合交通枢纽是目前制约我国综合立体交通体系发展的瓶颈和短板,亟须从规划、设计、建设、运营和一体化开发等视角进行研究和实施。

本书立足城市群综合交通枢纽,梳理城市群中各城市的经济社会、文化历史、区位等要素,基于系统的思想,利用节点重要度理论、综合交通枢纽交通需求预测方法及交通建模仿真技术等研究综合交通枢纽的布局规划、功能设计、智能诱导及公交导向的城市发展(Transit Oriented Development,TOD)模式开发等问题,力求为城市群综合交通枢纽的发展提供基础支撑。

本书由北京交通大学邵春福负责全书的总体设计、统稿和补充完善，邵春福和北京交通大学海滨学院王会会负责第 1 章，邵春福和北京交通大学海滨学院赵鹏负责第 2 章，北京交通大学海滨学院聂正英和李萍负责第 3 章，北京交通大学海滨学院刘志萍和刘妍妍负责第 4 章，北京交通大学海滨学院刘志萍、杜翠霞和许文聘负责第 5 章，北京交通大学海滨学院聂正英和李慧负责第 6 章，北京交通大学海滨学院李萍和张宇诺负责第 7 章。

最后，电子工业出版社徐蔷薇编辑对本书的编辑、出版和发行付出了辛苦劳动；本书受河北省自然科学基金项目"京津冀城市群综合交通枢纽规划、布局与设计理论方法研究"（批准号：E2016513016）和国家自然科学基金创新研究群体项目"城市群综合交通系统管理理论与方法"（批准号：71621001）资助；本书在编写过程中还得到了北京交通大学海滨学院轨道交通学院钟雁院长（北京交通大学教授）的大力支持，进行了人员组织、协调和指导；北京交通大学刘仍奎教授、王福田副教授、熊志华副教授及王博彬博士为本书提供了宝贵资料；本书还汇集了北京交通大学硕士研究生邵思远和杨雄同学的毕业论文的内容，他们为本书的编写做了大量基础研究工作；在此一并表示感谢！

由于著者能力和水平所限，内容难免存在不足或错误，恳请读者批评指正。

著　者

目录 CONTENTS

第1章 绪论 /1

1.1 我国城市化发展及特征 /1
1.2 国内外交通枢纽的发展现状 /3
    1.2.1 国外交通枢纽的发展现状 /3
    1.2.2 我国交通枢纽的发展现状 /5
1.3 我国交通枢纽发展的问题 /7

第2章 城市、都市圈、城市群及交通枢纽 /9

2.1 城市相关概念 /9
    2.1.1 城市 /9
    2.1.2 城市规划 /11
    2.1.3 市政工程系统 /15
    2.1.4 城市防灾 /16
2.2 都市圈 /17
    2.2.1 都市圈基本概念 /17
    2.2.2 国内外知名都市圈 /18
2.3 城市群 /22
    2.3.1 城市群基本概念 /22
    2.3.2 外国五大城市群 /22
    2.3.3 中国主要城市群 /23
2.4 交通枢纽 /27
    2.4.1 交通枢纽的概念、分类及发展 /27
    2.4.2 综合交通枢纽 /28
    2.4.3 城市群综合交通枢纽 /30

第3章　城市群与综合交通枢纽交通运输需求分析　/ 32

3.1　京津冀城市群经济社会发展　/ 33
　　3.1.1　区域及地理概况　/ 33
　　3.1.2　经济社会发展特征　/ 33
3.2　京津冀城市群产业发展　/ 35
　　3.2.1　产业规模与产业结构　/ 35
　　3.2.2　经济效益与产业优势　/ 38
　　3.2.3　产业定位与协同发展　/ 39
　　3.2.4　交通运输与产业结构关系分析　/ 40
3.3　城市群出行特征分析　/ 46
　　3.3.1　乘客出行方式选择影响因素分析　/ 46
　　3.3.2　乘客出行行为分析相关理论　/ 49
　　3.3.3　城市群客运现状及客流特点分析　/ 50
　　3.3.4　城市群货运现状及特点分析　/ 55
3.4　城市群交通运输需求预测　/ 57
　　3.4.1　交通需求影响因素　/ 57
　　3.4.2　城市群交通运输需求预测方法　/ 60
　　3.4.3　京津冀城市群交通运输需求预测　/ 62
3.5　城市群综合交通枢纽交通运输需求预测　/ 75
　　3.5.1　交通运输需求的特征和影响因素　/ 75
　　3.5.2　交通运输需求预测的原则　/ 77
　　3.5.3　京津冀城市群交通枢纽现状交通运输量　/ 78
　　3.5.4　京津冀城市群交通枢纽运输需求预测　/ 83

第4章　城市群综合交通枢纽布局规划研究　/ 85

4.1　城市群综合交通枢纽的作用　/ 85
4.2　城市群综合交通枢纽与综合交通网络　/ 87
4.3　城市群综合交通枢纽与城市发展　/ 88
　　4.3.1　城市群综合交通枢纽与城市内外交通的关系　/ 88
　　4.3.2　城市群综合交通枢纽规划与城市空间规划的协同　/ 89

    4.3.3 城市群综合交通枢纽布置形式与城市空间布局的协同 / 90
    4.3.4 城市群综合交通枢纽布局与城市道路的协同 / 95
4.4 城市群综合交通枢纽与城市群发展 / 99
    4.4.1 城市群综合客运枢纽分类分级 / 99
    4.4.2 城市群综合货运枢纽分类分级 / 103
4.5 城市群综合交通枢纽布局理论与方法研究 / 104
    4.5.1 单一交通方式交通枢纽布局方法 / 105
    4.5.2 城市群综合交通枢纽布局的双层规划模型 / 109
    4.5.3 节点重要度法 / 111
    4.5.4 聚类分析法 / 113
    4.5.5 增长极理论与点轴理论 / 117
4.6 京津冀城市群综合交通枢纽布局研究 / 118
    4.6.1 京津冀城市群综合客运枢纽布局 / 118
    4.6.2 京津冀城市群货运枢纽布局 / 123

第5章 城市群综合交通枢纽功能设计研究 / 124

5.1 城市群综合交通枢纽功能与系统构架 / 125
    5.1.1 城市群综合交通枢纽功能 / 125
    5.1.2 城市群综合客运交通枢纽系统构架 / 126
5.2 城市群综合客运交通枢纽主体功能设计 / 127
    5.2.1 城市群综合客运交通枢纽的交通活动 / 127
    5.2.2 城市群综合客运交通枢纽交通活动特性分析 / 128
    5.2.3 城市群综合客运交通枢纽功能布局设计 / 129
5.3 城市群综合交通枢纽衔接设计 / 130
    5.3.1 城市群综合交通枢纽接驳交通方式 / 130
    5.3.2 城市群综合交通枢纽内交通换乘衔接关系 / 131
    5.3.3 城市群综合交通枢纽换乘衔接内容 / 131
    5.3.4 城市群综合交通枢纽换乘衔接设计分析 / 132
5.4 城市群综合交通枢纽导向系统设计 / 137
    5.4.1 城市群综合交通枢纽导向标识分类 / 137
    5.4.2 城市群综合交通枢纽导向标识的配置方式 / 138
    5.4.3 城市群综合交通枢纽导向标识的设计优化 / 139
    5.4.4 城市群综合交通枢纽信息化与智能诱导 / 141

5.5 城市群综合交通枢纽设计评价分析 / 144
    5.5.1 城市群综合客运交通枢纽评价分类 / 144
    5.5.2 北京大兴国际机场 / 145
    5.5.3 北京南站 / 157

第6章 城市群综合交通枢纽一体化开发 / 173

6.1 一体化的内涵 / 174
    6.1.1 一体化的概念 / 174
    6.1.2 一体化的特点 / 175
6.2 一体化开发的政策 / 175
6.3 一体化开发的措施 / 181
6.4 一体化开发案例分析 / 182
    6.4.1 车站综合体 / 182
    6.4.2 交通枢纽功能 / 183
    6.4.3 多方式交通布局 / 184
    6.4.4 空中城市功能 / 185
    6.4.5 城市花园功能 / 188
    6.4.6 车站特征 / 188

第7章 城市群综合交通枢纽发展 / 190

7.1 交通方式的有效融合与衔接 / 190
7.2 综合交通枢纽设计与景观 / 191
    7.2.1 构成综合交通枢纽环境景观的要素 / 191
    7.2.2 设计综合交通枢纽环境景观的功能作用 / 191
    7.2.3 综合交通枢纽景观设计要点 / 192
7.3 综合交通枢纽设计与地方文化 / 193
7.4 交通枢纽建设与旅游 / 194
7.5 交通枢纽建设与商住 / 195

参考文献 / 197

第1章

绪 论

1.1 我国城市化发展及特征

城市化又称为城镇化,是指一个国家或地区的社会生产力不断提高,伴随科技进步和产业结构调整,社会由第一产业为主导的传统社会形态转变为以第二产业、第三产业为主导的新型社会形态的过程。其中也包括农业人口向非农业人口的转化,城市人口占全国总人口的比重不断上升,城市数量不断增加,城市规模不断扩大,以及城市的物质和精神文明渗透到农村等。我国在近几十年里,不断推进城市化发展,取得了良好的成果,尤其是在改革开放之后,更是取得了快速发展,城市数量由新中国成立之初的100余个增加至660余个,城市化率也由新中国成立之初的10.6%提高到2019年的60.06%。目前,中国的城市化率已经达到了中等收入国家水平。我国的城市化发展可以划分为以下5个阶段。

初始阶段(从1949年中华人民共和国成立到20世纪50年代后期)。新中国成立之初,全国总人口只有5.4亿人,其中城镇人口为5765万人,农村人口为48402万人,城市化率只有10.6%。为此,我国提出了国民经济和社会发展的第一个五年计划,促进城市工业项目发展,同时,鼓励农村发展经济,由此形成了第一批新兴城市。据统计,截至1957年年底,我国城市数量已超过170个,城市人口规模达到7000多万人,城市人口占全国总人口的比重逐步提升,城市化率逐年增加,达到10.9%。

波动阶段(从20世纪50年代后期到改革开放前)。在这段时期,受国内外政治环境等的影响,我国的城市化发展进入了波动阶段,城市化发展缓慢,甚至出现了停滞。20世纪

50年代后期，我国城市数量由100多个增加到200多个，伴随着城市数量的增加，城市人口规模由7000多万人增加到超过1亿人，城市化率提高到15.4%。20世纪60年代初，我国政府调整国民经济发展方向，城市化发展随之变化。据统计，在20世纪60年代中期，我国的新兴城市数量比初期减少了近40个，城市人口减少了近2000万人，城市化率降低了约3%。从20世纪60年代中期到20世纪70年代后期，城市化发展进程缓慢。这10年间，我国的新兴城市仅增加了20多个，城市人口增加了约7000万人，城市化率较前期只提高了约2%。

平稳发展阶段（从改革开放到20世纪90年代初期）。1978年12月，十一届三中全会召开，要求在全国范围内开始实行改革开放，党和国家提出，要以经济建设为中心，把发展重点转移到经济建设上来，大力提高生产力，优化工业结构，同时优先发展沿海地区。为响应中央政策，很多地方大力推进家庭联产承包责任制，农村的生产力得到了很大的提高，很多小城镇慢慢发展起来，而且沿海地区自此受到政策倾斜，吸引大量农村劳动力开始涌向沿海地区，极大地带动了沿海大城市及周边小城市和小城镇的发展。因此，在这个时期，我国城市化焕发了蓬勃生机，进入了平稳发展阶段，10年期间，全国新增城市286个，城市的人口数量也增长到了3.1亿人，城市化率的比重接近30%，经济发展水平也平稳上升。

加速发展阶段（从20世纪90年代初期到2003年之前）。1992年春天，邓小平先后视察了武昌、深圳、珠海和上海等地，并在沿途发表了关于城市化发展的重要讲话。党的十四大又提出了加快改革开放和现代化建设步伐,市场经济的发展得到了充足的空间和机遇，城市经济得到了快速发展，加速了我国城市化发展的步伐，使我国的城市化率由1990年的26.4%迅速提高到2003年的40.5%，城市的整体承载力不断提高，城市新区、经济开发区、高新技术区、新型工业区等快速发展，城市规模也不断扩张。

快速发展阶段（2003年至今）。在2003年以后，我国制定了城市化发展的整体战略，城市化的发展到了城乡统筹发展阶段。党的十六大明确提出"坚持大中小城市和小城镇协调发展"的具有中国特色的城市化发展道路，因此大中城市和小城市之间开始慢慢形成城市群和经济区。例如，长江三角洲城市群、珠江三角洲城市群、京津冀城市群、中原经济区、武汉城市圈等。党的十八大又将"新型城镇化"确定为国家发展战略之一，并于2014年制定并颁布了《国家新型城镇化规划（2014—2020年）》。之后，京津冀一体化协同发展、长江三角洲协同发展相继被列入国家战略。十九大之后的2019年年初，国务院印发了《粤港澳大湾区发展规划纲要》。

以上内容表明，我国的城市化进入了快速发展阶段，城市化由单点向面域推进，发展水平也有了质的飞跃。

1.2 国内外交通枢纽的发展现状

1.2.1 国外交通枢纽的发展现状

交通枢纽是指集中了大量的站场与专业设施，利于载运工具与交通服务的衔接，方便大量乘客发到、中转和换乘的位置，是多种交通方式线路或单一交通方式多条线路汇集的节点。交通枢纽的出现和发展是与城市交通紧密联系在一起的，尤其是城市公共客运交通，并且随着城市交通的发展经历了一个从简单到复杂、从低级到高级的发展过程。1662年，法国巴黎运营了世界上第一辆城市马拉式公共班车；1832年，美国纽约出现了第一条马拉有轨车辆线路；1882年，日本东京开通了马拉轨道交通线路。在当时，满足人们对交通可达性的要求是首要问题，不同马拉有轨车辆线路之间的换乘问题还不突出。随着技术的发展，新的交通工具和交通方式相继被发明和应用。1814年，斯蒂芬森（George Stephenson）研制了名为"旅行者号"的蒸汽机车，1825年9月，他亲自驾驶这台蒸汽机车在英国修建的世界上第一条铁路上试运行，并获得成功。随后，铁路成为城市居民与外界进行交流的最重要的交通工具，铁路车站逐渐成为城市对外的门户，并为居民提供了在不同铁路线路之间进行换乘的场所。此后，随着地铁、公共电车、汽车的相继出现并投入使用，城市规模迅速扩大，在交通方式内部不同线路之间换乘的单方式交通枢纽及在不同交通方式之间换乘的多方式交通枢纽（综合交通枢纽）相继出现。

随着城市交通的不断发展，由于交通区位条件的差异，这些交通枢纽向不同的方向演化，有的衰退甚至消失，有的则可能进一步发展成为集多种交通方式于一体的多功能大型综合交通枢纽。这样，经过长期的发展，城市客运交通枢纽逐渐演变成一个具有多种类型、多种结构，以及功能互补和具有层级结构的交通枢纽系统。

1. 德国柏林综合交通枢纽的发展现状

自19世纪30年代起，德国各地修建了一系列通往柏林的干线铁路，这些铁路的车站大都选择建在土地相对便宜的城郊，形成了一系列尽头式车站。因而当时，马车就成为人们在不同车站之间进行换乘的主要交通工具。自19世纪80年代起，环线铁路、市郊铁路和城铁开始在柏林修建，逐步形成城市的轨道交通，也把那些原来分离的长途铁路尽头式车站连接了起来。但是由于一直没有能够使所有主要干线直接相连的中央车站，往来于四面八方的乘客始终要追随那些分散到发于各尽头式车站的列车上下车。即使有了环线和城市公交，换乘仍不便，对城市居民生活环境和经济的发展产生了制约。北美大城市铁路系统通过在城市中心建设中央车站或联合车站解决乘客换乘和城市交通问题，受其启发，柏林在1910年前后提出建设贯通南北的铁路隧道和用中央车站替代尽头式车站两种规划方案，但由于战争的原因未能实现。1990年两德统一后，联邦政府、德国铁路和柏林市很快编制了规划，建设铁路南北地下新线和综合性中央车站，同时改造铁路的一系列相关线路和车站，并使其与柏林城铁和地铁系统密切衔接，全面提升柏林铁路枢纽的能力和方便程度。

地处柏林市中心的原莱尔特车站靠近新联邦政府办公区，也成为中央车站最合适的选址。这样一来，德国成功将"让乘客方便，同时对城市无妨害"的铁路建设与运营的新理念及建设一体化的城市综合交通体系的构想运用于工程实践——历时10余年、耗资130亿欧元的柏林中央火车站及周边配套枢纽系统于德国世界杯举办前的2006年5月28日正式建成并投入运营。

柏林中央火车站是一个综合性大型立体化换乘中心，除往来于德国内外的干线铁路高速列车和其他长途列车外，柏林市的城铁、地铁、电车、巴士、出租车、自行车，甚至旅游三轮车也都在此停靠、汇集与疏散。占地15km²的柏林中央火车站一经开通，就立即成为德国东北部城市群乃至欧洲铁路系统的中心点，让一切可能的交通工具以十字交叉方式连接到同一车站，并在同一大厅内实现大规模垂直换乘，更使得该站成为当今欧洲乃至世界上最具典型意义的大型综合交通枢纽。该枢纽除使铁路与其他城市交通方式在城市中心换乘外，其最大特点是实现了铁路交叉线路在同一车站的垂直换乘。

柏林中央火车站，被誉为世界上最漂亮的火车站之一。这座以铁路火车站为主的城市群综合交通枢纽为五层钢结构玻璃建筑，为欧洲最大的火车站，也是柏林继帝国议会大厦和勃兰登堡门后的第三座地标性建筑。该站每天有超过1100列的火车进出，可接送30万乘客。

另外，柏林中央火车站换乘大厅内还分布着各类商铺和餐饮服务设施，与两栋商业办公楼连为一体，形成了枢纽联合体，也是进行站城一体化的TOD（Transit Oriented Development，公共交通导向型发展）开发模式的典范。

2. 日本城市群综合交通枢纽的发展现状

日本太平洋沿岸城市群共包括19个都府县，总面积10.5万km²（占日本国土面积的28%），人口8160万（占日本总人口的64%），包含3个大都市圈，即东京都市圈、京阪神都市圈、名古屋都市圈。

在公路方面，有南北相贯的5条大干线，与已有的东京、名古屋及京阪神（京都、大阪、神户）地区的高速公路相连，形成全日本高速公路网体系。

在铁路方面，日本太平洋沿岸城市群客运主要依靠大容量、快速的轨道交通，因此东海道城市群约90%的客运通过轨道交通承载。日本城际间的铁路主要有两种：新干线（东海道新干线是日本建成的第一条新干线）和在来线（新干线以外的所有铁路线路，使用的是既有铁路线路）。

以东京都市圈为例，主要的综合交通枢纽分布在城市中心区，与城市功能相结合。对外客流与城市客流的换乘利用综合交通枢纽完成。这些综合交通枢纽，以东京站为代表，是以铁路车站为主的综合交通枢纽。此外还有新横滨站、名古屋站、新大阪站、京都站等城市群综合交通枢纽，以及新宿站、上野站、涩谷站、池袋站、横滨站、大阪梅田站、神户三宫站等都市圈综合交通枢纽。这些城市群综合交通枢纽也都采用了站城一体化的TOD开发模式。

在航空方面，日本机场主要分为4类：枢纽机场、地方管理机场、共同机场和其他机场。东海道城市群内的民航客运主要以东京为枢纽辐射日本各主要城市，分布着东京成田、东京羽田、大阪关西、大阪伊丹波和名古屋共5个大型国际机场。

另外，像伦敦、巴黎、纽约等世界城市，其城市客运交通枢纽也都经历了类似的发展过程，并且形成了层级结构完整的枢纽系统。

总结国外交通枢纽的发展，具有以下几个特征：客运枢纽大型化、综合化和立体化，枢纽功能呈现层次化和多元化，设计和建设过程中处处体现"以人为本"的设计理念。所以，国外现代化的大型交通枢纽集中体现了基础设施的高度集约化、换乘的便捷高效化及环境舒适的人文化特征。这些特征是需求、供给、土地资源紧缺及运输业的发展阶段等因素共同作用的结果。从需求的角度看，随着社会经济的发展，乘客对方便快捷出行、高质量运输服务的要求越来越高，因此对"无缝"衔接、"零换乘"的需求日益突出；从供给的角度看，客运交通枢纽也要降低成本，提高效率，因而对合并流量和多方式汇集以实现网络经济提出了更高的要求；从资源的角度看，大城市尤其是市中心地区土地资源极其紧缺，必须采用地下和地上结合的立体方式，以巨额投资换取必要的空间区位，出行者也必须调整出行方式，放弃私人交通工具而共用交通；从运输业发展的阶段看，运输的效率更多体现在节点和枢纽上，同时这方面的技术也有了巨大的进步。

1.2.2 我国交通枢纽的发展现状

改革开放以来，我国的交通基础设施建设突飞猛进。截至2018年年底，公路通车里程达约485万km，其中高速公路通车里程达14.2万km，规模位居世界第一；铁路通车里程达约13.1万km，其中高速铁路通车里程达2.9万km，规模位居世界第一且约占世界高速铁路总规模的70%；水运内河航道通航里程约12.7万km，全国港口拥有生产用码头泊位23919个，其中拥有万吨级及以上泊位2444个；航空民用航空机场235个，年乘客吞吐量达1000万人次以上的有37个。这些成就可以说明，我国用约40年的时间完成了美国等工业发达国家近百年的成就。然而，我国在早期的交通运输建设中，注重通道建设，忽视了交通枢纽建设，直到我国交通发展出现了各种问题，才开始在一系列规划中注重交通枢纽的建设与发展。

公路枢纽建设：最早在1992年，原交通部组织编制了《全国公路主枢纽布局规划》，确定了全国45个公路主枢纽的布局方案；2007年又制定了《国家公路运输枢纽布局规划》，共确定179个国家公路运输枢纽，其中12个为综合枢纽；2018年，国家发展和改革委员会和交通运输部联合颁布了《国家物流枢纽布局和建设规划》，共规划了212个国家物流枢纽，包括41个陆港型、30个港口型、23个空港型、47个生产服务型、55个商贸服务型和16个陆上边境口岸型国家物流枢纽。

铁路枢纽建设：在"十一五"规划中也核定了北京、上海、广州、武汉、西安和成都六大枢纽性客运中心，以及哈尔滨、沈阳、济南和郑州等十大区域性客运中心。2016年新修订的《中长期铁路网规划》中又确定构建北京、上海、广州、武汉、成都等19个综合铁路枢纽。

民航机场建设：民航局核定了北京、上海、广州三大门户复合枢纽机场，重庆、成都、武汉、郑州等八大区域枢纽机场，深圳、南京、杭州、青岛等十二大干线机场。

除上述各交通相关行业主管部门规划的各自的交通枢纽外，国家发展和改革委员会也在2007年颁布了《综合交通网中长期发展规划》，其中规划了北京、上海等42个全国性综合交通枢纽，2017年最新公布的《"十三五"现代综合交通运输体系发展规划》中，明确提出建设要结合全国城镇体系布局，着力打造北京、上海、广州等国际性综合交通枢纽，加快建设全国性综合交通枢纽，积极建设区域性综合交通枢纽，优化完善综合交通枢纽布局，完善集疏运条件，提升枢纽一体化服务功能。

在这些政策的引导下，我国一些重大城市相继开展了综合交通枢纽的规划建设、布局设计工作，有些城市甚至专门编制了有关交通枢纽的规划。例如，2013年发布的《武汉综合交通枢纽总体规划》中就明确提出武汉未来要建成中国中部国际交通枢纽，建设沟通全国、辐射国际的客货运网络，实现货运"无缝衔接"，客运"零换乘"。在枢纽的布局设计方面，北京首都国际机场、北京六里桥客运枢纽、上海虹桥枢纽、深圳福田站、广东火车东站、重庆龙头寺火车站、南京南站等交通枢纽也相继建成。其中一部分交通枢纽在发展过程中展现了良好的辐射作用，带动了周围区域经济的协调发展。

上海虹桥枢纽是我国首个突破各行业部门管理壁垒，将航空、高速铁路、城市轨道交通、道路运输等交通方式集中在一个区域建设的综合立体交通枢纽，对我国综合立体交通枢纽的发展起到了引领和带动作用。

2019年9月25日开通运营的北京大兴国际机场，实现了航空、高速铁路、市域（郊）铁路、道路运输等多种交通方式在同一屋檐下的垂直衔接换乘，开启了我国的综合立体交通枢纽发展时代。

1.3 我国交通枢纽发展的问题

虽然我国近几年交通枢纽建设进程不断加快,但总体上我国的交通枢纽建设还处于探索阶段,与发达国家相比还有较大的差距,为适应我国城市群发展的需要,我国交通客运枢纽总体发展水平亟待提高。

长期以来,我国交通枢纽的建设是按照交通方式各自进行的,公路枢纽、港口枢纽、铁路枢纽和航空枢纽分别进行专项规划,规划过程中虽然考虑其他交通方式的需求,但缺乏系统性考虑,这种规划模式造成了不同交通方式的站场规划缺乏统一部署、设计缺乏衔接,导致条块分割、重复建设、利用不便。主要问题如下。

1. 交通枢纽发展的体制、制度障碍仍然存在

分割管理是造成各种交通方式衔接不畅的主要原因,综合运输管理体制还存在行业间、地区间、城乡间的分割,缺乏统一协调的交通枢纽发展体制。综合交通运输系统中公路、铁路、水运、民航及城市交通分块管理,使集公路与铁路、铁路与城市交通等多种交通方式于一体的交通枢纽难以实施。

2. 地方政府在推进交通枢纽建设中的协调力度需要加强

地方政府作为推进交通枢纽建设的责任主体,应发挥主导作用。交通枢纽的建设是一个复杂的系统工程,涉及各种交通方式及城市交通在功能结构、空间布局、中转换乘组织、设施建设分工、投资、运营管理等方面的衔接。但受到我国交通运输管理体制的制约,各部分之间在交通枢纽建设中的协调难度大,地方政府要加强交通枢纽规划建设的协调力度,建立推进交通枢纽发展的综合协调机构。

3. 缺乏统筹规划与系统设计,影响交通枢纽整体功能发挥

交通枢纽作为集多种交通方式和城市功能为一体的联合体,内部各种交通方式并不是简单的叠加与排列,不同交通枢纽内存在协调关系,交通枢纽功能与商业、旅游、餐饮、产业等功能之间存在更加复杂的协调关系。目前由于缺乏对交通枢纽的统筹规划及系统设计,影响了交通枢纽系统功能的发挥。

4. 标准与规范滞后,交通枢纽建设缺乏相应的指导依据

我国尚未建立统一的综合交通枢纽建设标准和规范,各种交通方式枢纽站场建设均执行各自的行业标准,这些设计标准和规范对客运交通的换乘转换、换乘基础设施的建设及内外部交通组织的设计缺乏相应的指导,交通枢纽在规划建设过程中缺乏相应的依据。

5. 融资渠道不畅，建设资金短缺是交通枢纽发展的主要矛盾

交通枢纽是具有较强外部性的公益性基础设施，是城市对外、对内交通的转换场所，承担着较强的城市公益性义务，并且交通枢纽具有初始投资规模大、投资回收期长、投资利润率低等特点。目前普遍存在政府投资、民间资本利用不足及缺乏 TOD 开发模式等问题，交通枢纽融资渠道不畅、建设资金短缺依旧是发展的主要矛盾。

第 2 章

城市、都市圈、城市群及交通枢纽

城市也叫城市聚落，是非农业产业和非农业人口集聚形成的较大居民点。人口较稠密的地区称为城市，一般包括住宅区、工业区和商业区等，并且具备行政管辖功能。

城市是"城"与"市"的组合词。"城"是指用于防卫，并且用城墙等围起来的地域。《管子·度地》中有"内为之城，外为之廓"的说法。"市"是指进行交易的场所，"日中为市"。这两者都是对城市的原始描述，严格地说，都不能说明真正意义上的城市。一个区域作为城市必须有质的规范性。

城市的出现，是人类走向成熟和文明的标志，也是人类群居生活的高级形式。城市的形成从根本上来说，有因"城"而"市"和因"市"而"城"两种类型。因"城"而"市"就是城市的形成先有城后有市，市是在城的基础上发展起来的，这种类型的城市多见于战略要地和边疆城市，如天津起源于天津卫；因"市"而"城"则是由于市的发展而形成城市，即先有市场，后有城市，这类城市比较多见，是人类经济发展到一定阶段的产物，本质上是人类的交易中心和聚集中心。城市的形成，无论多么复杂，都不外乎这两种形式。

本章主要界定城市、交通枢纽的概念及典型的都市圈、城市群。

2.1 城市相关概念

2.1.1 城市

现代城市是按照国家行政建制设立的行政区域，其管辖的建成区为市区，全部区域称为市域。

城市的性质是指一个城市在一定区域甚至更大范围内的政治、经济与社会发展中所处的地位和所负担的重要职能。

城市规模是指以城市人口和用地总量所表示的城市大小。

1．城市中心

城市中心也称城市公共活动中心，是城市居民社会生活集中的地方，亦是城市的主要行政管理、金融、商业、文化、娱乐集中的地方。

城市中心可分为5种：①政治、行政中心——构成的建筑为行政办公建筑，如各级党政机关、社会团体、银行金融、邮电办公大楼等；②文化体育中心——由文娱、体育建筑构成，如影剧院、文化宫、体育馆、运动场等；③商业中心——由商业建筑构成，如购物中心、商业步行街和沿街商店等；④科技文化中心——由科技文化建筑构成，如科技馆、各种展览馆、博物馆、图书馆及学校等；⑤综合性多功能中心——如纪念馆、历史文化建筑、交通建筑、地下通道、天桥等。

2．城市广场

城市广场是城市居民社会活动的中心。广场可以组织集会，供交通集疏，防灾，组织人们游览、休息，组织商业贸易等。

城市广场的布置是根据总体规划要求进行安排的，广场的大小、形状取决于城市性质、规模和广场本身功能的要求。

城市广场分集会游行广场、交通集疏广场、纪念广场、生活游览广场、市政广场、商业广场、宗教广场、休闲娱乐广场。

3．城市居住区

城市居住区是指城市中由城市主要道路或自然分界线所围合，设有与其居住人口规模相应的、较完善的、能满足该区居民物质与文化生活所需要的公共服务设施且相对独立的居住生活聚居地区。

城市居住区规划是对城市居住区的住宅、公共设施、公共绿地、室外环境、道路交通和市政公用设施所进行的综合性具体安排。

城市居住区公共建筑是为居住区公共服务设施配套修建的，主要包括教育、医疗卫生、文化体育、商业服务、金融邮电、市政公用、行政管理和其他用途的设施。

我国《城市用地分类与规划建设用地标准》（GB 50137—2011）按层数、布局、公共设施、公用设施、环境质量等综合因素，把居住用地分为三类，如表2-1所示。

表2-1 我国城市居住用地分类

一类居住用地	二类居住用地	三类居住用地
高端的低密度居住用地,包括别墅区、独立式花园住宅、四合院等,公用设施、交通设施和公共服务设施齐全、布局完整、环境良好	中、高密度居住用地,公用设施、交通设施和公共服务设施比较齐全、布局相对完整、环境良好	以需要加以改造的简陋居住区为主的居住用地,包括公用设施、交通设施不齐全,公共服务设施较欠缺,环境较差的危改房、棚户区、临时住宅等。这类用地在我国大多数城市中均有一定数量,通常在现状居住用地调查分类时采用

4．城市景观

城市景观是指景观功能在人类聚居环境中固有的和所创造的自然景观美,它可使城市具有自然景观艺术,使人们在城市生活中具有舒适感和愉快感。

城市旅游是指以现代化的城市设施为依托,以该城市丰富的自然和人文景观及周到的服务为吸引要素而发展起来的一种独特的旅游方式。

从城市景观的控制理论与研究角度出发,可以将城市景观分为活动景观和实质景观两个方面。

5．城市人口

城市人口结构是指在预测城市人口规模之前,首先对城市人口结构现状进行必要的调查与分析。

城市人口预测是指对未来一定时期内城市人口数量和人口构成的发展趋势所进行的测算。

流动人口是指离开户籍所在地的县、市或市辖区,以工作、生活为目的,异地居住的人口。

人口毛密度是指每平方千米居住用地上容纳的规划人口数量(人/km^2)。人口净密度是指每平方千米住宅用地上容纳的规划人口数量(人/km^2)。

6．城市的功能

雅典宪章中将城市的功能界定为居住、工作、交通和游憩。在我国,城市为人们提供住房,将农村人口吸引到城市,推动我国城市化进程。城市提供了大量的工作岗位,一些大企业位于城市中,为人们提供了大量的就业岗位。城市交通四通八达,交通层次分明,交通网以城市为中心向周围辐射,便于运输业的发展。城市逐步商业化,大型商场、购物广场、大型娱乐场所位于城市中,方便人们生活娱乐。

2.1.2 城市规划

城市规划是对一定时期内的经济和社会发展、土地利用、空间布局及各项建设的综合部署、具体安排和实施管理。

城市规划是综合性的工作；城市规划是法治性、政策性很强的工作，是需要各级程序严格审批的工作；城市规划工作具有地方性特点；城市规划是长期性和经常性的动态工作；城市规划具有实践性。

城市规划分为三个阶段（城市发展的三个阶段）：

第一阶段：农业社会——前工业化时期（古代的城市发展）。

第二阶段：工业社会——工业化时期（近代的城市发展）。

第三阶段：第三产业主导——后工业化时期（现代的城市发展）。

1. 城市规划中的工业用地布置

工业地带（城市集聚区）：随着现代化大工业和工业联合集团化趋势的发展，城市化程度越来越高，有些地区由于具有交通、资源和消费等有利条件，工业大量集中，城市几乎连成一片，形成新的城市形态。

组合城市是指随着工业的发展、工业地带的形成，逐渐形成的多个城市的集合。

工业用地在城市建设中需求量较大，一般规定城市建设中工业用地应占建设总用地的 15%～25%；大城市宜取规定值的下限，设有大中型工业项目的中小工矿城市，其工业用地比重可大于 25%，但不宜超过 30%。在规定的人均单项建设用地指标中，工业用地应为 10.0～25.0 m^2/人，大城市宜采用规定值下限，设有大中型工业项目的中小工矿城市，人均工业用地可适当增加，但不宜大于 30.0 m^2/人。城市中工业用地布置的综合要求如表 2-2 所示。

表 2-2 城市中工业用地布置的综合要求

项目	要求
城市工业用地的形状和大小	不同类型的工业企业，随着其机械化程度、自动化程度、交通方式、工艺流程、工业厂房建筑层数等的不同，其用地面积和形状是不同的。例如，电缆厂厂房长度根据工艺要求有时需要1km，用地必须是长条形的；自动化程度高的化肥厂其占地面积仅为老厂的1/10；采用传送带运输的钢厂占地面积约为采用铁路运输钢厂的1/4。年产100万t钢的工厂占地约需200公顷（1公顷为10000m^2），加上配套和协作项目，用地还要扩大2～3倍
地形要求	布置工业用地的自然坡度要和该厂选用的交通方式、工艺特点和要求的排水坡度基本适应，即铁路运输场地坡度不宜大于2%，以保证地面水迅速排走，地形坡度不宜小于0.5%。对利用重力运输的水泥厂、选矿厂应设在山坡地带，对安全距离要求很高的工厂宜布置在山坳或丘陵地带
水源要求	工厂应靠近水质、水量等均满足生产需要的水源处。在安排工业项目时应注意工业与农业、人民生活用水的协调平衡
能源要求	布置工业区必须有可靠的能源

（续表）

项目	要求
工程地质与水文地质要求	在山区建厂时，应特别注意地质条件，不要选在滑坡、断层、岩溶和泥石流等地段；在黄土地区，应注意地基的湿陷量不宜过大，地下水位最好低于厂房建筑的基础，水质要求对混凝土不产生腐蚀作用。工业用地应避开洪水淹没地段
特殊要求	有些工厂对气压、温度、空气含尘量、防磁、防电磁波及地基、土壤、防爆和防火等有特殊要求，应予以满足

2．城市规划中的居住用地布置

城市居住区泛指不同居住人口规模的居住生活聚居地，特指被城市干道或自然分界线所围合，并与居住人口规模（30000～50000人）相对应，配建有一整套较完善的、能满足该区居民物质与文化生活所需的公共服务设施的居住生活聚居地。

城市规划中居住用地的布置方式主要有以下几种。

（1）集中布置，适用于城市规模不大、城市规划用地范围内无自然障碍的情况。

（2）分散布置，适用于工矿业企业分散，或者受地形、矿产资源、河流或交通干道等影响而分隔的情况，城市用地分成若干片，每片由一个生活区和工业区组成，布置相应的独立生活居住设施。

（3）轴向布置，当城市用地以中心地区为核心、沿着多条由中心向外围放射的交通干线发展时，采用此种布置方式。

影响城市居住用地指标的因素主要有城市地理位置、城市性质、地形条件、经济发展条件、建筑形式及生活习惯等。城市居住用地在城市用地中所占比例一般为25%～40%。

在城市居住用地选址时，要注意选择自然环境优良的地段，注重用地自身及用地周边的环境污染影响，处理好居住与工作、居住与消费的关系，选择适宜的规模和形状。若在城外布置，则要注意协调与旧城区的关系，并结合房地产市场需求、建设可行性报告和效益情况留有余地。居住用地规划布局的原则主要有以下5点。

（1）协调与城市总体布局的关系。

（2）尊重地方文化脉络与居住方式。

（3）重视与绿地等开敞空间的关系。

（4）符合相关用地和环境标准。

（5）具有健康、安定的社区品质。

3．城市规划中的商业金融中心用地布置

商业金融中心用地宜按市级、区级和地区级分级设置，形成相应等级和规模的商业金融中心，商业金融中心的规划布局应符合下列基本要求。

（1）商业金融中心应以人口规模为依据合理布置。市级商业金融中心服务人口宜为 50 万~100 万人，服务半径不宜超过 8km；区级商业金融中心服务人口宜为 50 万人以下，服务半径不宜超过 4km；地区级商业金融中心服务人口宜为 10 万人以下，服务半径不宜超过 1.5km。

（2）商业金融中心用地应具有良好的交通条件，但不宜在城市交通主干路两侧布局。

（3）在历史文化保护区不宜设置新的大型商业金融中心。

（4）商品批发市场宜根据所经营的商品门类选址布局，当商品对环境有污染时，还应按照有关标准规划安全防护距离。

4．城市规划中的道路与交通设施用地布置

城市道路与交通设施用地布置原则如下。

（1）满足组织城市各部分用地布局的"骨架"要求。

① 城市各级道路应为划分城市各分区、组团及各类城市用地的分界线。

② 城市各级道路应为联系城市各分区、组团及各类城市用地的通道。

③ 城市道路的选线应有利于组织城市的景观，并与城市绿地系统和主体建筑相配合，形成城市的"景观骨架"。

（2）满足城市交通运输的要求。

① 道路的功能必须同毗邻道路的用地性质相协调。

② 城市道路系统完整，交通均衡分布。

③ 要有适当的道路网密度和道路面积率。

④ 道路系统要有利于实现交通分流。

⑤ 要为交通组织和管理创造良好的条件。

⑥ 道路系统应与城市对外交通有方便的联系。

（3）满足各种工程管线布置的要求。

（4）满足城市环境的要求。

城市道路网要与城市环境相适应，其有多种类型，主要类型如下。

① 方格式道路网，基本以直角方格形式划分城市各地段，比较方整，便于组织交通。这种城市道路网常见于平原地区。道路以东西向和南北向为主，布局齐整，有利于建筑物的布置。由于平行方向上有多条道路，因此交通分散，灵活性强，但对角线方向上的交通联系不便，增加了部分车辆的绕行时间。

② 放射式道路网，从中心地区向几个方向自然伸展，形成放射式干线系统。中心地带与各区之间交通联系便捷，也较易适应各种地形条件，但道路往往相交成锐角，交通组织和管理不太方便，城市边缘区之间联系也比较困难。这种道路多见于大城市。

③ 环形放射式道路网,由市中心向外呈放射状延伸,再围绕市中心呈现同心圆状。道路的贯通性好,符合城市运输量的实际要求。若环形道路的等级不高,则放射式道路可能会将大量过境交通引入城市中心区域。这种道路网常见于特大城市和超大城市。

④ 方格环形式道路网,是一种内方格、外放射加环状的混合式道路网,既缩短了两点间的距离,又不增加市中心的交通负担。

5. 城市规划中的农业用地布置

(1) 原则。

宏观布局,尊重各农业部门自身运作规律;因地制宜,充分考虑自然环境的差异;城乡协调,坚持生态农业的发展方向;在村镇一级规划建设用地时,要尽量避免占用农业生产用地。

(2) 措施。

将城市周边适宜的区域作为农副产品基地,规范和调控各个农业部门的发展,调控应符合不同农业部门自身区位选择和经营的规律。规划郊区农业用地时要充分考虑地形、水文、土壤等自然条件的制约,结合生产对象的生产特点,合理布局,加强对郊区农业环境的生态保护,保持城乡的生态平衡。村镇建设应贯彻合理用地的方针,多用荒地、荒山,少占用耕地。

2.1.3 市政工程系统

1. 城市给排水和中水系统

城市给水系统是指城市给水的取水、水质处理、输水和配水等工程设施以一定方式组成的总体。

城市排水系统是指城市污水和雨水的收集、输送、处理和排放等工程设施以一定方式组成的总体。

城市中水系统指将城市污水或生活污水经一定处理后作城市杂用或工业用的污水回用系统。中水系统是相对于给水(上水)系统和排水(下水)系统而言的。

2. 城市电力系统

城市电力系统是指由城市供电电源、输配电网和电能用户组成的总体。

3. 城市供热系统

城市供热系统是指由集中热源、供热管网等设施和热能用户使用设施组成的总体。

城市集中供热(区域供热)是指利用集中热源,通过供热管网等设施向热能用户供应生产或生活用热能的供热方式。

城市供热管网（热力网）是指由热源向热能用户输送和分配供热介质的管线系统。

4．城市燃气供应系统

城市燃气是指在城市生产和生活中当作燃料使用的天然气、人工煤气和液化石油气等气体能源的统称。

城市燃气供应系统是指由城市燃气供应源、燃气输配设备和用户使用设施组成的总体。

5．城市交通系统

城市交通系统是城市大系统中的一个重要子系统，体现了城市生产、生活的动态功能关系。城市交通系统是由城市运输系统、城市道路系统、城市交通管理系统组成的。城市道路系统是为城市运输系统完成交通行为服务的，城市交通管理系统则是整个交通系统正常、高效运转的保证。城市交通系统涵盖了城市交通中的各方面，包括城市道路、停车站场等。

城市道路是指通达城市各地区，供城市内交通运输及行人使用，便于居民生活、工作及文化娱乐活动，与市外道路连接并负担对外交通的道路。城市公共停车场（位），是于城市公共空间的土地上设置的向不特定的社会公众开放的机动车停放场地，包括在城市道路范围内统一规划的临时停车泊位（路内停车位）和在道路外的城市公共土地上建设的停车场。交通站场是指服务于城市某种交通方式的，具有运输组织、中转、装卸、信息服务及其他服务功能的综合性场所。

6．城市通信系统

城市通信是指在城市范围内、城市之间、城乡之间进行的各种信息的传输和交换。

城市通信系统是指由城市范围内、城市之间、城乡之间的各信息传输交换系统的工程设施组成的总体。

2.1.4　城市防灾

城市防灾是指为抵御和减轻各种自然灾害与人为灾害及由此而引起的次生灾害对城市居民生命财产和各项工程设施造成的危害及损失而采取的各种预防措施。

1．城市防洪

城市防洪是指为抵御和减轻洪水对城市造成的灾害而采取的各种工程和非工程预防措施。

城市防洪标准是指根据城市的重要程度、所在地域的洪水类型，以及历史性洪水灾害等因素而制定的城市防洪的设防标准。

防洪工程是指为抵御和减轻洪水对城市造成灾害性损失而兴建的各种工程设施。

2. 城市防震

城市防震规划是城市为预防和减轻地震灾害及由地震引起的次生灾害而特定的专项规划，也是城市总体规划的重要组成部分。

城市防震的基本要点如下。

（1）在地震烈度较大的地区，应严格控制城市规模。

（2）城市建筑物及生命线工程皆要按国家"抗震规范"进行设计和校核，使各类建筑物达到"小震不坏，中震可修，大震不倒"的标准。

（3）新建城市建筑物尽量布置在工程地质条件良好的地带。易液化沙土、软弱性黏土、淤泥和松散人工填土等用地不宜作为建筑用地，特别不宜安排大中型工厂和重要的公共建筑。

（4）控制建筑密度，增辟公共绿地。道路系统布置要考虑地震时应急疏散避难和救援工作的需要，保证城市有多条出入通道。特别要注意城市上游水库的抗震校核与加固工作。

3. 城市防空

城市防空是指为防御和减轻城市因遭受常规武器、核武器、化学武器和细菌武器等空袭所造成的危害和损失而采取的各种防御和减灾措施。

布局人防工程时应注意：面上要分散，点上要集中，便于连通，地上、地下统一安排。同时，还要注意非战时人防工程经济效益的充分发挥。

2.2 都市圈

2.2.1 都市圈基本概念

都市圈（Metropolitan Area）又称城市带、城市圈，指在城市群中出现的以大城市为核心，周边城市共同参与分工、合作，一体化的圈域经济现象。1957年，法国地理学家戈特曼首次提出了大都市圈的概念。

都市圈是一种特殊的地域空间组织形式，是经济、政治、文化、社会和交通紧密共同作用的结果，是在跨行政区域范围内，以一个或多个经济较发达并且有较强城市功能的特大城市或超大城市为核心，以一系列不同性质、规模、等级的大中小城市（镇）为主体，共同组成在空间上位置相近，在功能上紧密联系、相互依存的具有圈层式地域结构和经济、交通一体化的空间区域。都市圈最大的特点是圈内居民可以利用城市公共交通实现日常通勤出行，而不是非日常交通出行。我们熟知的都市圈有日本的东京都市圈、名古屋都市圈和京阪神都市圈，都市圈内的城市跨越了大阪府、京都府、兵库县和奈良县等；以及我国的北京都市圈、上海都市圈等。京阪神都市圈由京都市、大阪市、神户市、奈良市、寝屋川市、枚方市、长冈京市、芦屋市、尼崎市等组成，形成了可以日常通勤的紧密区域；北京都市圈由北京市主城区、河北省三河市燕郊镇等组成，跨越了北京和河北省两个行政区域，也形成了可以日常通勤的紧密区域。

2.2.2 国内外知名都市圈

1．国外知名都市圈

1）伦敦都市圈

英国几十年来的城市化演变颇具特色，走的是一条"以城带乡"的发展之路。而具有代表性的伦敦都市圈则由封闭到放射，最后形成圈域型都市圈结构，具有规划体系合理、交通体系完备、功能体系健全等特点。伦敦都市圈是指大伦敦（Greater London）范围，由伦敦市（City of London）和其他32个行政区共同组成。

在伦敦都市圈内，伦敦既是英国的首都，又是该都市圈的核心城市，也是英国政治、经济、文化中心和交通枢纽。伦敦都市圈是英国产业密集带和经济核心区，也是世界五大都市圈（见表2-3）之一。这一地区是产业革命后英国主要的生产基地和经济核心区。伦敦都市圈依靠规划疏解城市人口压力，合理使用土地，提高城市生活质量，均衡发展。伴随着城市集群化的不断推进，以伦敦为圆心，辐射带动周边城市及小城镇发展，使伦敦都市圈不仅是世界经济、金融、贸易中心，还是高新科技中心、国际文化艺术交流中心和国际信息传播中心。

表2-3 世界级都市圈

伦敦都市圈	纽约都市圈	巴黎都市圈	东京都市圈	北美五大湖都市圈
依靠规划疏解城市人口压力，合理使用土地，提高城市生活质量，均衡发展	世界上产业分工布局最完善、最有序的大都市圈	依靠规划疏解城市人口压力，合理使用土地，提高城市生活质量，均衡发展	交通港口一体化	整体尚处于较初级水平，在城市功能和主导产业上未形成各具特色的格局

伦敦都市圈的规划发展特点主要如下。

（1）与时俱进的空间战略规划不断优化布局。在伦敦都市圈形成的实际操作中，积极且有效的城市空间规划起到了举足轻重的作用。在伦敦都市圈的建设过程中，能够根据城市不同阶段的特点、问题和需求，制定相应的规划。

（2）新兴产业发展背景下构建创新系统。无论是创新城伦敦、科技城肖尔迪奇，还是新城米尔顿·凯恩斯，伦敦都市圈的诸多城市普遍经历过经济萧条、环境恶化、交通拥堵等问题，通过产业升级，积极构建符合城市发展的创新系统，以科技创新有力反哺区域综合发展。

（3）具体可操作的协商机制促成整体发展。根据英国规划政策框架的相关规定，大伦敦市长、大伦敦范围内的市区政府、与大伦敦毗邻的郡和市政府，在准备或修改其规划时，负有相互协商和告知的职责。

2）纽约都市圈

纽约是世界的金融中心，是美国第一大城市和港口，纽约于2007年发布了未来25年的战略规划，具体有减少温室气体排放、提升城市基础设施及改善环境等。同时对纽约的交通、能源、空气及土地资源、水资源的发展也提出了一系列的战略规划。其以可持续发展为总目标，形成了基础设施建设、经济文化建设、交通设施建设等各子目标。纽约大都市圈是以纽约市为核心的大都市圈，是世界上最大的都市圈之一。

美国的都市圈通常称为大都会区（Metropolitan Statistical Area，MSA）。在世界各大都市圈中，纽约都市圈堪称城市间分工协作的典范，其巨大的影响力归功于都市圈内完善的产业分工格局。通过合理的产业结构调整，既成功地增强了中心城市的实力，提高了中心城市的地位，也使周围地区获得了良好的发展契机，都市圈内的每一座城市也都形成了各自的产业亮点。

3）巴黎都市圈

巴黎都市圈是法国的政治、经济文化中心。一百多年来，法国政府一直致力于完善巴黎的城市规划政策，力求让这座汇集着世界文化珍品的千年古城，在延续历史传统和实现现代化发展之间找到平衡点，在风格迥异的世界大都市中保持自己独特的城市身份。一方面，巴黎十分重视保护历史文化古迹，尊重自然环境与自然景观，保留城镇周围的森林、绿色山谷、农村景色，向外迁移基础工业、高密集区人口；另一方面，在巴黎周边开发建设了2500km^{2}的卫星城、城市化郊区，减缓了中心城区的居住、环境、交通压力，郊区成为工业聚集区，形成了合理的专业分工。

作为世界历史名城，与其他都市圈相比，巴黎都市圈具有独特的优势。巴黎有着丰富的历史文化遗产、旅游胜地和丰富的都市文化生活，产业部门齐全，奢侈品生产是巴黎工业的一大特色，产品有贵重金属器具、皮革制品、瓷器、服装等。巴黎的金融、保险、商业、会议博览和旅游业都很发达，集中了众多的国际企业和高级研究机构，进行着频繁的国际商业活动，第三产业就业人口占巴黎就业人口的70%。

4）东京都市圈

东京都市圈涵盖东京都、神奈川县、琦玉县和千叶县，即1都3县，是经济实力最强的都市圈之一。

由于各种自然资源十分有限，东京采取了适度集中、疏密相间、集约化的发展模式，力求形成协同的综合效应。就都市圈内交通运输系统而言，将城市轨道交通作为发展重点，城市电气列车、新干线、轻轨、高架电车等各种轨道交通路线如蜘蛛网般纵横交错，极大地缩短了都市圈的行程时间。

东京都市圈的综合性城市功能十分强大。作为金融中心，全日本30%以上的银行总部、50%销售额超过100亿日元的大公司总部都设在东京，进一步强化了东京都市圈的国际金融职能和高层次中枢管理职能。同时，通过建立副城、卫星城，减轻了中心城市的压力。例如，横滨市、八王子市主要发展住宅区；厚木市以研究开发和信息产业为主；横须贺市主要承担医疗福利、物流等职能；成田市以国际交流和物流业为主等。分工明确的周边各城市，与作为都市圈中心的东京构成一个有机整体，有利于降低交易成本，提高运行效率和整体竞争能力。东京都市圈发展进程中的调控经验主要有以下6点：一是政府发挥主导作用；二是调整产业结构布局、中心区高端化；三是引导城市由单一中心型向多核心型城市结构转型；四是建立都市圈；五是建设便捷的交通设施网络；六是提高核心区生活成本，生活成本阶梯化。

2．国内知名都市圈

1）北京都市圈

北京都市圈是京津冀城市群的一部分，具有"两轴—两带—多中心"的空间结构。首都北京是我国重要的政治中心、文化中心、国际交往中心和科技创新中心，即"四个中心"，具有首都优势，肩负着带动京津冀城市群发展成为世界级城市群的重任。随着非首都功能疏解、城市副中心建设及京津冀协同发展战略的实施，北京都市圈的半径将逐步扩展到50km左右，形成现代化新型首都圈。同时，"四个中心"的首都功能将继续向北京中心城区聚集。北京都市圈包含北京市大部分区域及北京以东、北京以南方向的河北廊坊市北三市县（三河市、香河市、大厂回族自治县）、固安县、廊坊市区、保定市的涿州市、天津市的武清区等地。

2）上海都市圈

上海都市圈确定了上海作为长江经济带和长江三角洲的龙头地位。改革开放以来，长三角一体化经历了逐步加速的演化过程，上海都市圈规划对于长三角一体化发展的战略意义重大。《上海市城市总体规划（2016—2040年）（草案）》提出上海与苏州、无锡、南通、宁波、嘉兴、舟山等地区协同发展，形成90分钟交通出行圈，突出同城效应。在交通通勤、产业分工、文化认同等方面与上海关系更加紧密的地区作为上海都市圈的范围，积极推动上海都市圈同城化发展。《上海市城市总体规划（2017—2035年）》明确了上海2017年至2035年的总体规划，并远景展望到2050年的总体目标、发展模式、空间格局、发展任务和主要举措，为上海未来发展描绘了美好蓝图，提出上海都市圈由上海、南京、苏州、南通、无锡、常州、扬州、泰州、镇江、宁波、嘉兴、杭州、湖州、绍兴、台州、舟山16个城市组成。这些城市在都市圈的框架下发挥着各自的创新能力，即在空间上密切联系且形成具有一体化倾向的城市复合体，能够利用群体资源将知识转化为新产品、新技术和新服务，推动城市复合体经济整体发展。上海都市圈发展规划在长三角城市群发展规划的基础上，突出4个方面的内容：优化制度设计，驱动创新发展，加强基础设施，强化协调机制。上海都市圈有7个优势，即经济优势、金融优势、科技优势、人才优势、文化优势、区位优势和治理优势。

3. 都市圈的优势

一些地理位置优越和产业优势明显的城市经济功能趋于综合型，金融、贸易、服务、文化、娱乐等功能得到发展，城市的集聚力日益增强，从而使城市的经济能级大大提高，成为区域性、全国性甚至国际性的经济中心和贸易中心，商业由单纯的商品交易向综合服务发展，商业活动也扩展延伸为促进商品流通和满足交易需求的一切活动。城市的经济功能已不再由一个孤立的城市来体现，而是由以一个中心城市为核心，同与其保持着密切经济联系的一系列中小城市共同组成的都市圈来体现。都市圈是由以大城市为依托的相关城市组成的在经济、产业、文化等方面有紧密联系并逐步融为一体的城市集合。

4. 国内外都市圈的发展特征

近20年来，都市圈在我国及国外经济中的地位逐渐提高，集聚能力急速加强，经济总量迅速扩大，中心城市的经济势能不断强化。同时都市圈是投资中优先发挥效益最大、规模增益最大的地方，更是参与国际竞争的重要平台。国内外都市圈发展基本特征如表2-4所示。

表2-4 国内外都市圈发展基本特征

都市圈特征	主要内容
空间范围	都市圈的空间基本稳定在一定范围内，国际上，东京都市圈为1.3万km^2，纽约都市圈为1.7万km^2。所以都市圈范围不能太大，还要有密度和质量
发展半径	东京都市圈在1920—2000年发展半径从15km增长到50km，北京都市圈和上海都市圈目前的半径在30km左右，外围联系还较弱
城镇体系	东京都市圈内5万~20万人口规模的城市有84个，上海都市圈有9个，北京都市圈有8个；东京都市圈内20万~50万人口规模的城市有19个，上海都市圈有10个，北京都市圈有6个
交通设施	东京都市圈61.7%的人乘坐轨道交通上班，北京都市圈为15.5%
发展落差	都市圈有核心区、城市圈、都市圈3个圈层，在3个圈层中，存在一定的发展落差
增长与流动	北京、上海都宣布了自己人口的远期目标，也多次提出了减人的目标，包括减少开发面积的目标。中心城区圈层，人口的密度很难增长。如果未来北京都市圈的人口会增长，则外部圈层将是主要的承载地
产业格局	在都市圈内，产业格局总体将呈现"三二一"的逆序分布，总体趋势是都市圈产业按附加值圈层式梯度外扩，高端环节在核心区域，低端环节在外层区域

2.3 城市群

2.3.1 城市群基本概念

城市群是区域内城市发展到成熟阶段的最高空间组织形式,是指由跨行政区域的一个以上的超、特大城市为核心,由多个大城市为构成单元,依托发达的交通、通信等基础设施网络形成的空间组织紧凑、经济联系紧密、具有高度同城化和高度一体化的城市群体。

就空间尺度而言,城市群与都市圈相比具有更大的空间区域;就交通组织而言,在城市群内的城市之间,人们的交通出行主要以非日常通勤交通出行为主,因此也就不需要以城市公共交通为主组织其交通运输网络。

2.3.2 外国五大城市群

1. 美国东北部大西洋沿岸城市群

美国东北部大西洋沿岸城市群是美国经济的核心地带,制造业产值占全国的30%,是美国国内最大的生产基地、商业贸易中心和世界最大的国际金融中心之一,包含波士顿、纽约、费城、巴尔的摩、华盛顿等城市。其中,纽约是世界三大国际金融中心之一和著名的都市圈。该城市群长965km,宽48~160km,面积为13.8万km^2,占美国总面积的1.5%,人口为6500万,占美国总人口的20%,城市化率在90%以上。

2. 北美五大湖城市群

北美五大湖城市群分布于美国和加拿大五大湖沿岸,包含美国的芝加哥、底特律、克利夫兰和加拿大的多伦多、渥太华、蒙特利尔、魁北克等城市,与美国东北部大西洋沿岸城市群共同构成北美制造业带。其中,芝加哥是全球著名的金融中心,底特律是全球著名的汽车城。

3. 日本东海道城市群

日本东海道城市群共包括19个都府县,总面积为10.5万km^2(占日本国土面积的28%),人口8160万(占日本总人口的64%),其中主要有三个大都市圈,即东京都市圈、京阪神都市圈和名古屋都市圈。

4. 英伦城市群

英伦城市群以英国伦敦—利物浦为轴线,包含伦敦、利物浦、曼彻斯特、利兹、伯明翰、谢菲尔德等城市，是产业革命后英国主要的生产基地，其中伦敦现已成为欧洲最大的金融中心，同时也是世界三大国际金融中心之一。其中，伦敦都市圈是世界著名的都市圈。

5. 欧洲西北部城市群

欧洲西北部城市群由法国巴黎都市圈、比利时—荷兰都市圈、德国莱茵—鲁尔都市圈等构成，包含巴黎、布鲁塞尔、安特卫普、阿姆斯特丹、鹿特丹、海牙、埃森、科隆、多特蒙德、波恩、法兰克福、斯图加特等城市。其中，巴黎是法国的经济中心和最大的工商业城市，也是西欧重要的金融和交通中心之一。巴黎都市圈也是世界著名的都市圈之一。鹿特丹素有"欧洲门户"之称。法兰克福是欧洲重要的工商业、金融和交通中心。

2.3.3 中国主要城市群

城市群是国家参与全球竞争与国际分工的全新地域单元，是我国新型工业化和新型城市化发展到较高阶段的产物，已成为当前我国推进新型城市化的主要动力。2017年，我国三大城市群——京津冀城市群、长三角城市群和珠三角城市群GDP合计超过34万亿元，占全国GDP比重超过40%，是承载我国经济发展的重要区域。"十九大"报告提出"以城市群为主体，构建大中小城市和小城镇协调发展的城镇格局"。京津冀城市群、长三角城市群、珠三角城市群并称拉动中国经济发展的三大引擎。

1. 京津冀城市群

京津冀城市群是我国三大城市群之一，位于太平洋西岸东北亚、亚太经济圈的核心地带，是我国北方经济结构调整集中地，政治位置重要，区位优势明显。京津冀城市群是中国的政治、文化中心，也是中国北方经济的重要核心区。《京津冀协同发展规划》提出，为了更好衔接河北省的规划，新的京津冀规划将包含河北省全境，即"2+11"的发展模式。京津冀城市群地理位置优越，位于华北平原北部，北靠燕山山脉，南面华北平原，西倚太行山，东临渤海湾。京津冀城市群地域面积21.6万km^2，南北跨度约为700km，在空间尺度上与各世界级城市群相当，包括北京、天津两大直辖市和河北省的保定、唐山、廊坊、石家庄、秦皇岛、张家口、承德、沧州、衡水、邢台和邯郸共11个城市。其中北京、天津、保定、廊坊为中部核心功能区，京津保地区率先联动发展。

据2018年数据，京津冀城市群常住人口1.1亿人，地区生产总值8.514万亿元，以全国2%的地域面积承载了全国8%的人口，创造了全国10%的经济总量，与我国另两大城市群相当。京津冀城市群是我国经济活跃度、创新程度、开放程度最高，人口吸收最多的区域之一，被誉为我国经济的"第三增长极"。

京津冀城市群以建设京津冀世界级城市群为引领，遵循城市发展规律，转变城市发展方式，优化城市空间布局，完善城市治理体系，改善城市生态环境，创新城市管理体制，不断提升城市环境质量、人民生活质量和城市竞争力，努力打造富有活力、和谐宜居、各具特色的现代化城市，走出一条具有中国特色的城市发展道路。

京津冀城市群的整体定位是"以首都为核心的世界级城市群、区域整体协同发展改革引领区、全国创新驱动经济增长新引擎、生态修复环境改善示范区"。其空间格局为一核、双城、三轴、四区、多节点，其中，一核为北京；双城为北京、天津；三轴为京津发展轴、京保石发展轴、京唐秦发展轴；四区为中部核心功能区、东部滨海发展区、南部功能拓展区和西北部生态涵养区；多节点包括石家庄、唐山、保定、邯郸等区域中心城市和张家口、承德、廊坊、秦皇岛、沧州、邢台、衡水等节点城市；两翼为北京通州城市副中心、河北雄安新区。

人口结构呈现多中心化特征，但其程度逐年减弱，中小城市人口增长较大中心城市增长缓慢。由于大中心城市基础设施完善、能提供更多更好的就业和受教育机会，人口有向大中心城市流动的趋势。经济结构呈现单中心化特征，且单中心化程度逐年增强，近年来京津冀城市群中小城市经济发展不充分，地区经济发展不均衡；中小城市经济生产效率较大中心城市低，大中心城市由于拥有更多高生产效率的产业部门，经济生产效率较高，而中小城市产业结构等级较低，经济生产效率较低。

2. 长三角城市群

长江三角洲城市群（简称"长三角城市群"）以上海为中心，根据2016年5月国务院批准的《长江三角洲城市群发展规划》，长三角城市群包括：上海，江苏省的南京、无锡、常州、苏州、南通、盐城、扬州、镇江、泰州，浙江省的杭州、宁波、嘉兴、湖州、绍兴、金华、舟山、台州，安徽省的合肥、芜湖、马鞍山、铜陵、安庆、滁州、池州、宣城26个城市，土地面积21.17万 km^2。

长三角城市群是"一带一路"沿线与长江经济带的重要交汇地带，在中国国家现代化建设大局和全方位开放格局中具有举足轻重的战略地位，是中国参与国际竞争的重要平台、经济社会发展的重要引擎，是长江经济带的引领发展区，是中国城市化基础最好的地区之一。长三角城市群经济腹地广阔，拥有现代化江海港口群和机场群，高速公路网比较健全，公路、铁路交通干线密度全国领先，立体综合交通网络基本形成。

《长江三角洲城市群发展规划》提出要建设面向全球、辐射亚太、引领全国的世界级城市群。建成最具经济活力的资源配置中心、具有全球影响力的科技创新高地、全球重要的现代服务业和先进制造业中心、亚太地区重要国际门户、全国新一轮改革开放排头兵、美丽中国建设示范区。

长三角城市群是中国经济最发达、城镇集聚程度最高的城市化地区之一。长三角地区是中国经济发展最活跃的地区之一，以仅占中国2.1%的国土面积，集中了中国1/4的经济总量和1/4以上的工业增加值。

长三角经济圈是中国最大的经济圈，综合实力第一，其经济总量相当于全国GDP的20%，且年增长率远高于全国平均水平。长三角地区也是中国对外开放的最大地区，该地区工业基础雄厚、商品经济发达，水陆交通方便，是中国最大的外贸出口基地。长三角经济圈城市的经济总量基本都过千亿元人民币，为"长三角"都市圈带来了具有丰富性和层次感的县域经济，极具竞争力。

根据国务院批准的《长江三角洲城市群发展规划》，长三角城市群将依托国家综合运输大通道，建设以上海为核心，以南京、杭州、合肥为副中心，以高速铁路、城际铁路、高速公路和长江黄金水道为主通道的多层次综合交通网络，增强京沪高速铁路、沪宁城际、沪杭客专、宁杭客专等既有铁路城际客货运功能，推进沪宁合、沪杭、合杭甬、宁杭、合安、宁芜安等主要骨干城际通道建设，规划建设上海—南通—泰州—南京—合肥、南通—苏州—嘉兴、上海—苏州—湖州、上海—嘉兴—宁波、安庆—黄山等铁路（含城际铁路），以及上海—南通跨江通道等城际通道建设，提高城际铁路对5万以上人口的城镇、高等级公路对城镇的覆盖水平。

3. 珠三角城市群及粤港澳大湾区

珠江三角洲城市群（简称"珠三角城市群"）是我国三大城市群之一，是我国乃至亚太地区最具活力的经济区之一。珠三角城市群以广东30%的人口创造着全省77%的GDP。珠三角城市群包括广州、深圳、珠海、佛山、江门、肇庆、惠州、东莞、中山9个城市，呈现明显的"广州、深圳"两个超大城市双核、中小城市发展不足现象，双核城市对周围城市发展辐射能力有限。珠三角城市群人口城市化率一直明显高于长三角城市群和京津冀城市群，居三大城市群之首。据2016年数据，珠三角城市群、长三角城市群和京津冀城市群平均城市化率已分别达到84.88%、74.18%和67.13%，珠三角城市群城市化率高出长三角城市群10%，高出京津冀城市群近18%。

在我国城市群发展战略目标下，珠三角城市群虽然是中国改革开放后经济最发达、城市化进程最快的地区之一，但与外国五大城市群及长三角城市群相比，在城市化质量、城市层级体系等方面还存在较大差距。综观珠三角城市群空间结构的演变，按照各个不同的历史阶段，其大致经历了单中心—双中心—多中心网络化三个阶段，2008年后，正在向城市主导区域阶段演化。城市主导区域是超越了多中心网络化阶段的更高级阶段，它强调各个城市的协调有序发展，以及在全球经济活动中的重要地位和作用。

在广东省提出"建设以广州、深圳为双核的珠三角世界级城市群"及"携手港澳建设粤港澳大湾区世界级城市群"的目标背景下,迫切需要研究珠三角城市群人口城市化特征及机制演化规律,丰富城市群发展理论和城市化理论,为促进珠三角城市群发展提供科学依据,为全国其他城市群培育和发展提供经验借鉴。

粤港澳大湾区(Guangdong-Hong Kong-Macao Greater Bay Area,GBA)由香港、澳门两个特别行政区和广东省广州、深圳、珠海、佛山、惠州、东莞、中山、江门、肇庆(珠三角)9个地市组成,该城市群总面积5.6万 km^2,2018年年末总人口已达7000万人,地区生产总值10.867万亿元,人均生产总值156203元,是中国开放程度最高、经济活力最强的区域之一,在国家发展大局中具有重要战略地位。推进粤港澳大湾区建设,是以习近平同志为核心的党中央作出的重大决策,是习近平总书记亲自谋划、亲自部署、亲自推动的国家战略,是新时代推动形成全面开放新格局的新举措,也是推动"一国两制"事业发展的新实践。推进建设粤港澳大湾区,有利于深化内地和港澳交流合作,对港澳参与国家发展战略、提升竞争力、保持长期繁荣稳定具有重要意义。

2019年2月18日,中共中央、国务院印发的《粤港澳大湾区发展规划纲要》提出,粤港澳大湾区不仅要建成充满活力的世界级城市群、国际科技创新中心、"一带一路"建设的重要支撑、内地与港澳深度合作示范区,还要打造成宜居、宜业、宜游的优质生活圈,成为高质量发展的典范。香港、澳门、广州、深圳四大中心城市是区域发展的核心引擎。截至2017年年底,粤港澳大湾区高速公路里程已经超过4000km,是全国高速公路网密度最高的地区之一,核心区的路网密度已经超过纽约、东京、伦敦三大湾区;在水运方面,基本形成了以西江干线和珠江三角洲"三纵三横三线"为骨架的江海直达、连通港澳的高等级航道网。2017年,粤港澳大湾区内河航道通航里程已经超过6000km,位居全国的前列;同时,粤港澳大湾区是世界上沿海港口和机场分布最为密集的地区之一。2017年,粤港澳大湾区沿海港口集装箱吞吐量8000万TEU(国际标准箱单位),民航乘客吞吐量超过2亿人次,均位居全球湾区之首。2018年9月23日,广深港高速铁路香港段正式通车,标志着广深港高速铁路全线开通运营。2018年10月23日,港珠澳大桥开通仪式在广东省珠海市举行。港珠澳大桥于2018年10月24日9时正式通车运营。打造粤港澳大湾区,建设世界级城市群,有利于丰富"一国两制"实践内涵,进一步密切内地与港澳交流合作,为港澳经济社会发展及港澳同胞到内地发展提供更多机会,保持港澳长期繁荣稳定。

由以上讨论可知,都市圈和城市群具有异同点,相同点在于它们均具有跨行政区域的范围和紧密的社会经济联系;不同点在于都市圈内的交通出行以日常通勤交通为主,而城市群之间的交通出行以商务出行为主;城市群包含都市圈。

2.4 交通枢纽

2.4.1 交通枢纽的概念、分类及发展

1. 交通枢纽的概念

交通枢纽是在两条或两条以上运输线路的交汇、衔接处形成的,或者由两种或两种以上交通方式在此处衔接,具有运输组织、中转、装卸、仓储、信息服务及其他服务功能的综合性设施。

2. 交通枢纽的分类

交通枢纽的分类如表 2-5 所示。

表 2-5 交通枢纽的分类

分类方式	内容
按照服务范围划分	国家级枢纽、都市级枢纽、市区级枢纽、地区级枢纽
按照交通方式划分	单一交通枢纽、综合交通枢纽
按照交通功能划分	城市对外交通枢纽、市内交通枢纽、特定设施服务枢纽
按照服务对象划分	客运交通枢纽、货运交通枢纽、设施性交通枢纽

3. 交通枢纽的发展

1)发挥高速铁路客站区域间优势

从北京南站、天津站、上海虹桥站等大型交通枢纽来看,高速铁路车站成为解决大城市对外交通的主要手段。以世界上比较成功的大型交通枢纽为例,要想在大城市中心实现城市内外交通一体化并避免与城市交通冲突,大城市中央车站大型化、综合化和立体化是根本出路。许多新型交通枢纽的产生是以铁路客站为中心的,但同时也具备城市内部交通枢纽的特性。由于城市土地资源极度短缺,以及城市交通流量非常密集,在最大限度地利用效率最高的轨道交通手段的情况下,又增加了高架和地下立体方式,以实现大城市对外交通与城市交通的对接。

2)发挥大型机场长距离运输优势

航空运输速度快的特点相当突出,是长距离客运的主要方式,特别是几千千米距离的国与国之间的人员来往,基本依赖航空运输。同时,航空运输还具备基本建设周期短、投资小的特点。同铁路、公路相比,要发展航空运输,从设备条件上讲,只要添置飞机和修建机场即可,因此要充分发挥航空运输长距离运输的优势,充分利用大型机场的运输能力,

如虹桥机场、浦东机场、北京首都国际机场、北京大兴国际机场、广州白云机场等。

3）城市轨道交通引入枢纽

城市轨道交通的引入对提高枢纽及城市交通的整体效率至关重要。从轨道交通的发展来看，城市轨道交通作为大运量、速度快、安全、准点、保护环境、节约能源和用地的快速公共交通方式，本身具有较大的社会效益。从增大交通出行客流量、减轻地面交通投资压力、减少乘客的出行时间和费用、节约大量能源、减少环境污染等多方面进一步增加社会经济效益。据统计，日本成田机场枢纽的抵离乘客利用城市轨道交通的比例达到了近40%。

4）城市配套工程引入枢纽

以铁路、公路客站及机场为主形成的客运枢纽，由于到发客流量大，往往会发展成大型市内外综合换乘枢纽。这些枢纽主要依靠轨道交通线路将客流输送到城市的各个角落，同时一般配套设置地面公交站、社会停车场、出租车营运站等市内交通设施。因此，应重点研究枢纽内的城市轨道交通系统与其他交通方式的衔接配合，包括其线路与其他交通方式线路的衔接和其车站与其他交通方式车站的换乘衔接两个方面。

5）将多种经营引入枢纽

交通枢纽在为所在城市及周边地区提供服务的同时，本身功能也需要不断完善。随着枢纽产业的集聚发展，对生产生活配套设施的需求越来越高，包括基础设施、生态环境，以及教育、医疗、休闲娱乐等城市功能体系设施。综合交通枢纽在保证基本交通功能的同时，将多种经营引入枢纽，发展现代服务业经济。交通枢纽由于其基础属性，具有人流量大的特点，交通枢纽的发展需要将其打造成更具体验性、服务性的购物天堂，转"人流"为"留人"，将综合交通枢纽打造成为"交通枢纽+商业中心"示范区，发展交通的同时，匹配发展商业、餐饮、娱乐、观光等现代服务业，打造有鲜明特色的交通枢纽区域商圈，转变传统交通枢纽经济的发展模式，大力发展多种经营。

2.4.2 综合交通枢纽

1. 概念及内涵

综合交通枢纽是多种交通运输方式、多条干线交叉汇合、协同作业的重要交通节点，是综合交通运输体系的重要组成部分，是辐射一定区域的客货转运中心。

综合交通枢纽的范畴包括客、货在枢纽内的运送过程，枢纽技术设备（车站、港口、干线、仓库等）和运营管理等。

综合交通枢纽的特点是：交通运输方式复杂（包括公路、铁路、水运、航空、城市交通等多种方式）；运输流线、流向复杂（列流、车流、客流、货流）；换乘中转作业复杂（不同方式、不同站点间中转）；枢纽始发和终到客货量大；枢纽布局影响因素繁多。

2. 综合交通枢纽分类分级

根据 2017 年 2 月 3 日《国务院关于印发"十三五"现代综合交通运输体系发展规划的通知》中的规定，综合交通枢纽分为国际性综合交通枢纽、全国性综合交通枢纽、区域性综合交通枢纽三大类。

《全国城镇体系规划（2006—2020 年）》从交通枢纽城市的角度提出在全国范围内建设一级综合交通枢纽城市和二级综合交通枢纽城市。

一级综合交通枢纽城市指在交通分区内起支撑作用的城市，对区域经济发展的作用十分重要，并在人口和经济规模上具有足够的区域辐射能力。

二级综合交通枢纽城市指在区域发展中起辅助支撑作用的城市。其中哈尔滨、昆明、南宁、拉萨、乌鲁木齐为国家边境地区交通枢纽城市，在国家发展中具有重要的战略地位。

2017 年，交通运输部相继颁布了交通运输行业标准《综合客运枢纽分类分级》标准（JT/T 1112—2017）和《综合货运枢纽分类及基本要求》标准（JT/T 1111—2017），规范了我国综合交通枢纽的分类分级，提出了基本要求。《综合客运枢纽分类分级》标准按照主导运输方式将综合客运枢纽分为铁路主导型、公路主导型、水运主导型和航空主导型 4 类，又按照各种运输方式的总发送量或对外运输方式总发送量将综合客运枢纽分为 4 级。《综合货运枢纽分类及基本要求》标准同样按照主导运输方式将综合货运枢纽分为铁路主导型、公路主导型、水运主导型和航空主导型 4 类，但没有进行分级，只是给出了通用要求。

3. 综合交通枢纽的发展及规划

2017 年 2 月 3 日，国务院印发了《"十三五"现代综合交通运输体系发展规划》，分别从优化综合交通枢纽布局、提升客运服务安全便捷水平、促进货运服务集约高效发展、增强国际化运输服务能力和发展先进适用的技术装备等方面进行了规划，提出结合全国城镇体系布局，着力打造北京、上海、广州等国际性综合交通枢纽，加快建设全国性综合交通枢纽，积极建设区域性综合交通枢纽，优化完善综合交通枢纽布局，完善集疏运条件，提升枢纽一体化服务功能；按照零距离换乘要求，在全国重点打造 150 个开放式、立体化综合客运枢纽。科学规划和设计城市综合客运枢纽，推进多种运输方式统一设计、同步建设、协同管理，推动中转换乘信息互联共享和交通导向标识连续、一致、明晰，积极引导立体换乘、同台换乘。

国家发展和改革委员会印发的《关于打造现代综合客运枢纽 提高乘客出行质量效率的实施意见》（发改基础〔2016〕952 号）提出，到 2020 年，我国将在全国重要综合交通枢纽城市，打造 100 个以大型高速铁路车站为主和 50 个以机场为主的现代化、立体式综合客运枢纽。

综上可知，我国从枢纽城市及交通枢纽的功能作用和辐射范围等方面对综合交通枢纽进行了界定及分类分级。

2.4.3 城市群综合交通枢纽

城市群综合交通枢纽是主要服务城市群区域的区域性综合交通枢纽，辐射范围主要在城市群，但与一般的区域性综合交通枢纽相比其功能作用有特殊性，主要如下。

1. 运输方式汇集多，结构更加复杂

城市群综合交通枢纽，尤其是综合客运枢纽一般建设在城市建成区，除公路、铁路、航空、水运等长途运输方式外，还有城市轨道交通线路、城市道路上的地面公交、私家车、非机动车等城市交通方式，衔接的交通方式更多；城市交通方式的汇集，使城市群综合客运枢纽的设计需要综合考虑平面和立体结构。国家发展和改革委员会印发的《关于打造现代综合客运枢纽　提高旅客出行质量效率的实施意见》要求，机场、高速铁路和城际铁路客运站、普通铁路客运站、公路客运站、城市轨道交通车站、公交枢纽等主要站场将尽可能同站布置。这样一来，在有限的枢纽空间内布局设计难度大，结构更加复杂。

2. 吞吐、换乘或转运量大

城市群综合交通枢纽，尤其是综合客运枢纽的城市客流非常大，交通方式间的换乘量也大。城市群综合货运枢纽是多式联运的作业场所，运输方式转换间的运量大。

3. 交通出行结构复杂

城市群综合交通枢纽，尤其是综合客运枢纽承担着城市交通出行的功能，交通运输方式汇集多、线路复杂，交通出行结构较一般区域性综合交通枢纽复杂。

4. 用地开发强度大

由于城市群综合交通枢纽一般布局在城市建成区，土地价格高昂，建设成本高，需要通过提高容积率增加建筑物高度和实施综合体开发。国务院印发的《关于打造现代综合客运枢纽　提高旅客出行质量效率的实施意见》也要求，推进"交通+商业"等多资源整合、多功能融合的立体式空间布置与建筑体设计，加强地上、地下分工空间功能的合理布设，强化土地及空间资源的集约、节约及高效利用。

5. 组织协调难度大

城市群综合交通枢纽中多种交通方式汇集，综合开发使不同行业部门、主管部门和企业之间须进行交通运营组织和枢纽管理的协调，难度比一般区域综合交通枢纽大。

6. 运营效率要求高

城市群综合交通枢纽，尤其是综合客运枢纽，因为需要承担城市居民的日常交通出行责任，尤其是通勤出行，所以需要极高的运营和换乘效率。国务院印发的《关于打造现代综合客运枢纽 提高旅客出行质量效率的实施意见》要求，在枢纽站场内，采用同台或立体换乘的方式，不同交通方式换乘时间一般不超过3分钟。

7. 运输安全风险大

城市群综合交通枢纽，尤其是综合客运枢纽，因为吞吐量和换乘量巨大，尤其在通勤高峰时段，拥挤现象严重，一旦出现安全问题，多是灾难性的。因此，需要信息化系统和智能化的风险监测、预警、控制及快速疏散。

第 3 章

城市群与综合交通枢纽交通运输需求分析

城市群建设是我国《国家新型城镇化规划（2014—2020 年）》的重要内容之一。京津冀城市群是我国三大城市群之一，目前处于发展的初期，目标是将其打造为世界级城市群。现阶段，在京津冀城市群发展过程中主要存在两方面的问题：一是区域经济发展整体水平不足，二是核心城市对周边地区的带动作用不明显。

从 2014 年 2 月开始，北京市面向高质量发展和产业结构调整进行非首都功能疏解，促进京津冀协同发展，并强调在交通一体化的过程中，大力发展快速、安全、可达性高、低成本、大容量的综合交通体系。2015 年 4 月 30 日，《京津冀协同发展规划纲要》发布，提出交通领域作为京津冀一体化中的重点领域应率先突破。随后《京津冀协同发展交通一体化规划》发布，规划中明确指出交通一体化发展的目标、网络格局和重点任务，将大力发展"轨道上的京津冀"及建设多层次的轨道交通网络作为京津冀交通一体化发展的重中之重。

区域综合交通网络规划中的重要环节之一是预测城市群与综合交通枢纽的交通运输需求。城市群与综合交通枢纽的交通运输需求预测，对实现城市群与综合交通枢纽运输业发展快速化具有积极的作用，而且科学合理的预测能够节约城市交通基础设施的投资成本。

本章主要以京津冀城市群为对象，研究城市群的社会经济发展、产业发展、城市群出行特征及城市群和综合交通枢纽交通运输需求预测等，为城市群综合交通枢纽布局规划奠定基础。

对京津冀城市群的交通需求预测的流程如图 3-1 所示。首先，分析京津冀城市群的发展现状，包括经济社会现状、综合交通系统现状和交通枢纽现状。然后，采用定性预测和定量预测相结合的方法对京津冀城市群交通运输需求总量和综合交通枢纽交通运输需求量进行预测,定量预测分别采用时间序列分析法、增长系数法和三次指数平滑模型法进行。

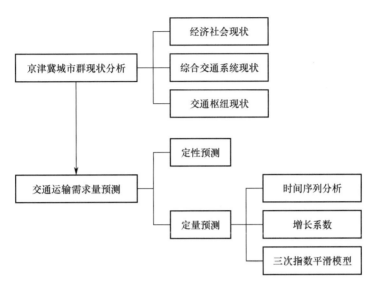

图 3-1 交通运输需求预测的流程

3.1 京津冀城市群经济社会发展

3.1.1 区域及地理概况

京津冀城市群位于华北平原北部,北靠燕山山脉,南面华北平原,西倚太行山,东临渤海湾。城市群包含北京、天津两大直辖市及河北省的石家庄、唐山、保定、邯郸等区域中心城市和张家口、承德、廊坊、秦皇岛、沧州、邢台、衡水等 11 个城市,地域面积 21.6 万 km^2,南北跨度约为 700km,在空间尺度上与各世界级城市群相当。

3.1.2 经济社会发展特征

1. 人口空间分布

京津冀城市群人口总量较大,2014 年,人口密度为 512 人/km^2,主要集中在北京、天津等城市,北京人口密度约为 1311 人/km^2,天津人口密度约为 1290 人/km^2,均为河北省(约 393 人/km^2)的 3 倍以上。2017 年京津冀城市群各市常住人口情况如图 3-2 所示。

2. 经济发展格局

2017 年,京津冀城市群人均生产总值为 71640 元。从经济空间分布来看,京津冀城市群各市之间发展不平衡，北京、天津的高速发展没能带动周边城市的发展，河北经济水平较差，呈现断层式发展。在产业布局方面，北京以第三产业为主，处于后工业化阶段；而天津以第二、第三产业为主，处于工业化后期；河北以第二产业为主，尚处于工业化中期。2017年京津冀城市群各市人均GDP情况如图3-3所示。

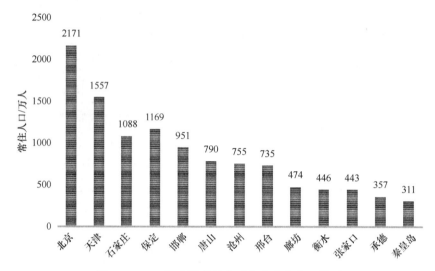

图3-2　2017年京津冀城市群各市常住人口情况

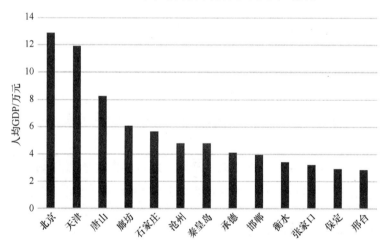

图3-3　2017年京津冀城市群各市人均GDP情况

3．城市化率

2017年，京津冀城市群城市人口为6964万人，区域城市化率为64.9%，城市化程度较高，处于城市化的中后期阶段。区域内部城市化率差异明显。北京、天津两市城市化率已经超过80%，处于高度城市化阶段，但河北的城市化率仅为55%，低于全国平均水平，如图3-4所示。

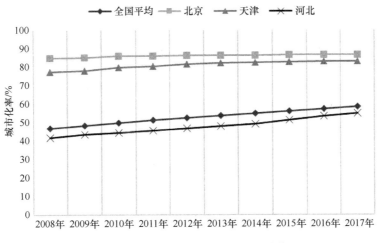

图 3-4　京津冀城市群城市化发展趋势

3.2　京津冀城市群产业发展

3.2.1　产业规模与产业结构

根据北京、天津、河北相关统计数据，2017 年京津冀城市群 8.058 万亿元经济总规模中，北京、天津、河北的 GDP 贡献率分别占京津冀城市群 GDP 的 34.8%、23.0%、42.2%，如表 3-1 所示。虽然从经济规模来看，河北的 GDP 贡献率最高，北京次之，天津最低，然而从人均 GDP 来看，结果却正好相反，如表 3-2 所示。天津的人均 GDP 在 2011 年便超过了北京，成为京津冀城市群中人均 GDP 最高、增长最快的地区，而在 2016 年之后，人均 GDP 北京最高、天津次之、河北最低。

表 3-1　京津冀城市群 GDP

年份/年	京津冀城市群 GDP/亿元	北京 GDP/亿元	北京 GDP占比/%	天津 GDP/亿元	天津 GDP占比/%	河北 GDP/亿元	河北 GDP占比/%
2007	28987.0	10071.9	34.8	5252.8	18.1	13662.3	47.1
2008	34191.0	11392.0	33.3	6719.0	19.7	16080.0	47.0
2009	37260.3	12419.0	33.3	7521.9	20.2	17319.5	46.5
2010	44160.3	14441.6	32.7	9224.5	20.9	20494.2	46.4
2011	52582.3	16627.9	31.6	11307.3	21.5	24647.1	46.9
2012	57978.1	18350.1	31.7	12893.9	22.2	26734.1	46.1
2013	63399.7	20330.1	32.1	14442.0	22.8	28627.6	45.2
2014	67290.5	21944.1	32.6	15722.5	23.4	29624.0	44.0

(续表)

年份/年	京津冀城市群 GDP/亿元	北京 GDP/亿元	北京 GDP占比/%	天津 GDP/亿元	天津 GDP占比/%	河北 GDP/亿元	河北 GDP占比/%
2015	69358.9	23685.7	34.1	16538.2	23.8	30025.1	42.0
2016	75625	25669.1	33.9	17885.4	23.7	32070.5	42.4
2017	80580	28014.9	34.8	18549.2	23.0	34016.3	42.2

表 3-2 京津冀城市群人均 GDP（元/人）

年份/年	北京	天津	河北
2007	61470	47970	19662
2008	66098	58656	22986
2009	68406	62574	24581
2010	75573	72994	28668
2011	83547	85213	33969
2012	89778	93173	36584
2013	97178	100105	38909
2014	102869	105231	39984
2015	109603	107995	40255
2016	118198	115053	43062
2017	128994	118944	45387

如图 3-5 所示，从京津冀城市群整体的三次产业 GDP 贡献值来看，区域总体经济结构呈现"三二一"的分布形态，"退二进三"的产业规划目标基本获得成功，但第二产业和第三产业的 GDP 贡献差距不大，实际仍是一个服务业和工业核心并重、农业补充发展的产业结构高级化过程中的经济增长极。然而从区域内 3 个地区各自的产业结构来看，产业结构格局与总体分布不尽相同。

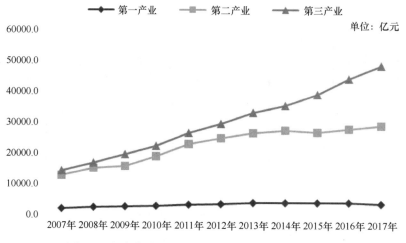

图 3-5 京津冀城市群区域整体的三次产业 GDP 贡献值

第3章 城市群与综合交通枢纽交通运输需求分析

2007—2017年,从整体趋势来看,北京、天津、河北的第一产业和第二产业增加值占GDP的比重均呈逐渐下降之势;天津、河北的第二产业增加值长年占当地GDP的50%以上;在第三产业方面,北京、天津的第三产业增加值占GDP的比重均呈上涨趋势,但天津的涨幅明显低于北京,而河北的第三产业增加值占GDP的比重还有所增加。总体上看,当前,北京已经呈现出第三产业比重最大、第二产业比重次之、第一产业比重最小的"三二一"结构模式,而天津、河北依然属于"二三一"结构模式。具体来说,北京的产业结构高级化程度较高,2007—2017年,第一和第二产业占比逐年下降,而第三产业占比持续上升(见表3-3),第三产业在发展中占据绝对优势,2017年第三产业占比为80.56%,第二产业占比为19.01%,第一产业仅占0.43%,目前已经形成了以第三产业服务业为绝对主导,第二产业辅助发展的较为高级的现代城市产业结构。天津的产业结构相对于北京,高级化程度略低,第二、第三产业的占比差异不大(见表3-4),2017年的占比分别为40.94%和58.15%,经济呈现出工业和服务业齐头并进的双轮驱动模式。河北的产业结构则呈现"二三一"梯形分布的结构模式(见表3-5),2017年占比分别为46.58%、44.21%和9.20%,即以工业生产为上导,服务业辅助发展,同时河北农业的发展对河北经济也会产生一定的影响。

表3-3 北京三次产业产值及占比

年份/年	总产值/亿元	第一产业		第二产业		第三产业	
		产值/亿元	占比/%	产值/亿元	占比/%	产值/亿元	占比/%
2007	10072	99	0.99	2534	25.16	7438	73.85
2008	11392	111	0.98	2642	23.19	8639	75.83
2009	12419	117	0.94	2857	23.00	9445	76.06
2010	14442	123	0.85	3388	23.46	10931	75.69
2011	16628	135	0.81	3753	22.57	12740	76.62
2012	18350	148	0.81	4060	22.13	14142	77.07
2013	20330	160	0.79	4393	21.61	15777	77.61
2014	21944	159	0.73	4663	21.25	17122	78.02
2015	23686	140	0.59	4661	19.68	18885	79.73
2016	25669	130	0.51	4944	19.26	20595	80.23
2017	28015	120	0.43	5327	19.01	22568	80.56

表3-4 天津三次产业产值及占比

年份/年	总产值/亿元	第一产业		第二产业		第三产业	
		产值/亿元	占比/%	产值/亿元	占比/%	产值/亿元	占比/%
2007	5253	110	2.10	2893	55.07	2250	42.84
2008	6719	123	1.82	3710	55.21	2887	42.96
2009	7522	129	1.71	3988	53.02	3405	45.27
2010	9224	146	1.58	4840	52.47	4239	45.95

（续表）

年份/年	总产值/亿元	第一产业		第二产业		第三产业	
		产值/亿元	占比/%	产值/亿元	占比/%	产值/亿元	占比/%
2011	11307	160	1.41	5928	52.43	5219	46.16
2012	12894	172	1.33	6664	51.68	6058	46.99
2013	14442	188	1.30	7308	50.60	6945	48.09
2014	15722	202	1.28	7766	49.39	7759	49.35
2015	16538	209	1.26	7704	46.58	8625	52.15
2016	17885	220	1.23	7571	42.33	10094	56.44
2017	18549	169	0.91	7594	40.94	10787	58.15

表3-5 河北三次产业产值及占比

年份/年	总产值/亿元	第一产业		第二产业		第三产业	
		产值/亿元	占比/%	产值/亿元	占比/%	产值/亿元	占比/%
2007	13662	1805	13.21	7202	52.71	4601	33.67
2008	16080	2035	12.65	8701	54.11	5276	32.81
2009	17319	2207	12.74	8960	51.73	6608	38.16
2010	20494	2563	12.51	10708	52.25	7124	34.76
2011	24647	2906	11.79	13127	53.26	8483	34.42
2012	26734	3187	11.92	14004	52.38	9385	35.10
2013	28628	3382	11.81	14782	51.64	10279	35.91
2014	29624	3448	11.64	15013	50.68	10961	37.00
2015	30025	3439	11.46	14387	47.92	11980	39.90
2016	32070	3493	10.89	15257	47.57	13321	41.54
2017	34016	3130	9.20	15846	46.58	15040	44.21

3.2.2 经济效益与产业优势

根据2018年《中国统计年鉴》《北京统计年鉴》《天津统计年鉴》《河北经济年鉴》的数据可以看出，2017年北京与天津的高利润产业类别更为相近，其中"医药制造业""通信设备、计算机及其他电子设备制造业""通用设备制造业"3个相对技术含量要求较高的行业同时出现在北京和天津的利润优势产业中，说明北京和天津的制造业目前已向资本或技术投入型工业倾斜，在现代制造业上显现优势。而河北的优势行业却与京、津两地完全不同，工业生产的重头依然是黑色金属、化学工业等高能耗、高污染的资源投入型工业，利润率最高的5个行业中尚未出现技术密集型工业，即河北经济依然是以传统的矿产开采加工工业、能源生产工业为主导的，现代制造业和高新科技制造业发展相对滞后。

在第三产业方面，从京津冀城市群区域总体的发展情况来看，2017年区域中增加值占

GDP比重超过15%的行业有两个，分别为批发零售业和金融业。深入分析北京、天津、河北的差异发现，北京第三产业的发展速度遥遥领先于天津和河北服务业的发展速度，从产值来看，北京第三产业的GDP是河北的1.5倍，是天津的2.1倍。其中，北京在金融业上居绝对领先地位，产值超过天津和河北的金融业产值之和。除金融业、批发零售业、房地产业、交通运输业、仓储和邮政业、住宿和餐饮业外，北京其他服务业的产值比例达到第三产业总产值的52%，远高于河北（35%）、天津（43%）的水平，这也说明北京的服务业更加多元化，不再拘泥于传统服务业。天津的服务业水平与北京的差距较大，主导产业是相对低端的批发零售业，金融业虽在区域内也体现出了一定的优势，但与北京的金融业发展水平相距甚远。河北35%的服务业集中于批发零售和交通运输业这两个对知识要求较低的劳动密集型产业，且其他服务业所占比重较低，这也说明河北服务业依然以传统项目为主，产业结构较为单一。

3.2.3 产业定位与协同发展

京津冀城市群地处环渤海经济圈的心脏位置，是中国北部经济规模最大、经济活力最强的地区，独特的行政地位和人才资本优势为其未来的发展奠定了坚实的基础。然而与此同时，京津冀城市群又是一个拥有1个首都、2个直辖市、3个行政中心的特殊区域，省市间存在着较大的经济格差。不同行政区域的产业规划的制定与协调，帮助经济圈中的省市完成产业发展的承上启下的工作，实现产业与技术由发达地区向欠发达地区的流动，加快各行政区域的产业对接，以及实现优势互补是京津冀城市群区域产业协同发展的核心。

北京、天津、河北都有其各自的优势和劣势，每个城市的定位和在经济圈内承担的任务也有所区别，如图3-6所示为京津冀城市群区域协同发展示意图，图中展现了北京、天津、河北的主导产业，表明了京津冀城市群的角色和产业定位。

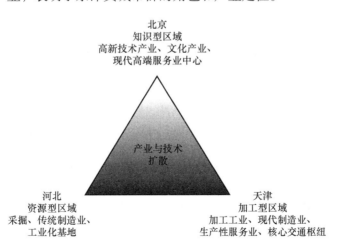

图3-6 京津冀城市群区域协同发展示意图

北京是以高新技术为核心的知识型区域。国内一流高校群集为北京的发展不断注入高质量的人力资本和技术创新活力；以国有四大银行为首的众多银行总部全部落户北京，使北京具有得天独厚的资金优势；产业高级化程度高，是国内最具现代化的城市之一。综合上述发展优势，北京最适合发展以高新信息技术、文化、金融等为核心的高端服务业，构建"高精尖"的产业结构，除电信制造业、航天航空制造业等技术性较强的制造业外，其他的普通制造业和采掘工业都可向区域外转移，诸如零售批发、物流等知识密集度相对较低的生产性服务业也可以逐渐向天津和河北转移。

天津是一个以非农产品加工工业为主的工业生产区域。天津在京津冀城市群区域内的地理优势十分明显，丰富的矿产资源及其地缘优势为其加工工业的发展创造了先天的优势；高技术制造业的产值达到工业总产值的30%，具有极好的现代高端制造业发展基础，应重点推进电子信息产业，以及面向世界市场的中高端汽车制造业等技术性较强的制造工业的发展；区域内生产性服务业已初具规模，为京津冀城市群区域内的工业发展和产业调整提供保障；拥有华北地区最大综合性贸易港口的天津港、最大货运中心的天津滨海机场占据交通枢纽的核心地位，需要继续完善以港口为中心的立体式现代化运输网络，做好由首都向外转移的交通运输和物流业等行业的承接工作。

河北是一个资源型区域，在土地和劳动力资源上具有绝对优势。河北的工业生产主要是以矿产采掘、金属冶炼或化学工业为主的重工业生产，存在产能过剩问题，近年来政府已加大力度控制产出，调整产品结构。河北需要在化解本地区工业生产产能过剩问题的同时，做好产业升级和产业承接工作，为从北京、天津转移来的普通工业生产做好对接工作，尽可能地利用北京和天津具有的高新技术，在建造一个新型工业化基地的同时兼顾生态环境改造。此外，河北的产业结构相对低级，服务业发展规模比较弱小，还需要充分发挥劳动力资源优势，着力发展一些生产性服务业，做好对首都地区向外转移的批发零售业等相对低端的服务业的承接工作。

总之，为实现京津冀城市群产业的协同发展，北京作为城市群的核心和最为高能的经济增长极，要充分发挥增长极的极化作用和辐射作用，将非首都核心职能的服务业和普通制造业向天津和河北转移，推动技术和人力资本向首都外扩散，带动天津、河北的产业升级（特别是河北），实现京津冀城市群的协同发展。

3.2.4 交通运输与产业结构关系分析

本书研究交通运输对产业结构的影响，因而有两组指标：一组指标是经济指标，用于描述京津冀城市群区域经济的构成；另一组指标是交通运输指标，用于反映京津冀城市群交通运输能力及对经济的贡献，如表3-6所示。

第3章　城市群与综合交通枢纽交通运输需求分析

表3-6　交通运输指标与经济指标

交通运输指标		经济指标	
交通运输规模	客运量	经济规模	地区生产总值
	客运周转量		
	货运量		
	货运周转量	产业结构	第一产业
交通运输布局	铁路营业里程		第二产业
	公路通车里程		第三产业

1．经济指标

在研究地区的产出水平时，通常采用GDP来衡量经济发展状况。结合我国三次产业划分规定，在经济指标的选取上，分别将第一产业、第二产业及第三产业的产值作为研究经济对象的重要指标。

2．交通运输指标

影响交通运输的重要因素主要有6个：客运量、货运量、客运周转量、货运周转量、铁路营业里程和公路通车里程，这些因素可以从宏观角度反映出交通运输业的发展趋势，包括范围大小、增长快慢和稳定性，是一个综合考量的因素。

客/货运量，顾名思义是指运输总数量，是在规定的时间内选取的一个可量化的因素，同时也是一个体现需求量的指标。

客/货运周转量是指在一定时期内，由各种运输工具运送的乘客/货物数量与其相应运输距离的乘积。该指标可以反映出运输业生产的总成果，也能反映出该区域的交通运输能力和需求。

铁路营业里程和公路通车里程主要体现的是铁路及公路的建设情况，即体现我国铁路和公路设施建设发展的程度。

1）灰色关联度模型

交通运输业的快速发展是各行业共同发挥作用的结果。灰色关联分析法主要用于分析不要求样本量大小的指标，也不要求指标之间有一定的排布规律，并且比较容易计算，较投入产出法和主成分法这两种分析方法简单，因此，该方法不仅可以达到"量化"数据的目的，还可以避开统计直接从因素上去进行分析。

关联度和具体的数据表现形式不同，但是它也可以作为"量化"的一种体现，通过关联图表示出来，由图可以很直观地比对数据趋势的变化，从而得出它们的关联度，主要计算步骤如下：

（1）确定特征序列和比较序列。

由于关联度可以通过特征序列表现出来,所以首先要选择特征序列作为参考序列。记参考序列为 x_0,收集了 p 个数据,如式(3-1)所示。

$$x_0 = \{x_{01}, x_{02}, \cdots, x_{0p}\} \tag{3-1}$$

已知存在 n 个因素序列与 x_0 相关,即设为比较序列,记比较序列为 x_i,设有 n 个被评价对象,p 是每个被评价对象的评价指标个数,则第 i 个被评价对象的描述如式(3-2)所示。

$$x_i = \{x_{i1}, x_{i2}, \cdots, x_{ip}\} \quad i=1,2,\cdots,n \tag{3-2}$$

（2）将原始的 x_0 与 x_i 进行物理公式的无量纲化处理。

所谓的无量纲化是指用一个具有特定标准的物理公式,将公式中的每个基本量进行标准化的处理,以解决量纲中原始值不同所带来的标准值不同的问题,让本身不具备一致性的评价指标,在不同量纲和数量条件下,可进行量化一致性分析与比较,如式(3-3)所示。

$$x'_{ij} = \frac{x_{ij}}{x_{i1}} \quad i=1,2,\cdots,n; j=1,2,\cdots,p \tag{3-3}$$

（3）计算 x_0 与 x_i 的相差值。

将参考序列与比较序列的绝对值进行比对,算出绝对值序列,求出其中最大值和最小值的差值,分别是 $\Delta(\max)$ 和 $\Delta(\min)$,如式(3-4)~式(3-6)所示。

$$\Delta i_j = |x_{ij} - x_{0j}| \quad i=1,2,\cdots,n; j=1,2,\cdots,p \tag{3-4}$$

$$\Delta(\max) = \max_{1\leq i\leq n}\max_{1\leq j\leq p}(\Delta i_j) \tag{3-5}$$

$$\Delta(\min) = \min_{1\leq i\leq n}\min_{1\leq j\leq p}(\Delta i_j) \tag{3-6}$$

（4）计算关联系数。

随机抽取一个评价对象,计算其与参考序列的关联系数,如式(3-7)所示。

$$\zeta_{ij} = \frac{\Delta(\min) + \rho\Delta(\max)}{\Delta i_j + \rho\Delta(\max)} \tag{3-7}$$

式中,ρ 为分辨参数,$0<\rho<1$,这里取平均值 0.5。

（5）计算灰色关联度。

$$r_{0k} = \frac{1}{n}\sum_{t=1}^{n}\zeta_{0k}(t) \tag{3-8}$$

式中,r_{0k} 为序列 k 的灰色关联度;$\zeta_{0k}(t)$ 为序列 k 在 t 点的关联系数。

2）京津冀城市群交通运输指标与产业结构关联度计算与分析

将 2007—2016 年京津冀城市群各项交通运输指标数据与经济指标数据做灰色关联度分析，以期进一步了解京津冀城市群交通运输指标对区域产业结构的影响。

3. 京津冀城市群交通运输指标与地区生产总值的关联度分析

首先，根据式（3-3）分别进行无量纲化处理，再根据式（3-4）计算出参考序列与比较序列之间的绝对值差值，当得出最大值与最小值之后，根据式（3-7）计算关联系数，如表 3-7 所示。

表 3-7 京津冀城市群各交通运输指标与区域地区生产总值的关联系数

年份/年	与地区生产总值的关联系数					
	客运量	货运量	客运周转量	货运周转量	铁路营业里程	公路通车里程
2007	1.0000	1.0000	1.0000	1.0000	1.0000	1.0000
2008	0.5462	0.8179	0.8444	0.5587	0.8566	0.8514
2009	0.5514	0.8467	0.8136	0.6449	0.7867	0.7970
2010	0.5717	0.8152	0.7359	0.5909	0.6600	0.6728
2011	0.6358	0.7800	0.6462	0.5252	0.5692	0.5642
2012	0.6745	0.7883	0.5973	0.4605	0.5342	0.5181
2013	0.5140	0.6231	0.4641	0.3936	0.5116	0.4863
2014	0.4798	0.6108	0.4506	0.3832	0.4777	0.4616
2015	0.4446	0.5453	0.4292	0.3604	0.4889	0.4531
2016	0.3980	0.5085	0.3936	0.3333	0.4399	0.4151

再根据式（3-8）计算出京津冀城市群地区生产总值与其各交通运输指标的灰色关联度，如表 3-8 所示。

表 3-8 京津冀城市群各交通运输指标与地区生产总值的灰色关联度

客运量关联度	货运量关联度	客运周转量关联度	货运周转量关联度	铁路营业里程关联度	公路通车里程关联度
0.5816	0.7336	0.6375	0.5251	0.6325	0.6220

从计算结果来看，京津冀城市群的地区生产总值与交通运输指标的关联度均大于 0.5，关联程度较高。按照关联度由大到小的顺序排序为：货运量、客运周转量、铁路营业里程、公路通车里程、客运量、货运周转量。

4. 京津冀城市群交通运输指标与三次产业产值的关联度分析

结合数据采集，利用以上关联度算法，最终得出交通运输指标与三次产值的关联度。

首先,以客/货运量为参考序列,以三次产业产值为比较序列,根据式(3-7)计算关联系数,如表 3-9 所示。

表 3-9　京津冀城市群客/货运量与三次产业产值的关联系数

年份/年	与客运量的关联系数			与货运量的关联系数		
	第一产业	第二产业	第三产业	第一产业	第二产业	第三产业
2007	1.0000	1.0000	1.0000	1.0000	1.0000	1.0000
2008	0.5308	0.5509	0.5458	0.8141	0.7560	0.7695
2009	0.5314	0.5416	0.5777	0.8689	0.8338	0.7366
2010	0.5347	0.5644	0.5853	0.8765	0.7838	0.7337
2011	0.5535	0.6332	0.6524	0.9411	0.7273	0.6950
2012	0.5707	0.6557	0.7104	0.9955	0.7649	0.6809
2013	0.6282	0.5410	0.4830	0.7425	0.5886	0.4990
2014	0.6133	0.5219	0.4464	0.7975	0.6075	0.4782
2015	0.5848	0.5132	0.3857	0.7110	0.5767	0.3819
2016	0.5636	0.4810	0.3333	0.7595	0.5763	0.3333

其次,以京津冀城市群客/货运周转量为参考序列,以三次产业产值为比较序列,计算关联系数,具体结果如表 3-10 所示。

表 3-10　京津冀城市群客/货运周转量与三次产业产值的关联系数

年份/年	与客运周转量的关联系数			与货运周转量的关联系数		
	第一产业	第二产业	第三产业	第一产业	第二产业	第三产业
2007	1.0000	1.0000	1.0000	1.0000	1.0000	1.0000
2008	0.8879	0.8375	0.8493	0.6294	0.6083	0.6133
2009	0.8654	0.8401	0.7668	0.7222	0.7077	0.6641
2010	0.8122	0.7529	0.7191	0.6868	0.6515	0.6305
2011	0.7658	0.6536	0.6346	0.6513	0.5820	0.5696
2012	0.7166	0.6175	0.5762	0.5809	0.5252	0.5004
2013	0.5588	0.4897	0.4422	0.5120	0.4631	0.4277
2014	0.5699	0.4911	0.4245	0.5185	0.4634	0.4134
2015	0.5620	0.4964	0.3774	0.5018	0.4577	0.3700
2016	0.5582	0.4780	0.3333	0.4965	0.4426	0.3333

最后,以京津冀城市群铁路营业里程和公路通车里程为参考序列,以三次产业产值为比较序列,计算关联系数,得出的结果如表 3-11 所示。

表 3-11 京津冀城市群铁路营业里程和公路通车里程与三次产业产值的关联系数

年份/年	与铁路营业里程的关联系数			与公路通车里程的关联系数		
	第一产业	第二产业	第三产业	第一产业	第二产业	第三产业
2007	1.0000	1.0000	1.0000	1.0000	1.0000	1.0000
2008	0.8879	0.8304	0.8438	0.8891	0.8353	0.8479
2009	0.8153	0.7895	0.7156	0.8382	0.8129	0.7398
2010	0.6930	0.6433	0.6148	0.7241	0.6736	0.6445
2011	0.6292	0.5413	0.5263	0.6397	0.5546	0.5399
2012	0.5955	0.5162	0.4830	0.5912	0.5179	0.4867
2013	0.5944	0.5068	0.4493	0.5745	0.4973	0.4454
2014	0.5794	0.4878	0.4135	0.5712	0.4874	0.4178
2015	0.6348	0.5416	0.3880	0.5868	0.5113	0.3796
2016	0.6217	0.5117	0.3333	0.5855	0.4928	0.3333

由此可以根据式（3-8）计算出京津冀城市群交通运输指标与三次产业产值的灰色关联度，如表 3-12 所示。

表 3-12 京津冀城市群交通运输指标与三次产业产值的灰色关联度

三次产业产值	客运量关联度	货运量关联度	客运周转量关联度	货运周转量关联度	铁路营业里程关联度	公路通车里程关联度
第一产业产值关联度	0.6111	0.8507	0.7297	0.6300	0.7051	0.7000
第二产业产值关联度	0.6003	0.7215	0.6657	0.5901	0.6369	0.6383
第三产业产值关联度	0.5720	0.6308	0.6123	0.5522	0.5768	0.5835

从计算结果来看，三次产业产值与京津冀城市群交通运输指标的关联度均大于 0.5，处于一个较高的水平，关联程度较高。

从客运来看，京津冀城市群客运量及客运周转量与三次产业产值的关联度排序（由大到小）均是：第一产业、第二产业、第三产业。

从货运来看，京津冀城市群货运量及货运周转量与三次产业产值的关联度排序（由大到小）均是：第一产业、第二产业、第三产业。

从铁路营业里程来看，京津冀城市群铁路营业里程与三次产业产值的关联度排序（由大到小）是：第一产业、第二产业、第三产业。

从公路通车里程来看，京津冀城市群公路通车里程与三次产业产值的关联度排序（由大到小）是：第一产业、第二产业、第三产业。

从三次产业产值来看，第一产业产值的关联度排序（由大到小）是：货运量、客运周转量、铁路营业里程、公路通车里程、货运周转量、客运量；第二产业产值的关联度排序（由大到小）是：货运量、客运周转量、公路通车里程、铁路营业里程、客运量、货运周转量；第三次产业产值的关联度排序（由大到小）是：货运量、客运周转量、公路通车里程、铁路营业里程、客运量、货运周转量。

3.3 城市群出行特征分析

3.3.1 乘客出行方式选择影响因素分析

京津冀城市群乘客出行主要通过公路和铁路运输实现。由于每种出行方式的交通、时间特性各异，以及乘客的自身属性及不同城市的发展水平不同，影响城市群乘客出行方式选择的4个因素如下。

1. 地区属性

在京津冀城市群中，各城市的人口、经济发展水平、地理位置及城市化程度等属性对乘客出行时交通方式选择的行为具有较大的影响。在乘客运输中，其作业对象是人，因此在京津冀城市群中，一方面经济发展水平、地理位置及城市化程度影响该区域的人口数量及人口结构变化，另一方面人口结构和分布的变化及城市之间的经济社会往来必然会引起出行需求，进而产生对各种交通方式的客运需求。

2. 交通方式属性

交通方式选择客观上受交通工具自身的技术经济特性影响，在出行之前，乘客针对出行目的等具体情况，对比分析可选交通方式的技术经济特性，选择适合自身的交通方式。

1）经济性

经济性即出行费用，这里主要指采用城际交通方式的出行费用，是乘客在安全前提下选择交通方式的基本考量，尤其对低收入人群的影响更为显著。不同交通方式的费用组成也有所不同，出行费用通过交通方式i的费率f_i与出行距离l_i计算得到。出行费用计算如式（3-9）所示。

$$E_i = f_i \cdot l_i \tag{3-9}$$

2）快速性

快速性即出行的效率，是运行速度的体现，通常用出行耗时来衡量，是影响交通方式选择的主要因素。出行时间一般与出行费用成反比关系,出行时间的节约往往需要出行费用的增加,出行时间通过出行距离 l_i 与交通方式 i 的运行速度 v_i 计算得到,如式(3-10)所示。

$$F_i = l_i / v_i \tag{3-10}$$

3)方便性

方便性即采用交通方式 i 出行的方便程度(如购票、等候、换乘等),乘客更倾向于选择最方便的交通方式。方便性一般难以量化,通常用交通方式 i 的出行过程中的平均换乘时间 t_i 来衡量,如式(3-11)所示。

$$A_i = t_i \tag{3-11}$$

4)舒适性

舒适性即被采用交通方式的舒适程度,乘客为获得更高的舒适程度,大多需要付出更多的出行费用来实现。在一定程度上,出行成本间接反映了交通方式 i 的舒适性,故交通方式 i 的舒适性可以通过出行费用度量,如式(3-12)所示。

$$S_i = f_i \cdot l_i \cdot \beta_i \tag{3-12}$$

式中, β_i 为交通方式 i 的舒适率,一般取 5%~10%。

5)安全性

安全性是交通方式选择的最基本考量,安全是出行的基本前提。在一次出行前,乘客会对各种交通工具的安全性进行判断,最后综合考虑所有因素和出行需求选择自己认为安全的交通工具出行。安全性是交通方式安全程度的反映,交通方式 i 的安全性计算如式(3-13)所示。

$$C_i = 1 - C_{a_i} / C_{A_i} \tag{3-13}$$

式中, C_{a_i} 为城际出行中交通方式 i 的事故伤亡数量; C_{A_i} 为城际出行中交通方式 i 的总客运周转量。

6)可达性

交通方式的可达性从某种程度上决定了其在城际客运交通系统中的地位,私人汽车在这方面占据明显的优势,因此私人汽车在任何城际运输中均作为重要组成部分而存在。公路和铁路公共交通虽然经济,但可达性低,并且由于公路和铁路公共交通受车站站位限制,接驳耗时过长。现实中常常通过优化车站的衔接方式,提高公路和铁路公共交通的可达性。

3. 交通政策

个人交通方式选择的主观随意性较大,完全依靠个人意愿的客运交通系统将难以为继。依据可持续发展理念,在尽量满足不同出行需求的条件下,政府常常对城际客运交通的发展目标做出具体规划,使城际客运交通结构维持在一定的水平。常见的措施主要包括提供投资优惠政策、政府财政补贴,以及减少税收和推出低廉的车票。

4. 出行属性

因为交通方式的选择因人而异，故出行者的选择行为受个人属性的影响。出行者的出行属性包括出行目的、职业、性别、年龄、收入、出行费用来源、出行偏好等。这些属性在不同程度和从不同方面影响着乘客对不同交通方式的认知和评价，最终导致乘客的偏好不同。

1）出行目的

出行目的对乘客选择客运产品的行为影响较大，因为乘客出行目的的不同会对所需客运产品的服务质量要求不同。例如，以公务活动为出行为目的的乘客一般会挑选运行速度较快、准时性高、时间较短的客运产品，对客运产品票价的敏感性较低；而以探亲和旅游为出行目的的乘客对客运产品的运行速度和旅行时间要求一般；以通勤为目的的乘客对旅行时间、速度等服务质量的要求较低，对客运产品票价有较高的敏感性，因为过高的往返通勤费用将难以承受，这也是高速铁路不能支撑城市群范围内通勤的原因。

2）职业、性别、年龄

乘客的职业、性别、年龄等这些个体属性使不同乘客对各种交通方式提供的各种客运产品产生不同的认识和评估，从而影响其选择行为。

3）收入

消费者的收入水平影响着在一定时间内对每一种可能的价格消费者愿意且能够支付购买的某种商品或服务的数量，因此出行者的收入水平较大程度上决定了出行者的需求及对交通方式或客运产品的支付水平。收入较高的乘客对服务质量的要求相对更高，即这类乘客会选择舒适性好、运行速度快、旅行时间较短和出行方便的交通方式或客运产品，而对客运产品票价的敏感性相对较低。相对地，收入较低的出行者对交通方式或客运产品服务质量的要求大多集中在出行费用上，低票价的交通方式或客运产品会吸引较多的这类乘客。因此在进行出行选择时，乘客会在自己的支付水平与各种交通方式或客运产品的出行费用之间寻求满意的出行方案。

4）出行费用来源

乘客出行费用的来源一般分为公费和自费两种，它在一定水平上影响了乘客出行方式的选择。公费出行的乘客会首先考虑选择准时性较好和时间较短的交通方式或客运产品；自费出行的乘客会考虑本人的其他个人属性，尤其是出行目的和收入水平，综合考虑各种交通方式或客运产品的优缺点，从而做出出行选择。

5）出行偏好

不同的出行者在选择出行交通方式或客运产品时，首先会想到各交通方式或客运产品的服务属性差异，这是由不同乘客对交通方式或客运产品服务质量的认识、评价及出行目的的差异性所致的。不同地区、不同出行目的、不同收入水平、不同年龄、不同性别或不同出行费用来源的乘客在相同出行条件下的出行选择行为会有较大的差异。

3.3.2 乘客出行行为分析相关理论

1. 计划行为理论

计划行为理论（Theory of Planned Behavior）是由 Ajzen 和 Fishbein 共同提出的理性行为理论，对研究行为主体出行行为的机理具有重要意义，该理论的主要论点如下。

（1）行为不是完全由行为主体意志决定的，同时受到行为意向及自身和外界条件的约束，在对自身和外界条件完全了解的情况下，行为意向决定行为的发生。

（2）对自身及外界条件的理解程度可以用准确的知觉行为控制代替，进而得到行为发生的可能性的大小，并且知觉行为控制的真实程度决定预测结果的真实性。

（3）行为态度、主观规范和知觉行为控制影响着行为意向，并且 3 个变量对行为意向的影响与自身的变化趋势一致。

（4）能够在某特定的情境下被获取的行为信念称为突显信念，该行为信念是影响行为意向的 3 个变量的认知基础。

（5）行为信念受自身和外界条件的影响，而行为信念又影响行为态度、主观规范和知觉行为控制，进而引起行为或行为意向发生改变。

（6）从基本概念上能够很好地区分行为态度、主观规范和知觉行为控制的不同，但是他们的认知与情绪基础一致，所以 3 个主要变量既相互独立又两两相关。

计划行为理论结构如图 3-7 所示。

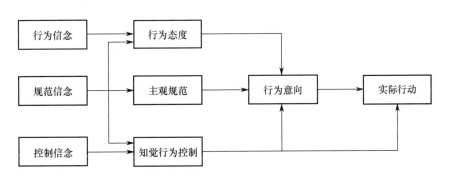

图 3-7　计划行为理论结构

乘客在出行时选择某种交通方式出行的体验决定了其对该交通方式的行为态度、主观规范和知觉行为控制，进而影响乘客的行为意向并影响交通方式选择。在交通方式选择过程中，以乘客个人为研究对象，根据个人实际分析影响交通方式选择的变量之间的因果关系，得到行为态度、主观规范和知觉行为控制对交通方式选择结果的影响机理，最后得到居民交通方式选择结果。

2. 效用理论

效用是不同行为主体对同一事物在价值观上的差别，是描述行为主体选择方案依据的一种理论。由于主观意识的存在，决策者会期望选择效用最大的方案，并对有可能产生的收益或损失做出评判，这里将行为主体对收益或损失的一切心理和行动上的反应称为效用。在消费者行为理论中，以效用最大化作为基础，在消费预算约束条件下分析消费者需求特性与选择偏好的关系。此处可将交通方式视为商品，假设乘客出行方式选择的基准是效用达到最大化，利用效用理论构建各种交通方式效用与乘客出行方式选择结果之间的关系模型，效用可以反映乘客选择某一种交通方式比选择其他交通方式所能节约的成本或满足的程度。

3. 偏好理论

行为主体在做任何决策时，由于个人认识的局限性和决策对象的信息不完备，无法预料可能发生的一些结果，并且决策可能出现有利或不利的结果，因此，无论进行何种决策，都会面临决策带来的风险。对决策方法及结果的认知因人的价值观和个人属性而异，受出行者的个人属性、交通方式特性等多方面因素的影响，这种价值观和个人属性统一被解释为偏好。经典的偏好理论描述如下。

个人对事物的偏好不受其他因素的影响，即若定义多元选择集为 $A=\{a_1,a_2,\cdots,a_n\}$，R 为 A 的一个非空子集，并且在 R 上定义实值函数 $D(R)$，令其值域标识可能的结果集合，那么在选择集 R 中 a_1 劣于 a_2，即使选择集合扩展为 n 元，a_1 将依然劣于 a_2。

乘客在出行交通方式选择上的偏好主要体现为费用偏好、时间偏好和风险偏好。

对乘客而言，在满足出行需求的情况下，更多的乘客偏向选择出行费用低的交通方式，特别是经济收入低下的人群更加关注出行费用的高低。但是由于经济水平和出行要求的不同，对时间和出行质量要求高的乘客会选择费用高的交通方式。

费用偏好也反映了乘客愿意为本次出行耗费的时间，出行时间是影响乘客选择交通方式的重要因素，而出行时间通常与出行费用呈负相关关系。乘客在选择交通方式时需要依据自身的需要和出行实际进行衡量。总体而言，大多数乘客会选择出行时间短的交通方式。

风险偏好主要用于描述金融领域不同风险类型决策者的投资心理。对城际交通方式选择而言，风险偏好就是乘客对风险类型、大小的态度，乘客的风险偏好通常会因为对安全性、准时性、可靠性的考虑不同而不同。

3.3.3 城市群客运现状及客流特点分析

由于京津冀城市群乘客的出行信息量大且难以全部获取，此处仅对京津冀城市群的整体客运现状及客流特点进行分析。

通过查阅京津冀城市群各城市的"统计年鉴"及"国民经济与社会发展统计公报"获得2008—2018年京津冀城市群各种交通方式的客运总量,如表3-13所示。从表中可以看出,2008—2018年每年乘客出行总量的分布特征基本一致。各种交通方式的出行量由大到小依次是:公路、铁路、航空、水路。由表3-13和图3-8可以看出,2008—2018年京津冀城市群乘客选择公路交通工具的出行总量呈现先增后减的趋势,选择铁路和航空交通工具出行的乘客出行量逐渐增加,铁路运输客运总量的年平均增长率为5.69%,航空运输客运总量的年平均增长率为12.34%,水路运输客运总量也以20.98%的年平均增长率逐年增加,但由于在客运总量中水路运输的客运总量占比很小,因此在图中变化并不明显。

表3-13 2008—2018年京津冀城市群分交通方式客运总量

年份/年	总量/万人次	公路		铁路		航空		水路	
		运量/万人次	占比/%	运量/万人次	占比/%	运量/万人次	占比/%	运量/万人次	占比/%
2008	114115	91204	79.92	18747	16.43	4141	3.63	23	0.02
2009	239199	214518	89.68	19831	8.29	4816	2.01	34	0.01
2010	255841	231241	90.38	18218	7.12	6334	2.48	48	0.02
2011	270335	243828	90.19	19439	7.19	7017	2.60	51	0.02
2012	281969	254034	90.09	19934	7.07	7925	2.81	76	0.03
2013	202311	171372	84.71	22355	11.05	8497	4.20	87	0.04
2014	149484	118034	78.96	22854	15.29	8509	5.69	87	0.06
2015	143486	110590	77.07	23749	16.55	9070	6.32	77	0.05
2016	140487	101706	72.40	28694	20.42	9989	7.11	98	0.07
2017	137483	96044	69.86	30192	21.96	11135	8.10	112	0.08
2018	135285	91567	67.68	31559	23.33	12041	8.90	118	0.09
年平均增长率/%		7.67		5.69		12.34		20.98	

1. 公路客运现状

公路运输在京津冀城市群交通方式中占绝对的主导地位,由表3-14可知,近年公路交通占所有客运交通方式的比例至少达到67%,2010—2012年公路交通所占比例甚至超过90%。可见,公路出行是人们首选的出行方式。

公路交通网络密度大、分布广,尤其在乘客中、短途出行中,公路出行因其速度较快和便捷性、舒适度较高成为人们出行方式的首选。

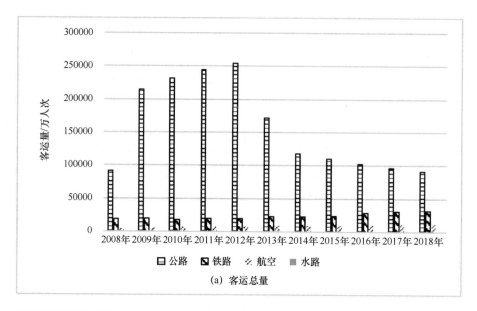

(a) 客运总量

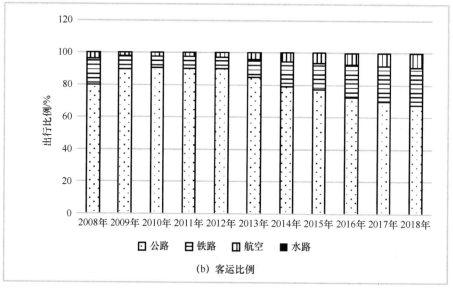

(b) 客运比例

图 3-8 2008—2018 年京津冀城市群分交通方式客运总量

表 3-14 京津冀城市群公路客运量统计表

年份/年	公路/万人次	其他/万人次	合计/万人次	公路占比/%
2008	91204	22896	114100	79.93
2009	214518	24668	239186	89.69
2010	231241	24553	255794	90.40
2011	243828	26464	270292	90.21
2012	254034	27863	281897	90.12

(续表)

年份/年	公路/万人次	其他/万人次	合计/万人次	公路占比/%
2013	171372	30857	202229	84.74
2014	118034	31397	149431	78.99
2015	110590	32824	143414	77.11
2016	101706	38781	140487	72.40
2017	96044	41439	137483	69.86
2018	91567	42857.9	135284	67.69

2008—2018 年，京津冀城市群公路客运量的数据呈现了先上升后下降的趋势。公路客运量上升与京津冀城市群不断完善的公路交通网有关，多条高速公路的修建使道路出行条件得到改善，随着小客车数量的上升，公路客运量在一段时间内呈上升态势。2010 年以后，高速铁路发展迅速，在京津冀城市群区域内相继有多条铁路线路开通运营，尤其是 2011 年京沪高速铁路和 2012 年京石客运专线的开通，以及 2013 年津秦高速铁路和 2015 年津保铁路的开通等，使铁路客运的竞争优势显著提高，公路客运占比下降将是城市群区域发展的趋势，也符合交通强国建设纲要提出的安全、便捷、效率、绿色、经济的现代化综合交通运输体系发展目标。

2．铁路客运现状

京津冀城市群铁路网不断完善，人们通过铁路出行也很方便。整体来看，京津冀城市群铁路客运量呈不断上升的态势。2008—2018 年，京津冀城市群人口总量呈平稳上升趋势，人均乘火车次数也由原来的 1.89 次增长到 2.80 次。乘客通过铁路出行占比呈上升趋势，说明铁路出行受到人们的青睐，在选择出行方式时，对铁路出行的依赖性增强。京津冀城市群铁路客运量统计表如表 3-15 所示。

表 3-15 京津冀城市群铁路客运量统计表

年度/年	铁路客运量/万人次	人口/万人	人均乘火车次数/次	客运量合计/万人次	铁路占比/%
2008	18747	9936	1.89	114100	16.43
2009	19831	10122	1.96	239186	8.29
2010	18218	10454	1.74	255794	7.12
2011	19439	10615	1.83	270292	7.19
2012	19934	10770	1.85	281897	7.07
2013	22355	10920	2.05	202229	11.05
2014	22854	11053	2.07	149431	15.29
2015	23749	11143	2.13	143414	16.56
2016	28694	11205	2.56	140487	20.42
2017	30192	11247	2.68	137483	21.96
2018	31559	11284	2.80	135284	23.33

分析京津冀城市群铁路客运量数据,铁路客运量每年变化幅度不大,虽然在 2010 年呈现略微下降趋势,但总体来看,铁路客运量仍逐年上升。从具体数据来看,2018 年京津冀城市群铁路客运量约为 2008 年的 1.68 倍,说明铁路客运量增长较多。由于铁路运输具有很多优点,如速度快、时间准、运价较低、不受天气影响等,倍受欢迎。

3．航空客运现状

近十余年来,航空客运量一直保持快速增长,由表 3-16 可知,2008—2018 年京津冀城市群航空客运量年平均增长率达到 12.34%。2018 年航空客运量是 2008 年客运量的约 2.9 倍。随着人们对速度、时间及舒适度要求的提高,航空在所有客运交通方式中占比也在逐年增加,但相较于其他交通方式,航空运输成本较高,目前在客运总量中占比较小。

表 3-16 京津冀城市群航空客运量统计表

年份/年	客运量/万人次			航空占比/%
	航空	其他	合计	
2008	4141	109959	114100	3.63
2009	4816	234370	239186	2.01
2010	6334	249460	255794	2.48
2011	7017	263275	270292	2.60
2012	7925	273972	281897	2.81
2013	8497	193732	202229	4.20
2014	8509	140922	149431	5.69
2015	9070	134344	143414	6.32
2016	9989	130498	140487	7.11
2017	11135	126348	137483	8.10
2018	12041	123243	135284	8.32
年平均增长率/%	12.34	—	—	—

最近几年,京津冀城市群航空客运量呈上升态势,航线数量也不断增加。随着我国城镇率的不断提高,乘客对采用航空方式出行的需求增大。

依据国务院颁布的《关于促进民航业发展的若干意见》(国发〔2012〕24 号)可知,航空业发展的目标是:截至 2030 年,使航空运输大众化。随着首都新机场的建成,京津冀城市群航空客运量在未来几年仍将不断上升。

4．水路客运现状

京津冀城市群水路客运量的数据显示,水路客运量无明显变化。在城市内部,水路客运的一部分主要是水上旅游服务。在京津冀城市群内部,受到地形、速度等的影响,水路客运发展受限，预计在未来几年都不会有太大的变化。水路运输具有很多优点，如环保、成本低等，是不容忽视的。旅游业的发展对水路客运具有一定的刺激作用，有乘客想要体验短途水路出行，因而水路客运量有增长的空间。京津冀城市群水路客运量统计表如表3-17所示。

表3-17 京津冀城市群水路客运量统计表

年份/年	水路客运量/万人次	年份/年	水路客运量/万人次
2008	23	2014	87
2009	34	2015	77
2010	48	2016	98
2011	51	2017	112
2012	76	2018	118
2013	87		

3.3.4 城市群货运现状及特点分析

与客运相同，2008—2018年京津冀城市群各种交通方式货运量数据如图3-9所示。其中，2008年京津冀城市群货运量为187206万t，接下来几年货运量总体呈增长趋势，2010年京津冀城市群货运量突破20亿t大关，为242632万t。2013年货运量达到最高峰，为357737万t。总体来看，京津冀城市群货运量呈上升态势，市场货运需求旺盛。

图3-9 京津冀城市群货运量

1. 公路货运现状

近年来，京津冀城市群的交通基础设施及公路网不断完善和发展，为该城市群公路运输市场的快速发展奠定了坚实的基础。从表 3-18 中可看出，2010—2017 年京津冀城市群货运量呈上升趋势，年平均增长率达到 4.95%；货物周转量也呈逐渐上升趋势，2017 年货物周转量为 2010 年的 1.9 倍，年平均增长率为 8.65%。

表 3-18　京津冀城市群公路货运量统计表

年份及增长率		公路货运量/万t	货物周转量/（万t·km）
年份/年	2010	176977	43440778
	2011	213461	56183132
	2012	248190	65914248
	2013	225349	70477759
	2014	241832	75337745
	2015	225232	73230364
	2016	242714	78313802
	2017	260525	84374997
年平均增长率/%		4.95	8.65

由京津冀城市群货运量数据可以看出，8 年间货运量不断提高。由分析可知，近几年京津冀城市群总人口数量不断上升，人口密度增加，人们对生活基础消耗品的需求增加，对生活建材等产品的需求也会增加，促进了货运量的提高。货物运输的时间灵活性很强，加上京津冀城市群交通基础设施的不断完善及公路网规模的扩大，有利于货物运输，这些条件都使货运量得到提高。

2．铁路货运现状（见表 3-19）

表 3-19　京津冀城市群铁路货运输量统计表

年份及增长率		铁路货运量/万t	货物周转量/（亿t·km）
年份/年	2008	28796	4361
	2009	28463	4285
	2010	27328	4903
	2011	29180	5303
	2012	30156	5336
	2013	31915	5644
	2014	30628	5574
	2015	27255	4823
	2016	25225	4768
	2017	26572	5558
年平均增长率/%		3.61	7.56

铁路货物运输与其他交通方式货物运输相比，准确性和连续性的特点更为突出。铁路运输能力大、运费较其他交通方式低，近几年铁路货运量稳步提高，铁路货运量年平均增长率为 3.61%。但铁路货物运输的增长率低于铁路基础设施的增长率。提高铁路货物运输的效率，减少货物运输中不必要的手续，提高货主的满意度是铁路货物运输发展中必须注意的问题。

3. 其他交通方式货运现状

近几年来，我国快递业发展迅猛，对货物运输的需求增大，物流服务水平不断提高。一些物流公司发展了自己的航空运输，电商平台的促销手段也促进了消费者对货物运输的需求，而且用户对物流时效性的要求提高了。相对而言，货运需求的旺盛增长，促进了航空货运的发展。

京津冀城市群主要的水路货运产生于几大港口的国际贸易和国内港口之间的货物运输。水路货运受国际贸易的影响较大。最近几年，随着我国综合国力提高，对外开放政策优惠力度加大，各港口吞吐量屡创新高。京津冀城市群航空与水路货运量数据如表 3-20 所示。

表 3-20　京津冀城市群航空与水路货运量统计表

年份/年	航空/t	水路/万t
2007	988846	17833
2008	947586	17668
2009	1030300	12664
2010	1354790	14060
2011	1387705	15383
2012	1403505	12922
2013	1456300	12401
2014	1585200	13790
2015	1664958	14452
2016	1719282	13973
2017	1844146	12757
2018	1786000	12860.94

3.4　城市群交通运输需求预测

3.4.1　交通需求影响因素

1. 乘客运输需求影响因素

乘客运输需求来源于生产和消费两个不同的领域，与人类生产交换分配等活动有关的运输需求称为生产性旅行需求,以消费性需求为旅行目的的运输需求可称为消费性旅行需求。生产性旅行需求是生产活动在运输领域的继续,运输费用计入产品或劳务成本;消费性旅行需求是一种消费活动,其费用来源于个人消费基金。在综合交通枢纽中,乘客运输需求的影响因素主要包括以下 5 个方面。

1) 经济发展水平

乘客运输需求大部分是工作、生产性质的客运需求,因此在经济发展水平高的地区,人们会因为工作的需要频繁地外出,导致乘客运输需求增长速度快,运输需求水平也相对较高。相反地,经济发展较落后的区域,乘客运输需求的增长速度较慢,运输需求水平相对较低。同时,社会经济发展水平还会影响到居民的消费和收入水平,从而间接对区域乘客运输需求产生影响。

2) 居民消费和收入水平

因生活产生的运输需求是乘客运输需求的重要组成部分,这一部分的运输需求受到居民消费水平和收入水平的影响。人们只有在消费水平和收入水平提高了之后,才会去追求更高层次的需求,如探亲、访友、休假、旅游等高层次的运输需求也会在数量和质量上提高。

3) 人口数量和结构

乘客运输的服务对象是人,因此人口数量的变化必然引起乘客运输需求的变化。一般情况下,在人口密集的区域,运输需求会相应增加,反之在人口较少的区域运输需求则会下降。同时,人口结构也会对乘客运输需求产生一定的影响,人口结构为成长型区域的运输需求会大于人口结构为衰老型区域的运输要求。

4) 客运服务价格和服务质量

乘客运输费用会随着服务价格的高低而变化,运输服务价格也会对乘客的社会经济活动产生直接的影响。在同等的运输服务水平下,当运价升高时,乘客出行成本会增加,从而导致运输需求减少;相反,运价的降低会使运输需求有相应的增加。同时,当某一种交通方式的运价发生变化时,乘客运输需求也会在交通方式上直接发生相应的转移。在同等的运价水平下,运输服务质量较高的交通方式运输需求较高,安全、快速、方便、直达的运输服务会促进乘客运输需求的增长。

5) 综合交通运输系统自身的影响

在综合交通运输系统中,交通运输发展水平、交通基础设施的建设情况、交通运输网络的规模都会对乘客运输需求造成影响。交通基础设施的完善、运输网络布局规模的扩大、运输设备技术性能和服务水平的提高都会促进社会运输需求的增长。同样,各种交通方式之间的运力合理配置和相互衔接对乘客运输需求也有重要的影响。综合运输结果的改善,将提高出行机动性,改善出行条件,从而增加社会运输需求。

2．货物运输需求影响因素

货物运输需求是在一定时期内、一定社会经济结构下，国民经济各部门生产、经营活动及消费对货物位移的需要。在综合交通枢纽中，影响货物运输需求的因素主要包括以下6个方面。

1）经济发展水平

作为一种派生性的需求，货物运输需求首先取决于社会经济发展水平。社会经济的发展促进了区域对能源、原材料、矿物等资源的需求，从而产生了大量的货物与运输需求。经济发展水平的提高及交通基础设施的建设和完善会促进物质生产部门的产品种类和数量逐渐增多，商品流通的范围和规模日益增大，促使货物运输需求快速增加。

2）产业结构的变化

产业结构是指不同产业在整个经济体系中的比例关系。不同的产业结构会建立起不同的产品结构，不同的产品结构意味着不同的货物结构，而不同种类的货物结构最终产生的货物运输需求也不相同。

3）生产力布局

生产力布局对货物运输的影响主要表现在货物的运距、流量和流向上。在一定的生产力布局条件下，货物的生产地和消费地之间的距离是一定的，运距和流向也不会发生太大的变化。随着生产力布局的不断优化，货物运输需求也会不断地变化。

4）货运服务价格与服务质量

货运服务价格和服务质量可以影响运输需求的数量和规模。货运服务质量的高低与运输需求是成正比的，货运价格的升降与运输需求成反比。在同等的运价水平下，货主会选择运输服务质量更高的交通方式来完成货物的运输，良好的运输服务水平会促进货物运输需求的增长。

5）交通运输业的发展水平

交通运输业的发展水平，如运输网络布局和规模、运输设备技术性能、运输服务水平等都会对货物运输需求产生很大的影响。完善的交通运输设施和网络布局、先进的交通运输业都会促进经济的发展，从而促进货物运输需求的增长；反之则会一直阻碍货物运输需求的增长。

6）货物运输组织形式

自20世纪80年代开始，我国对道路货运进行了改革，实施了"有路大家行车，有水大家行船"政策，货运车辆挂靠经营，促进了道路运输供给，适应了当时经济社会发展需要，但带来的结果是道路运输企业规模小、运输成本高。规模化经营和多式联运是社会经济和交通运输供给发展到高级阶段的组织形式，也是实现道路货运全面向国外企业开放后开展与外国道路运输企业竞争的需要。

3.4.2 城市群交通运输需求预测方法

1. 定性预测法

定性预测法是预测者通过已有的知识和经验，依据预测对象历年数据和资料，分析其发展趋势，从而达到预测目的的方法。它具有灵活性较强、简单易行的优点，但在预测时主观性较强，在预测过程及预测结果上不够客观，存在片面性、准确度不高的缺点。因此，在进行交通运输需求预测时一般不单独使用定性预测法进行预测，而是作为其他预测方法的一种辅助方法。常用的定性预测方法有直观概率法、市场调查法、专家评估法、德尔菲法等。

2. 定量预测法

定量预测法是指根据统计信息和数据的历史调查结果，借助统计学、数学等基础理论，建立数学预测模型，并对未来发展趋势进行预测的方法。定量分析法包括时间序列法、弹性系数法、增长率法、指数平滑法、多元线性回归分析法、趋势外推法等。

1）时间序列法

时间序列法就是将预测对象进行时间序列排列，分析序列发展趋势，结合数学模型和方法，预测未来某个时间点预测对象的发展水平和情况的方法。该方法既考虑了事物变化的连续性，也充分考虑了偶然事件对预测对象所产生的影响。

运用时间序列法的一般步骤为：①收集和整理预测对象的历史数据；②分析预测对象发展趋势和规律，得到随时间变化的序列；③采用数学方法和模型，对时间序列进行分析，拟合预测模型；④根据建立的模型，运用相应的数学方法对预测对象进行预测。

2）弹性系数法

弹性系数法是将交通运输量增长量与国民经济增长量的比值作为系数并进行预测的方法，如式（3-14）所示。

$$a = \frac{VT/T}{VG/G} = \frac{VT}{VG} \times \frac{G}{T} \qquad (3\text{-}14)$$

式中，a 为弹性系数；VT 为某一时段内的交通增长量；T 为某一时段内的交通运输量；VG 为同一时段内的国民经济增长量；G 为同一时段内国民经济总量。

a 可以判断交通运输量与国民经济发展的关系，同时也可以反映交通运输发展水平与国民经济发展水平是否匹配。

在进行交通运输量预测时，需要先根据历史年的数据求出 a，然后对未来年的国民经济指标进行预测，最后根据式（3-14）进行预测。

弹性系数法的计算过程简单，但是要得到合理的弹性系数 a 比较困难，且工作量比较大。预测对象的发展变化趋势并不只受经济因素影响，只考虑单一影响因素，势必会影响预测精度。弹性系数法适合预测对象主要受单一影响因素影响，且关键影响因素的发展变化规律能够准确地进行短期及中长期预测的情况。

3）增长率法

增长率法是根据预测对象的预计增长速度进行预测的方法。其步骤如下：①对历年预测对象增长率变化情况进行分析；②对相关的影响因素进行分析，确定未来年预测对象的增长率；③对未来年预测对象进行预测。计算方法如式（3-15）所示。

$$Q_t = Q_0(1+a)^t \tag{3-15}$$

式中，Q_t 为预测值；Q_0 为基年值；a 为增长率；t 为预测年限。

增长率法具有计算简单、所需数据少等优点。但是它也有以下两个缺点：增长率 a 确定的合理性受预测者主观判断能力的影响；预测结果比较粗略。增长率法适合增长趋势稳定，且增长率不大的短期预测。

4）指数平滑法

指数平滑法是一种利用历史数据进行拟合并预测的方法。预测过程为：首先，计算预测对象的指数平滑值；其次，利用时间序列方法进行拟合；最后，利用发展趋势对预测对象进行推测。交通需求预测采用3次指数平滑法比较理想，计算过程如式（3-16）～式（3-20）所示。

$$y_{t+T} = a_t + b_t T + c_t T^2 \tag{3-16}$$

其中

$$a_t = 3S_t^{(1)} - 3S_t^{(2)} + S_t^{(3)} \tag{3-17}$$

$$b_t = \frac{a}{2(1-a)^2}\left[(6-5a)S_t^{(1)} - 2(5-4a)S_t^{(2)} + (4-3a)S_t^{(3)}\right] \tag{3-18}$$

$$c_t = \frac{a}{2(1-a^2)}\left(S_t^{(1)} - 2S_t^{(2)} + S_t^{(3)}\right) \tag{3-19}$$

式中，a 为平滑系数，它通常取[0, 1]的经验值，短期预测时 a 取较小值，长期预测时 a 取较大值；$S_t^{(1)}$ 为 S_t 的一次平滑值；$S_t^{(2)}$ 为 S_t 的二次平滑值；$S_t^{(3)}$ 为 S_t 的三次平滑值；y_t 为 t 时期的实际值。

$$\begin{cases} S_t^{(1)} = ay + (1-a)S_{t-1}^{(1)} \\ S_t^{(2)} = aS_t^{(1)} + (1-a)S_{t-1}^{(2)} \\ S_t^{(3)} = aS_t^{(2)} + (1-a)S_{t-1}^{(3)} \end{cases} \tag{3-20}$$

指数平滑法应用条件：预测对象影响因素的变化是连续的。指数平滑法能够很好地拟合历史数据，但存在预测结果误差较大的缺点。因此，它适合短期预测。

5）多元线性回归分析法

多元线性回归分析法是通过分析历史数据，找出预测对象与影响因素对应关系，并建立线性模型进行预测的方法。按照影响因素的多少可以分为一元回归模型、二元回归模型及多元回归模型。多元回归模型如式（3-21）所示。

$$y = a_0 + a_1 x_1 + a_2 x_2 + \cdots + a_n x_n + \varepsilon \tag{3-21}$$

式中，y 为预测对象；x_i 为影响因素（$i=1,2,\cdots,n$）；a_i 为回归系数（$i=1,2,\cdots,n$）；ε 为随机误差项。

多元线性回归分析法是一种预测精度较高、科学合理的方法，却存在所需要的数据规模庞大、计算较为复杂、不易操作等缺点，适合中短期预测。

6）趋势外推法

趋势外推法是依据研究对象的历史数据找到相关规律，并且选用合适的函数曲线模型反映其变化趋势，进而推测研究对象未来发展状况的方法。预测时先采用曲线配合，然后进行外推。

函数曲线模型有多项式模型、指数曲线模型、对数曲线模型、生长曲线模型，本文主要使用对数曲线模型，如式（3-22）所示。

$$y = a + b\ln(x) \quad (3\text{-}22)$$

式中，y 为预测对象；x 为趋势变量；a,b 为曲线系数。

趋势外推法用于短期和中期预测的效果显著，因而应用较多。

其他的预测方法还有灰色系统预测法、神经网络预测法、支持向量机预测法等，本书不进行具体说明。

3.4.3 京津冀城市群交通运输需求预测

1. 运输需求影响因素指标预测

1）人口预测

为提高预测结果的准确性，分别对京津冀城市群总人口和就业人口的数量进行预测，在后期数据处理时选取相关性较高的人口进行预测准备。

首先以京津冀城市群 2006—2017 年总人口数据为原始数据，利用对数曲线模型和线性回归模型两种预测方法分别预测，并使用组合预测法对得到的两组数据进行处理，提高结果准确度。京津冀城市群总人口趋势图如图 3-10 所示。

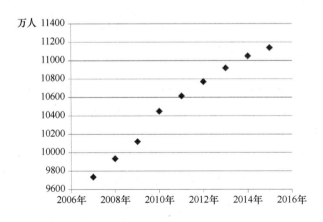

图 3-10　京津冀城市群总人口趋势图

第3章 城市群与综合交通枢纽交通运输需求分析

利用对数曲线模型对总人口散点图进行数据拟合，R^2 为 0.97790，呈高度正相关关系。利用线性回归模型进行数据拟合，R^2 为 0.97775，同样也呈高度正相关关系。分别得到两种预测公式，如表 3-21 所示。

表 3-21 京津冀城市群总人口预测模型表

方法模型	公式	R^2
对数曲线	$y = 365325.35\ln(x) - 2768278.42$	0.97790
线性回归	$y = 181.65x - 354770.71$	0.97775

分别利用公式计算，得到 2025 年及 2030 年总人口预测结果，并采用算术平均法确定组合预测法的权重系数，$\omega_1 = \omega_2 = 1/2$，总人口预测结果如表 3-22 所示。

表 3-22 京津冀城市群总人口预测结果

方法模型	2025年总人口/万人	2030年总人口/万人
对数曲线	13062.22	13963.15
线性回归	13070.54	13978.79
组合预测	13066.38	13970.97

以京津冀城市群 2005—2017 年就业人口数据（见表 3-23）为原始数据，利用对数曲线模型和线性回归模型两种预测方法分别预测，并使用组合预测法对得到的两组数据进行处理，提高预测准确度。

表 3-23 京津冀城市群就业人口数据表

年度/年	就业人口/万人	年度/年	就业人口/万人
2005	4989.5	2012	5996.2
2006	5092.6	2013	6172.4
2007	5221.6	2014	6236.6
2008	5353.9	2015	6295.4
2009	5467.9	2016	6346.5
2010	5625.4	2017	6348.3
2011	5795.3		

使用同样的方法，得到对数曲线模型和线性回归模型公式，如表 3-24 所示。

表 3-24 京津冀城市群就业人口预测模型表

方法模型	公式	R^2
对数曲线	$y = 284503.37\ln(x) - 2158242.18$	0.99022
线性回归	$y = 141.54x - 278845.74$	0.99023

分别利用公式计算,得到2025年及2030年就业人口预测结果,并采用算术平均法确定组合预测法的权重系数,$\omega_1 = \omega_2 = 1/2$,就业人口预测结果如表3-25所示。

表3-25 京津冀城市群就业人口预测结果

方法模型	2025年就业人口/万人	2030年就业人口/万人
对数曲线	7774.43	8476.04
线性回归	7781.98	8489.70
组合预测	7778.20	8482.87

2)全社会固定资产投资额预测

以京津冀城市群2005—2017年全社会固定资产投资额数据(见表3-26)为原始数据,利用对数曲线模型和线性回归模型两种预测方法分别预测,并使用组合预测法对得到的两组数据进行处理,提高预测准确度。

表3-26 京津冀城市群全社会固定资产投资额表

年度/年	全社会固定资产投资额/亿元	年度/年	全社会固定资产投资额/亿元
2005	8554.3	2012	34995.4
2006	10722.3	2013	40347.6
2007	13239.9	2014	45888.3
2008	16119.2	2015	50504.4
2009	22176.5	2016	54840.9
2010	27088.3	2017	53066.2
2011	29810.6		

使用同样的方法,得到对数曲线模型和线性回归模型公式,如表3-27所示。

表3-27 京津冀城市群全社会固定资产投资额预测模型表

方法模型	公式	R^2
对数回归模型	$y = 8717766.37\ln(x) - 66279138.80$	0.98777
线性回归模型	$y = 4337.49182x - 8691136.12$	0.98790

分别利用公式计算,得到2025年及2030年全社会固定资产投资额的预测结果,并采用算术平均法确定组合预测法的权重系数,$\omega_1 = \omega_2 = 1/2$,结果如表3-28所示。

表3-28 京津冀城市群全社会固定资产投资额预测结果

方法模型	固定资产投资额/亿元	
	2025年	2030年
对数曲线	92049.63	113548.45

第3章 城市群与综合交通枢纽交通运输需求分析

(续表)

方法模型	固定资产投资额/亿元	
	2025年	2030年
线性回归	92284.82	113972.28
组合预测	92167.22	113760.36

3）经济发展指标预测

以京津冀城市群2006—2017年GDP数据为原始数据，利用对数曲线模型和线性回归模型两种预测方法分别预测，并使用组合预测法对得到的两组数据进行处理，提高预测准确度。京津冀城市群GDP趋势图如图3-11所示。

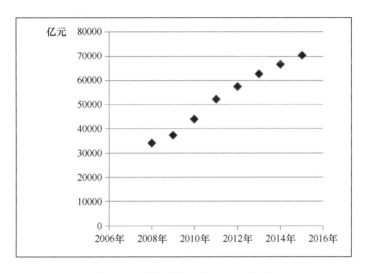

图3-11 京津冀城市群GDP趋势图

使用对数曲线模型对GDP散点图进行数据拟合，R^2为0.98646，呈高度正相关关系。采用线性回归模型对GDP散点图进行数据拟合，R^2为0.98639，同样也呈高度正相关关系。分别得到两种模型预测公式，如表3-29所示。

表3-29 京津冀城市群GDP预测模型表

方法模型	公　式	R^2
对数曲线	$y = 11057360.12\ln(x) - 84056236.47$	0.98646
线性回归	$y = 5496.87x - 11003890.67$	0.98639

分别利用公式计算，得到2025年及2030年GDP预测结果，并采用算术平均法确定组合预测法的权重系数，$\omega_1 = \omega_2 = 1/2$，数据结果如表3-30所示。

表 3-30 京津冀城市群 GDP 预测结果

方法模型	GDP/亿元	
	2025年	2030年
对数曲线	127039.52	154307.99
线性回归	127277.58	154761.94
组合预测	127158.55	154534.97

2. 客运运输需求量预测

1）客运总量预测

对交通客运量数据采用弹性系数法、年平均增长率法分别预测，最后采用组合预测法，通过确定组合预测模型系数，提高客运量预测数据的准确性。

（1）弹性系数法。

2008—2017年客运总量呈现出先上升后下降的趋势，但由于客运总量并不会持续下降，只是在一段时间内趋于平稳，因此，通过查阅相关表格，采用弹性系数法对未来年客运总量进行预测。

代入弹性系数公式，可求得近几年弹性系数，并对弹性系数取平均值，如表 3-31 所示。

表 3-31 弹性系数表

年份/年	弹性系数	年份/年	弹性系数
2009	0.16	2014	−0.17
2010	2.36	2015	−1.26
2011	2.93	2016	−0.25
2012	2.28	2017	−0.35
2013	−0.21	平均值	0.87

参考交通运输部规划研究院多年数据并整理得出的结论"我国未来客运量的弹性系数在 0.9~1.2 的概率有 80.2%，货运量的弹性系数在 0.7~0.9 的概率有 79.0%"。结合客运总量数据计算和相关文献，本书选用的客运量弹性系数为 0.90。

对历年 GDP 数据求年平均增长率，结果为 0.09486，然后根据弹性系数预测结果（见表3-32），利用式（3-23）、式（3-24）预测年客运总量。

$$P_K = T_K \times E \quad (3-23)$$

$$P_H = T_H \times E \quad (3-24)$$

式中，P_K、P_H 分别为客、货运输需求增长率；T_k、T_H 分别为客、货运输需求对当地

GDP 的弹性系数;E 为当地 GDP 的年平均增长率。

表 3-32 弹性系数法客运量预测数据（单位：万人次）

2020年	2030年
325388.90	490126.67

（2）年平均增长率法。

通过对数据处理，可得到 2008—2017 年客运总量年平均增长率为 2.899%。

利用式（3-25）进行计算。

$$Y_t = Y_0(1+\alpha)^t \quad (3-25)$$

式中，Y_t 为预测年客运量；Y_0 为基数年客运量；α 为年平均增长率；t 为预测期的年限。

以 2008 年为基数年，利用公式可得京津冀城市群预测年客运量，如表 3-33 所示。

表 3-33 年平均增长率法客运量预测数据（单位：万人次）

2025年	2030年
190863.96	220161.91

（3）组合预测法。

在以上两种预测方法计算结果的基础上，采用组合预测法提高预测结果的准确性。这里采用算术平均法来确定其中的权重系数，即 $\omega_1 = \omega_2 = 1/2$。

将 ω_1、ω_2 的数值代入公式，可得到组合预测法的最终预测结果。各预测方法数据整理表如表 3-34 所示。

表 3-34 各预测方法数据整理表

方法	客运量/万人次	
	2025年	2030年
弹性系数法	325388.90	490126.67
年平均增长率法	190863.96	220161.91
组合预测法	258126.43	355144.29

根据前面对京津冀城市群客运总量的预测结果，进一步对该城市群各种交通方式运输量进行预测，可以采用总量控制下的分交通方式预测。由于公路客运量最近几年呈现先上升后下降的趋势，与常用运输量预测方法的拟合度不高，因此先对铁路、水运客运量进行分交通方式预测，然后通过分担率预测公路、航空客运量。

2）铁路客运量预测

（1）主成分多元线性回归分析法。

通过对各影响因素与铁路客运量数据进行相关性分析，得到各影响因素相关系数，如

表 3-35 所示。

表 3-35　各影响因素相关系数

影响因素	总人口	GDP	就业人口	全社会固定资产投资额	客运量
总人口	1.0000	0.9896	0.9846	0.9832	0.7543
GDP	0.9896	1.0000	0.9965	0.9835	0.8109
就业人口	0.9846	0.9965	1.0000	0.9875	0.8372
全社会固定资产投资额	0.9832	0.9835	0.9875	1.0000	0.8457
客运量	0.7543	0.8109	0.8372	0.8457	1.0000

选取就业人口和全社会固定资产投资额为铁路客运量的相关变量，利用线性回归分析法进行数据处理，得到线性回归模型如式（3-26）所示。

$$Y = 0.4207019742 x_1 + 0.129934118 x_2 + 13736.6177 \quad (3\text{-}26)$$

式中，Y 为预测年的铁路客运量万人次；x_1 为预测年就业人口；x_2 为预测年全社会固定资产投资额。

分别将组合预测法得到的就业人口和全社会固定资产投资额代入该预测模型，便得到多元线性回归分析法预测的铁路客运量（见表 3-36）。

表 3-36　铁路客运量线性回归模型预测结果

年份/年	就业人口/万人	全社会固定资产投资额/亿元	预测铁路客运量/万人次
2025	7778.20	92049.63	28969.31
2030	8482.87	113760.36	32086.73

（2）趋势外推法。

通过数据分析，得出铁路客运量的对数曲线趋势公式，此时 $R^2=0.85860$。

$$Y = 1673233.03299 \ln(x) - 12707127.63921 \quad (3\text{-}27)$$

式中，Y 为预测年的客运总量，万人次；x 为预测年份。

将预测年份代入式（3-27），可得到对数曲线模型预测结果，如表 3-37 所示。

表 3-37　铁路客运量对数曲线模型预测结果（单位：万人次）

2025年	2030年
31739.14	35865.49

（3）组合预测法。

对以上两种方法计算得到的结果运用组合预测法，以提高预测精度。这里采用算术平均法确定权重系数，即 $\omega_1 = \omega_2 = 1/2$。

第3章 城市群与综合交通枢纽交通运输需求分析

将 ω_1、ω_2 的数值代入公式,可得到组合预测法的最终预测结果,如表 3-38 所示。

表 3-38 铁路客运量预测结果(单位:万人次)

2025年	2030年
30354.22	33976.11

3)水运客运量预测

水运运输并不是京津冀城市群主要的交通方式。从近几年的数据可以看出,水运客运变化幅度不大。但是随着水运旅游业的兴起,会有一部分水上观光客运量的增长。因此,本书定性预测京津冀城市群水运客运量,预测结果如表 3-39 所示。

表 3-39 水运客运量预测结果(单位:万人次)

2025年	2030年
25	40

4)公路、航空客运量预测

根据前面章节对京津冀城市群客运结构的分析,结合公路、航空运输特性及未来的发展趋势,本书设定预测年京津冀城市群公路、航空运输客运量分担率,并在对京津冀城市群总量结果的控制下,得到京津冀城市群预测年公路、航空客运量,如表 3-40 所示。

表 3-40 公路、航空客运量预测表

交通方式	2025年		2030年	
	分担率	客运量/万人次	分担率	客运量/万人次
公路	90.3%	148078.18	79.5%	181058.23
航空	9.7%	15906.52	20.5%	46687.97

由此,可得到京津冀城市群各种交通方式客运量预测结果,如表 3-41 所示。

表 3-41 各种交通方式客运量预测表

交通方式	客运量/万人次	
	2025年	2030年
公路	148078.18	181058.23
铁路	30354.22	33976.11
航空	15906.52	46687.97
水运	25.00	40.00
公路+铁路+航空+水运	194363.92	261762.32

3. 货运运输需求量预测

1）货运总量预测

（1）主成分多元线性回归分析法。

根据本书前面对影响货运总量的原因分析，选取京津冀城市群总人口、GDP、就业人口、全社会固定资产投资额为货运总量的影响因素，通过查阅相关资料，2008—2018年京津冀城市群相关指标数据如表3-42所示。

表3-42　京津冀城市群相关指标数据

年份/年	总人口/万人	GDP/亿元	就业人口/万人	全社会固定资产投资额/亿元	货运总量/万t
2008	9936	34043.51	5353.9	16119.2	187206
2009	10122	37256.23	5467.9	22176.5	188785
2010	10454	43984.11	5625.4	27088.3	215279
2011	10615	52170.74	5795.3	29810.6	254176
2012	10770	57585	5996.2	34995.4	287218
2013	10920	62660.35	6172.4	40347.6	321260
2014	11053	66564.46	6236.6	45888.3	279133
2015	11142	69358.9	6295.6	50504.4	275607
2016	11205	75624.9	6346.5	54840.9	286672
2017	11247	80580.5	6348.3	53066.2	306082

对表3-42的数据进行整理，以2008年为基准年，2009—2017年为增长年，将2009—2017年数据根据2008年数据转化为可比数值，计算出各指标的增长系数，如表3-43所示。

表3-43　相关指标增长系数

年份/年		总人口	GDP	就业人口转化值	全社会固定资产投资	货运总量转化值
基准年	2008	1.0000	1.0000	1.0000	1.0000	1.0000
增长年	2009	1.0187	1.0944	1.0213	1.3758	1.0084
	2010	1.0521	1.2920	1.0507	1.6805	1.1500
	2011	1.0683	1.5325	1.0824	1.8494	1.3577
	2012	1.0839	1.6915	1.1200	2.1710	1.5342
	2013	1.0990	1.8406	1.1529	2.5031	1.7161
	2014	1.1124	1.9553	1.1649	2.8468	1.4910
	2015	1.1214	2.0374	1.1759	3.1332	1.4722
	2016	1.1277	2.2214	1.1854	3.4022	1.5313
	2017	1.1319	2.3670	1.1857	3.2921	1.6350

对各影响因素之间及影响因素与货运总量之间进行相关性分析，相关系数如表3-44所示。

表3-44 各影响因素相关系数

影响因素	总人口	GDP	就业人口	全社会固定资产投资	货运总量
总人口	1.0000	0.9896	0.9846	0.9832	0.9191
GDP	0.9896	1.0000	0.9965	0.9835	0.9391
就业人口	0.9846	0.9965	1.0000	0.9875	0.9446
全社会固定资产投资额	0.9832	0.9835	0.9875	1.0000	0.8857
货运总量	0.9191	0.9391	0.9446	0.8857	1.0000

绘制货运总量增长系数与各影响因素增长系数散点图，如图3-12～图3-15所示。

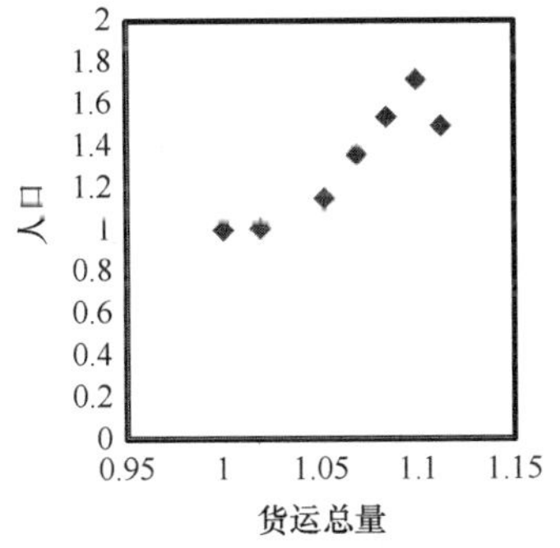

图3-12 总人口与货运总量关系 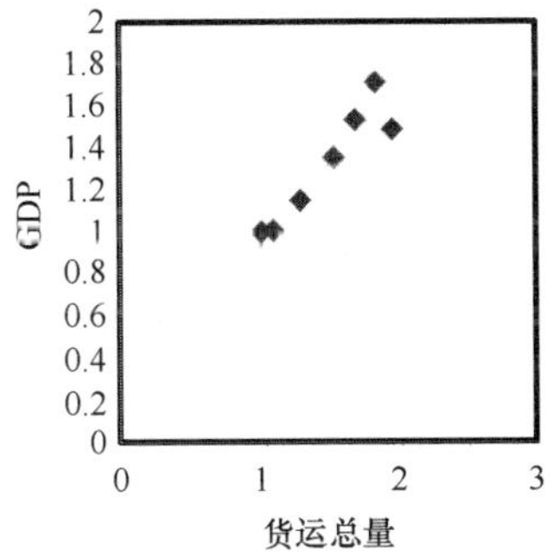　　图3-13 GDP与货运总量关系

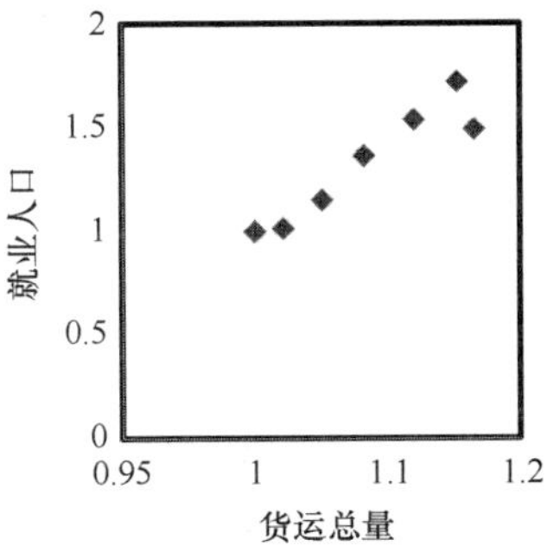

图3-14 就业人口与货运总量关系 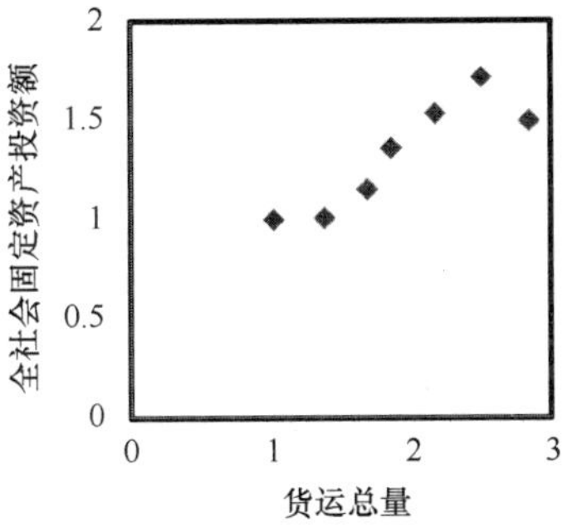　　图3-15 全社会固定资产投资额与货运总量关系

结合各影响因素与货运总量相关系数表及增长系数散点图可以看出，总人口、GDP、就业人口增长率与货运量增长率的变化基本一致，其中GDP增长系数与货运总量增长系数的相关系数0.9391，就业人口增长系数与货运总量增长系数的相关系数为0.9446，更接近于1，拟合度更高。因此选取GDP和就业人口为货运总量的相关变量，进行数据处理和回归分析（见表3-45）。

表 3-45 回归分析结果表

复相关系数 R	R^2	调整 R^2	标准误差	F 值	显著性水平 P 值
0.94493	0.89289	0.83934	20817.41	16.67	0.011

由线性回归分析数据可看出，测定系数 R^2 为 0.89289，说明线性回归模型与实际数据的拟合程度很高。且 F 检验的 P 值为 0.011，远小于 0.05，说明该线性回归模型的弃真率很低，此回归模型的置信度达到 98.85%。

依据表 3-45 得到回归方程，如式（3-28）所示。

$$Y = -1.285207x_1 + 189.760652x_2 - 789281.703 \quad (3-28)$$

式中，Y 为预测年度货运总量，万 t；x_1 为预测年 GDP，亿元；x_2 为预测年就业人口数量，万人。

对此回归方程用 2008 年的数据进行检验。

$$Y(2008) = 182924.6308（万 t） \quad (3-29)$$

由表 3-42 的数据可知，2008 年京津冀城市群货运总量统计值为 187206 万 t，预测值与实际统计值相比，残差较小，说明该回归方程预测的精度是很高的。绘制 2008—2014 年实际货运量与预测货运量的关系图，如图 3-16 所示，可以看出该模型预测值与实际数值相差不大。

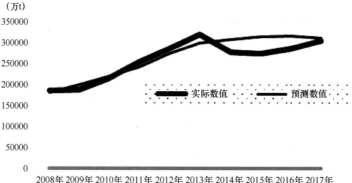

图 3-16 预测货运量与实际货运量比较

分别将组合预测法得到的 2025 年、2030 年的 GDP、就业人口数据代入预测模型，便得到多元线性回归分析法预测的货运总量，如表 3-46 所示。

表 3-46 货运总量线性回归模型预测结果

年份/年	GDP/亿元	就业人口/万人	预测货运总量/万 t
2025	127158.55	7778.20	424634.74
2030	154534.97	8482.87	523289.69

（2）趋势外推法。

通过比较线性趋势线、对数趋势线及多项式趋势线 R^2 的值，选择 R^2 最接近 1 的对数曲线进行数据拟合分析，该曲线 R^2 为 0.82846，拟合程度相对较高（见图 3-17）。

为提高数据准确度，设定拟合曲线的小数位数为 5 位，可得到对数曲线趋势如式（3-30）所示。

$$Y = -44006235.02084\ln(x) - 334480869.79893 \qquad (3-30)$$

式中，Y 为预测年的货运总量，万 t；x 为预测年份。

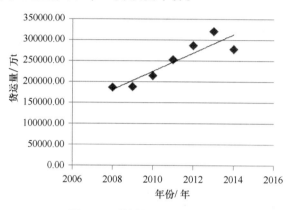

图 3-17 货运量对数曲线模型

将预测年份代入该预测方程，可得到使用对数曲线模型预测的结果，如表 3-47 所示。

表 3-47 对数曲线模型预测结果（单位：万 t）

2025年	2030年
444106.80	552898.54

（3）年平均增长率法。

通过数据处理，可得到 2008—2017 年货运总量年平均增长率为 5.87%。

计算式如式（3-31）所示。

$$Y_t = Y_0(1+\alpha)^t \qquad (3-31)$$

式中，Y_t 为预测年货运量，万 t；Y_0 为基数年货运量，万 t；α 为年平均增长率；t 为预测期的年限。

以 2008 年为基数年，利用公式可得京津冀城市群预测年货运量，结果如表 3-48 所示。

表 3-48 货运量预测数据（单位：万 t）

2025年	2030年
371307.42	493919.38

（4）组合预测法。

对以上 3 种方法计算得到的结果，通过组合预测法来提高预测精度。本书采用算术平均法确定权重系数，即 $\omega_1 = \omega_2 = \omega_3 = 1/3$。

将 ω_1、ω_2、ω_3 的数值代入公式，可得到组合预测法的最终预测结果，如表 3-49 所示。

表 3-49　各预测方法数据整理表

方法	货运量/万t	
	2025年	2030年
多元线性回归分析法	424634.74	523289.69
趋势外推法	444106.80	552898.54
年平均增长率法	371307.42	493919.38
组合预测法	413349.65	523369.20

2）不同方式货运量的预测

根据前面对京津冀城市群货运总量的预测结果，并考虑未来京津冀城市群各种货物交通方式的供给和发展情况，采用分担率模型预测 2025 年、2030 年各种交通方式的货运量，如表 3-50 所示。

表 3-50　各交通方式货运量分担率法预测结果

年份/年	货运量/万t				分担率/%			
	公路	铁路	航空	水运	公路	铁路	航空	水运
2025	330679.72	53735.46	16533.99	12400.49	80	13	4	3
2030	408227.98	68038.00	31402.15	15701.08	78	13	6	3

4．预测结果分析

通过对京津冀城市群客货运输总量和各种交通方式运输需求量的预测，比较 2025 年、2030 年预测值与近几年的数据可以看出，京津冀城市群在未来一段时间内仍有较大的运输需求。在京津冀交通一体化的背景下，各种交通方式之间信息开始互联互通，这将提高乘客出行满意度和使货物更好更快地运输。

本书通过分析各影响因素与运输需求量之间的相关系数，对比不同预测方法的适用条件和优缺点，选择适宜的方法对各种交通方式的运输需求量进行了预测，通过总运输需求量下各种不同交通方式占比来确定各种交通方式的需求量。分析数据可以看出，在未来一段时间内，公路运输仍将是京津冀城市群客货运输的主要方式，但随着铁路网的不断完善和运输服务质量的提高，公路运输占比会有所下降。航空运输是我国各种交通方式中发展相对靠后的领域。在未来几年，我国航空业的发展增速，随着乘客和货物运输对时间要求的提高，以及人们生活水平的提高，航空运输量将明显上升。受地理位置的影响，水运是京津冀城市群次要的交通方式，未来随着国际贸易的更加繁荣，水运运输需求量也将提高。

交通运输的发展与区域社会经济的发展相辅相成,京津冀城市群交通网络的不断发展,也将带动其社会经济的发展。

3.5 城市群综合交通枢纽交通运输需求预测

综合交通枢纽由于其集中的交通资源和特定的地理位置,对城市的影响是很大的。而交通枢纽的交通运输量预测分析有着特殊性和复杂性,这就要求在分析之前要从宏观上认识交通枢纽,确定交通枢纽的内涵和功能定位,明确交通枢纽的各种特性,这是预测的前提。

综合交通枢纽是一个复杂且庞大的系统。在规划设计综合交通枢纽时,运输需求预测是一项极为重要的基础性工作。预测数据将为设计方案提供依据,确保规划的合理科学,避免出现交通枢纽规模过大造成资源浪费和规模过小造成的供不应求。因此,完整、科学、明确的运输需求预测是交通枢纽规划必不可少的环节。

3.5.1 交通运输需求的特征和影响因素

1. 交通枢纽交通运输需求的特征分析

交通运输具有社会服务性,运输需求是人们对运输服务的支付意愿,综合交通枢纽的运输需求具有以下特征。

1)普遍性和广泛性

在现代社会中,生产与消费、供给与需求在空间上普遍分离,人类生活在各个方面、各个环节都离不开人和物的空间位移,运输需求存在于人类社会生活的各个角落。综合交通运输是一个独立于其他部门之外的产业,每一种社会活动都不可能脱离它而单独存在,因此,与其他商品和服务的需求相比,运输需求是一种更加普遍的需求,更具有广泛性。

2)复杂性和多样性

综合运输业面对的是品类日益繁多的货物和各种不同身份和出行目的的人群。对于货物运输需求来说,由于承运货物的性质不同,对运输条件的要求也各不相同,因此在运输过程中需要采取不同的运输措施;对于乘客运输需求来说,乘客出行的目的、收入水平存在着很大的差距,导致运输服务的质量要求也呈现多样性特征。因此,综合交通枢纽的运输需求具有复杂性和多样性。

3)非均衡性

综合交通枢纽运输需求的非均衡性体现在时间分布的不均衡性和空间分布的不均衡性

上。在时间方面,由于经济发展具有周期性,生产和消费也存在季节性的变化,因此,综合运输需求具有明显的时间波动性,在一天、一年甚至更长的时期内,运输需求均表现出不均衡性。在空间方面,由于资源分布的不均衡性,各地区之间的地理位置、经济发展、产业结构、交通基础设施等的差别,使运输需求表现出明显的空间不均衡性。

4)本源性与部分可替代性

不同的运输需求通常是无法替代的,不过在某些特殊情况下,人们可以对不同的物质位移采取相应的替代性安排。例如,在工业生产方面,煤炭的运输可以被长距离高压输电线路替代;在工业生产方面,当原料产地和产品市场分离时,人们可以通过生产位置的确定在运送原料及运送产成品或半成品之间做出选择。

5)派生性

运输需求是一种派生性的需求,它是通过社会经济活动等直接性的需求派生而来的。货主或乘客提出的位移要求,最终目的并不是位移本身,而是生产、生活中的其他需求,完成空间位移只是中间一个必不可少的重要环节。

2. 交通枢纽交通运输需求的影响因素

1)社会经济方面因素

社会经济是影响城市对外客运需求总量(包括铁路对外客运总量)的最根本因素,具体包括社会经济发展水平、居民收入和消费水平及人口数量等。

(1)社会经济发展水平:一个地区经济越发达,与外界的交流和接触就越频繁,派生的乘客运输需求就越多。

(2)居民收入和消费水平:根据人类需求等级论的观点,人民在满足了衣、食、住等基本需求之后,就会产生社交等更高层次的需求。因此,随着人民生活水平的提高,探亲、休假、旅游等需求必然增加,从而使消费性需求在数量上和质量上发生变化,影响乘客运输需求。

(3)人口数量:乘客运输的对象是人,因此,人口数量是影响乘客运输的基本因素。

2)交通运输方面因素

交通运输基本状况是影响城市对外客运需求的重要因素,具体包括运输历史数据、对外交通条件、旅行费用、旅行时间、服务质量等。

(1)运输历史数据:因为任何事物的发展都有一定的规律性,从以往的对外客运需求出发,结合社会经济发展趋势,可以推测出未来城市对外客运需求的发展趋势。

(2)对外交通条件:对外交通条件的优劣可以对对外客运需求产生促进或抑制的作用。

(3)旅行费用:乘客运输需求必须具备两个条件,即出行欲望和支付能力,支付能力与旅行费用直接相关,旅行费用越低,能够支付得起旅行费用的人就越多,旅行需求就越多。

（4）旅行时间：随着交通方式的进步及人们生活节奏的加快，两地之间的距离已经不再是一个绝对的空间概念，而是逐渐被时间概念所取代。旅行时间越短，消耗人们的劳动价值就越少，人们的出行需求就越多。

（5）服务质量：安全、舒适、便捷、环保是衡量交通运输服务质量的重要指标。服务质量越高，产生的旅行需求就越多，反之则越少。

3.5.2 交通运输需求预测的原则

为使交通运输需求预测取得良好的效果，在预测前反复认真地分析和研究所收集的各种社会经济和交通情况的有关资料，对不完整和不适用的资料进行必要的补充、推算和调整，以保证资料的完整性和可靠性。因此预测时要坚持以下几条原则。

1. 整体性分析

分别将综合交通枢纽区域内的经济和交通作为整体中的部分来考虑。具体来说，就是将枢纽区域经济系统置于国家甚至全球大经济系统下分析，同时注意与周边的横向关系；综合交通枢纽系统作为区域内社会经济系统的部分加以考虑；综合交通枢纽内各种交通方式作为区域综合交通系统的组成部分；对综合交通枢纽内各交通方式在运输系统中的各个要素进行分析。

2. 交通运输一体化

交通运输系统是一个复杂的巨系统，交通运输一体化要求交通资源和交通需求两者之间的协调与优化。交通运输一体化的发展不是简单地改变研究对象，把地区范围扩大到区域范围，而是做到区域整体规划，超脱于各利益主体的各自利益和管辖权限，打破条块分割的束缚，站在区域整体发展的全局高度进行的战略谋划。

3. 定性与定量相结合

社会经济系统作为一个复杂系统，在其发展过程中，同时具有规律性和偶然性。对于规律性，可以通过定量计算寻找；对于发展中的偶然性，则需要充分利用政策分析、专家经验和领导决策等定性分析手段予以解决。预测中应注意将定性分析和定量计算相结合，将专家经验和数学模型相结合，将长期规划和中、近期目标相结合，同一指标需经多种预测方法相互验证，进行修正、调整后，选择比较接近实际的合理结果。

4. 弹性原则

由于未来社会经济发展带有很大的偶然性，综合交通枢纽的运输需求预测结果就不可能做到准确无误,应该充分考虑未来交通需求的多种可能性,预测结果保留必要的弹性范围。

3.5.3 京津冀城市群交通枢纽现状交通运输量

1. 客运现状

1)客运总量

京津冀城市群客运总量由铁路客运量、公路客运量、水运客运量及航空客运量构成,各市各年情况如表3-51所示。

表3-51 京津冀城市群各市各年客运总量(单位:万人)

城 市	2007年	2008年	2009年	2010年	2011年	2012年	2013年	2014年
北京	20040	20978	133872	140663	145773	149037	71057	71715
天津	7104	8752	25299	24873	25331	28462	29519	19600
石家庄	14887	10050	10027	12401	13938	15378	13573	8032
唐山	12177	9719	10503	12045	13645	14500	14035	4267
秦皇岛	6875	7030	2527	2993	2920	2838	2883	3002
邯郸	13086	13563	9755	13237	16666	18171	19241	8921
邢台	6165	6402	6484	7207	8449	9375	8555	4469
保定	9278	11034	12762	14954	15677	16460	15203	10730
张家口	3333	3153	2974	3962	4305	4860	5235	3521
承德	4229	4686	4773	5020	5198	5421	5935	2831
沧州	10279	10791	12764	9206	10111	9841	10241	4979
廊坊	5803	5636	5122	6132	4720	3620	3333	5392
衡水	4141	2305	2323	3100	3561	3934	3418	1973

对表3-51中的数据进行分析,可知:

(1)北京、天津市2007年、2008年的数据与后面几年的数据因为统计口径的不同,不具有可比性。

(2)除北京市外的其他城市2013年、2014年的客运量数据差距较大,并且都是大幅度下降的。导致这样结果的原因是2013年之后公路客运量的统计口径发生改变,公路客运量大幅下降,而公路客运量在客运总量中占有较大的比重,其他交通方式客运量的增长不足以弥补这部分的下降,就形成了整体客运量大幅下降的结果。

(3)北京市客运总量远大于其他城市,甚至是河北省大部分城市的几十倍。北京作为首都,交通优势资源集中,始发、终到及过境交通压力都巨大,这也给北京市带来了巨大的交通压力。

2）铁路客运量

京津冀城市群各市各年铁路客运量如表 3-52 所示。

表 3-52 京津冀城市群各市各年铁路客运量（单位：万人次）

城 市	2007年	2008年	2009年	2010年	2011年	2012年	2013年	2014年
北京	6915	7644	8161	8903	9755	10315	11588	12609
天津	1573	1907	2384	2654	2801	2970	3352	3687
石家庄	1100	1158	1100	1100	1100	1100	1100	1100
唐山	553	591	635	694	691	713	823	839
秦皇岛	579	638	706	712	595	716	816	910
邯郸	582	713	701	740	1131	721	846	870
邢台	284	329	347	370	387	403	429	465
保定	652	749	824	907	997	1097	1207	1207
张家口	446	443	400	463	416	399	439	457
承德	449	474	493	488	391	371	368	382
沧州	2415	3597	3597	226	197	174	351	212
廊坊	169	158	130	219	181	164	206	117
衡水	321	346	353	741	797	791	830	

对表 3-52 中的数据进行分析，可知：

（1）北京市铁路客运量巨大，甚至是河北省铁路客运总量的两倍。

（2）各市铁路客运量逐年上升，与这几年干线铁路、高速铁路等的快速发展及对中长途客流的吸引力增强息息相关。并且由于京津冀交通一体化，以及大力发展"轨道上的京津冀"政策的提出（包括市郊铁路及城际铁路的大力建设），势必会提高京津冀城市群铁路网的可达性，增强铁路运输的吸引力。因此可以预见未来年铁路客运量将持续快速上升，并且铁路客运量在乘客运输客运总量中的占比将大幅提升。

3）公路客运量

京津冀城市群各市各年公路客运量如表 3-53 所示。

表 3-53 京津冀城市群各市各年公路客运量（单位：万人次）

城 市	2007年	2008年	2009年	2010年	2011年	2012年	2013年	2014年	2015年	2016年	2017年
北京	9275	9571	121373	126130	129918	132333	52481	52354	49931	48039	44940
天津	5253	6579	22566	21822	22053	24483	24980	14530	14218	13741	12538
石家庄	13743	8788	8795	11029	12436	13793	12206	6641	5976	4582	3824
唐山	11624	9128	9868	11348	12939	13770	13194	3407	2656	2510	2887
秦皇岛	6287	6384	1812	2261	2308	2110	2051	2068	1924	1422	1442

(续表)

城　市	2007年	2008年	2009年	2010年	2011年	2012年	2013年	2014年	2015年	2016年	2017年
邯郸	12502	12843	9046	12484	15519	17433	18372	7994	7129	5346	5515
邢台	5881	6073	6137	6837	8062	8972	8126	4004	3495	2709	2364
保定	8626	10285	11938	14047	14680	15363	13996	9523	10792	10749	11012
张家口	2887	2710	2574	3499	3889	4461	4794	3050	2081	1731	1664
承德	3780	4212	4280	4532	4807	5050	5567	2449	1163	1074	966
沧州	7864	7194	9167	8980	9914	9667	9890	4767	5473	4916	4794
廊坊	5634	5478	4992	5913	4539	3456	3127	5275	3832	3064	2424
衡水	3820	1959	1970	2359	2764	3143	2588	1973	1920	1387	1231

对表 3-53 中的数据进行分析，可知：

（1）2008 年、2009 年北京市、天津市因统计口径不同，因此与其他年份的数据不具有可比性。

（2）2013 年全国公路客运量统计口径改变：2008—2013 年统计范围为旅游客运、省际客运企业、郊区客运和市郊公交等，而 2013 年之后的统计范围不再包括市郊公交。市郊公交通勤能力巨大，一旦这部分客运量不再计入统计范畴，总的公路客运量将大幅下降，这也与实际客运量变化规律相符合。

（3）2013 年之后的数据为统计口径发生改变后得到的数据，与之前几年不具有可比性，但 2014—2015 年的这几年是可以比较的。综合比较，京津冀城市群内绝大多数城市公路客运量呈下降趋势，原因有以下几点：①最近几年私家车的保有量大幅上升，私家车出行代替了一部分客运出行；②节假日是出行的高峰，也是客运量增长的峰值，2012 年之后，节假日高速公路免费，加上私家车保有量的大幅上升，节假日私家车中短距离出行代替了大部分公路客运出行；③近几年京津冀城市群干线铁路、高速铁路发展速度加快，各城市的可达性上升，中长距离铁路运输的吸引力远超公路客运运输的吸引力，铁路客运出行取代了部分公路客运出行。综上，公路客运量总体呈下降趋势。

（4）可以预见在未来 5~10 年，公路客运量将大幅下降。

4）水运客运量

京津冀城市群各市各年水运客运量如表 3-54 所示。

表 3-54　京津冀城市群各市各年水运客运量（单位：万人次）

城　市	2007年	2008年	2009年	2010年	2011年	2012年	2013年	2014年	2015年	2016年	2017年
北京	0	0	0	0	0	0	0	0	0	0	0
天津	3	2	15	1	1	0	0	0	0	0	0
石家庄	0	0	0	0	0	0	0	0	0	0	0
唐山	0	0	0	0	0	0	0	0	0	0	0

(续表)

城　市	2007年	2008年	2009年	2010年	2011年	2012年	2013年	2014年	2015年	2016年	2017年
秦皇岛	5	5	6	0	6	4	5	4	5	5	2
邯郸	0	0	0	0	0	0	0	30	0	0	30
邢台	0	0	0	0	0	0	0	0	0	0	0
保定	0	0	0	0	0	0	0	0	0	0	0
张家口	0	0	0	0	0	0	0	0	0	0	0
承德	0	0	0	0	0	0	0	0	0	0	0
沧州	0	0	0	0	0	0	0	0	0	0	0
廊坊	0	0	0	0	0	0	0	0	0	0	0
衡水	0	0	0	0	0	0	0	0	0	0	0

京津冀城市群内部共有4大港口：天津港、唐山港、秦皇岛港、黄骅港，但是这些港口都是以货物运输为主的，秦皇岛港每年提供少量客运服务。从表3-54中可以看出，京津冀城市群水运客运量与其他交通方式输客运量比起来微不足道，因此在本书后面进行需求预测及交通枢纽布局时将不再考虑水运客运。

5）航空客运量

京津冀城市群各市各年航空客运量如表3-55所示。

表3-55 京津冀城市群各市各年航空客运量（单位：万人次）

城　市	2007年	2008年	2009年	2010年	2011年	2012年	2013年	2014年	2015年	2016年	2017年
北京	3850	3763	4339	5630	6100	6389	6988	6752	7172	7872	8607
天津	275	264	334	396	475	1009	1187	1383	1503	1645	1863
石家庄	44	103	132	272	402	485	267	291	308	0	958
唐山	0	0	0	3	15	17	18	21	25	24	52
秦皇岛	4	3	3	20	10	8	11	20	16	23	33
邯郸	2	7	8	13	15	17	23	27	25	46	68
邢台	0	0	0	0	0	0	0	0	0	0	0
保定	0	0	0	0	0	0	0	0	0	0	0
张家口	0	0	0	0	0	0	2	14	21	35	60
承德	0	0	0	0	0	0	0	0	0	0	0
沧州	0	0	0	0	0	0	0	0	0	0	0
廊坊	0	0	0	0	0	0	0	0	0	0	0
衡水	0	0	0	0	0	0	0	0	0	0	0

结合航空客运量现状及机场情况，可知：

（1）京津冀城市群内部现阶段共有：国际枢纽机场1个，为北京首都国际机场；区域枢纽机场2个,为天津滨海机场和石家庄正定机场;支线机场6个。

(2)从表3-55中的客运量数据可以知道首都国际机场已经达到饱和状态,而天津滨海机场及石家庄正定机场作为建设标准较高的区域干线机场,客运量相对较少,整体客运量分布极为不均衡,这与北京优势资源过于集中有很大的关系。北京首都国际机场与天津滨海机场客运量之和占京津冀城市群航空客运总量的90%。

(3)支线机场中,2009年建设了唐山三女河机场,2012年建设了张家口机场,这两个机场都是军民合用机场。

2019年,北京的新机场已建设完毕并投入使用,将会很大程度上改变京津冀城市群航空客运分布。未来5~10年京津冀城市群部分城市将新建支线机场或对现有机场进行改扩建,完善京津冀城市群航空布局,构建京津冀城市群的机场群。

2. 货运现状

根据《中国统计年鉴》及各省市统计年鉴、国民经济和社会统计公报,并对缺失数据进行估算,得到京津冀城市群各城市2007~2017年京津冀城市群内各城市的总货运量如表3-56所示。

表3-56 京津冀城市群各城市货运量(单位:万吨)

城市	2007年	2008年	2009年	2010年	2011年	2012年	2013年	2014年	2015年	2016年	2017年
北京	19895	20515	20486	21886	24788	26291	25865	26697	20078	20733	20110
天津	50462	54260	42744	40368	43428	46475	50322	49751	53179	51579	52992
石家庄	12615	12513	15151	19689	24273	28755	35893	25938	33469	41000	46000
唐山	14942	21862	25187	29829	37081	41649	47879	38207	86377	91852	98000
秦皇岛	7191	7573	6007	6459	6819	7170	7835	7611	8303	9256	9429
邯郸	12616	17403	19135	25506	29266	34384	36956	37209	40921	20951	20867
邢台	4810	8472	8544	10253	12752	14333	15425	11614	12195	13536	14484
保定	8921	8772	11711	14788	18967	22685	26879	21726	23613	21017	28638
张家口	7170	5384	5199	6982	8872	9310	9780	7122	7143	7651	8171
承德	4422	4545	4796	5775	7121	8150	9154	7865	8801	9285	9935
沧州	15885	15373	18445	19952	26003	30803	35406	29219	39156	39506	42271
廊坊	6051	7162	7951	9415	9440	11175	12821	10513	12279	13790	14727
衡水	3789	3372	3429	4377	5366	6038	7045	5660	6056	7013	7518

京津冀城市群各交通方式货运量占比如图3-18所示。

经分析可知:

(1)京津冀城市群货运量相较客运量分布均衡,并未出现两极分化,拥有港口的城市货运量相对会更高一些。

第 3 章 城市群与综合交通枢纽交通运输需求分析

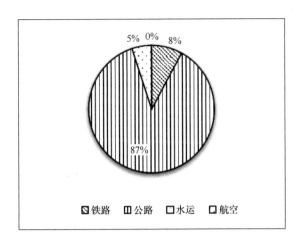

图 3-18 京津冀城市群各交通方式货运量占比

（2）各城市每年的货运量存在起伏，但总体呈上升趋势。

（3）在各交通方式货运运输中，公路运输占主导地位，运输结构不合理。未来年京津冀货物运输发展中应大力发展多式联运，特别是水运和铁路多式联运。

3.5.4 京津冀城市群交通枢纽运输需求预测

京津冀城市群客货运总量巨大，在统计口径上于 2008 年和 2013 年分别发生过一次变化，因此在各市客货运总量上，出现了数据不连续现象。为了预测的有效性，舍弃 2008 年之前的数据。虽然统计口径不同，但是每年客货运总量的增长率是相对稳定的，因此京津冀城市群客货运总量预测采用增长率法。

通过对社会经济指标的预测知道，京津冀城市群社会经济增长相对平稳，而客货运量的变化主要受社会经济指标的影响，因此在这里可以假定未来几年的客货运量增长率是稳定的，其值为历年客货运量增长率的平均值。

1. 客运总量预测

运用增长系数法，a 增长率为各市历年增长率平均值，并以 2014 年为基年，对 2025 年、2030 年客运总量进行预测，如表 3-57 所示。

表 3-57 2025 年和 2030 年京津冀城市群各市客运总量预测表

城 市	增长率平均值	基年客运量/万人次	2025年预测值/万人次	2030年预测值/万人次
北京	0.03	71715	99270	115082
天津	0.04	19600	30173	36710
石家庄	0.087	8032	20107	30514
唐山	0.078	4267	9748	14191

（续表）

城 市	增长率平均值	基年客运量/万人次	2025年预测值/万人次	2030年预测值/万人次
秦皇岛	0.037	3002	4477	5369
邯郸	0.096	8921	24453	38671
邢台	0.076	4469	10003	14428
保定	0.048	10730	17971	22719
张家口	0.078	3521	8044	11710
承德	0.056	2831	5155	6770
沧州	0.042	4979	7829	9617
廊坊	0.084	5392	13094	19598
衡水	0.057	1973	3630	4790

京津冀城市群内北京市的客运总量在2025年、2030年依旧巨大且占主导地位，接下来天津、邯郸、保定、石家庄等城市客运总量也较多，其他城市的客运总量相对较少。而在增长率方面，廊坊、张家口、邯郸、邢台、唐山、石家庄等城市增长较快。

2．货运总量预测

运用增长系数法，a增长率为各市历年增长率平均值，以2017年为基年，对2025年、2030年货运总量进行预测，如表3-58所示。

表3-58　2025年和2030年京津冀城市群各市货运总量预测表

城 市	增长率平均值	基年货运量/万t	2025年预测值/万t	2030年预测值/万t
北京	0.061	26697	38573	51863
天津	0.043	49751	84205	103934
石家庄	0.241	25938	494592	1455815
唐山	0.175	38207	577621	1293695
秦皇岛	0.069	7611	19644	27423
邯郸	0.183	37209	132523	307055
邢台	0.161	11614	74824	157835
保定	0.232	21726	284224	806704
张家口	0.178	7122	49531	112357
承德	0.176	7865	59108	132949
沧州	0.18	29219	261063	597248
廊坊	0.129	10513	55943	102617
衡水	0.199	5660	55349	137154

第 4 章

城市群综合交通枢纽布局规划研究

《"十三五"现代综合交通运输体系发展规划》提出，完善综合交通枢纽空间布局，结合全国城镇体系布局，着力打造北京、上海、广州等国际性综合交通枢纽，加快建设全国性综合交通枢纽，积极建设区域性综合交通枢纽，优化完善综合交通枢纽布局，在全国重点打造150个开放式、立体化的综合客运枢纽。

《全国城镇体系规划（2006—2020年）》提出，建立全国综合交通枢纽体系，强化城镇在产业发展和空间布局的核心地位，促进多种交通方式之间的有机衔接，增强中心城市对区域的辐射带动作用，加强边境交通枢纽城市建设，落实国家对外开放战略，完善全国综合交通网络。

促进综合交通枢纽发展是提高交通运输整体效率和服务水平及降低物流成本的有效途径，是优化运输结构、实现交通运输战略转型的迫切需要，是集约利用资源、节能环保的客观要求，对解决现阶段我国综合交通枢纽规划设计不统一、建设时序不同步、运营管理不协调、方式衔接不顺畅等问题，构建便捷、安全、高效的综合交通运输体系，支撑国民经济和社会发展，方便广大人民群众出行，提升国家竞争力具有战略意义。

本章主要研究城市群综合交通枢纽的作用、城市群综合交通枢纽与综合交通网络、城市群综合交通枢纽与城市发展、城市群综合交通枢纽与城市群发展及城市群综合交通枢纽布局理论与方法等，并且以京津冀城市群交通枢纽为例进行具体的布局研究。

4.1 城市群综合交通枢纽的作用

城市群综合交通枢纽是城市群和城市交通网络的重要节点，是各种交通方式交通网络的交汇和运输转换衔接处，是实现客运"零换乘"、货运"无缝化衔接"的现代交通运输的核心，也是构建城市群综合交通运输体系的关键。

城市群综合交通枢纽，作为城市群范围内不同交通方式或不同线路衔接的重要交通基础设施，与城市间出行和物流发生着越来越紧密的联系，城市正发生迅速的变化，城市汽车保有量及使用量的迅速增加，使城市的交通变得更加拥堵，以致向城市外蔓延。另外，新的公共交通方式也开始被引入城市，为了满足城市居民的出行和物资交流需要，各种交通方式与城市产生更多的联系，城市交通枢纽作为交通联系的节点，也面临城市土地利用、空间架构与交通出行、物资运输效率等一系列的问题。

城市群综合交通枢纽应该具有联系城市内外交通的作用。在对外交通方面，交通枢纽是城市的门户，它是展示城市形象的窗口，是内外交通中转、换乘组织的中心，也是城市活动集聚的重要场所。当前，我国深水港、航空港等大型交通枢纽设施建设得到大力发展，而随着高速铁路网络的构建，铁路枢纽也将迎来新的建设高潮。城市群区域交通枢纽和网络格局的改变，对城市的区位条件、功能布局和空间结构具有至关重要的作用。

城市内部的综合交通枢纽面临着新的发展机遇，在环境、能源等各种压力下，优先发展公共交通成为大城市的必然选择。而城市轨道交通在城市综合交通体系中发挥越来越大的作用，大型的轨道交通站正成为运送客流和组织城市生活的一个重要空间载体。总体来说，不同类型、不同规模和等级的交通枢纽，其功能和交通组织要求有很大的不同，与周边地区及整个城市的关系也存在很大差异。近几年，我国各类城市交通枢纽的规划实践活动十分活跃，而轨道交通枢纽（包括对外铁路交通和城市轨道交通）的规划及建设尤其具有普遍性。人们对交通枢纽地区的规划也有了很多新的思考和探索，这些理念、方法和经验对指导我国交通枢纽未来的发展与建设有重要的意义。

城市群综合交通枢纽的功能主要体现在以下3方面。一是为区域内部和区域对外的人员及物资交流提供集疏和中转服务，带动和支撑区域经济的发展。综合交通枢纽一般地处区域主要中心城市，为所在地区或城市的经济发展和居民生活提供客货运输服务，是城市对外联系的桥梁和纽带。二是维持不同方向和不同交通方式间客货运输的连续性，完成运输服务的全过程。以信息化、网络化为基础，改进运输组织方式，实现各种交通方式一体化管理，完成运输服务全过程，是提高运输效率、降低运输成本、节约资源、实现交通可持续发展的有效途径，而城市群综合交通枢纽正是实现这一目标的关键。三是为运输网络吸引和疏散客货流，促进交通运输产业的发展。交通运输产业发展的基础是日益增长的运输需求，在经济高度发达、需求日趋多样化的现代社会，交通运输产业的发展向着综合集成和一体化运输的方向发展，以满足客货运输多样化的需求。城市群综合交通枢纽作为运输网络上的节点，集各种交通方式信息、设备和组织管理于一体，吸引着大量的客货流，是交通运输产业发展的重要支撑。

4.2 城市群综合交通枢纽与综合交通网络

交通网络是在一定空间范围（国家或地区）内由几种交通方式的线路和枢纽等固定技术装备组成的综合体，是客流和货流的载体，是运输生产的主要物质基础，其空间分布、通过能力和技术装备体现了整个交通运输系统的状况与水平，在交通运输业的发展中占有十分重要的地位。其结构与水平直接影响着交通运输系统的功能。

城市群综合交通枢纽是分布在城市群区域交通网络中的重要节点，交通枢纽必须依托一个城市及其所在区域的交通网络。城市群综合交通枢纽规划与综合交通网络规划是区域交通规划中两个紧密联系、互为补充的重要内容，两者具有密切的互动关系，如图 4-1 所示。

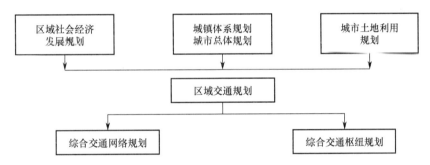

图 4-1 城市群综合交通枢纽规划与综合交通网络规划的关系

城市群综合交通枢纽的优化布局必须以综合交通网络的合理规划为前提，而城市群综合交通枢纽的规划和建设又会影响其所在区域的综合交通网络的运转。

在城市群综合交通枢纽规划的过程中，应该在交通网络规划与交通枢纽规划之间建立一定的反馈机制。应使交通枢纽与干线在建设和能力上相适应，做到枢纽与衔接的各条干线同步建设，同时进行技术改造，同步投入使用，确保线路畅通，各环节的运输能力都可得到合理利用，并且能互相调剂与补充。

综合交通网络规划是综合交通枢纽规划的主要依据，是根据国家工农业生产布局与客货流规划，同时考虑政治、经济、文化和国防等各方面的要求所拟订的交通发展远景规划。在其分阶段发展中，综合交通网络规划明确交通枢纽的分布和车流集疏规律，指出交通枢纽的性质、规模、范围及它们之间的大致分工，从而规定交通枢纽在交通网络上的作用。在此基础上，结合城市规划和其他交通方式的要求及交通枢纽所在地的地形、地质、水文等自然条件进行交通枢纽总图设计方案的比选。

综合交通网络规划中新线的分阶段建设，必然引起有关线路的部分交通流改变运行径路，从而对有关枢纽在交通网络上的作用产生巨大的影响。例如，在如图 4-2 所示的路网上修建 A—E 新线，一方面由于 A 交通枢纽和 E 交通枢纽都有新线引入，交通枢纽引入干线增多，必然增加其工作量和作业的复杂性，从而在一定程度上影响枢纽的性质、规模及专业车站的分布和进、出站线路的引入；另一方面，C 交通枢纽由于 A—E 新线的分流，减轻了作业负担。此外，A—E 新线的修建对相邻的其他交通枢纽 B、F 也有不同程度的影响。

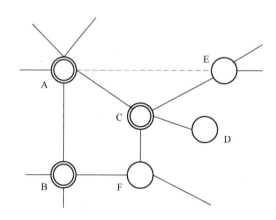

图 4-2 综合交通网络与综合交通枢纽规划示意图

综合交通网络规划对研究确定有关交通枢纽的分工与协作及交通枢纽分阶段的发展具有决定性的意义。如果只孤立地研究个别交通枢纽规划而不从交通网络整体规划的角度考虑有关枢纽的分工与协作，就会出现交通枢纽间分工协作关系不明的问题，以致设备重复或设备规模不能满足生产建设的要求。

4.3 城市群综合交通枢纽与城市发展

4.3.1 城市群综合交通枢纽与城市内外交通的关系

城市群综合交通枢纽具有具体的依托城市，其功能就是连接城市内外交通，因此与所在城市的性质和功能有着密切的联系，在进行城市群综合交通枢纽布局规划时，必须考虑城市交通系统与交通枢纽的相互关系。

城市群综合交通枢纽的运转由乘客（或货主）、运输企业和政府 3 个主体共同参与。它不仅与交通枢纽所在区域交通网络的物理特征有关，还与 3 个参与交通枢纽运营的主体的相互关系有关。以货物运输为例，可以把交通枢纽的运转分为内部短距离散货运输和交通运输网络上与其他枢纽之间的长距离集中运输两个阶段，而枢纽就是联系这两个阶段的节点。

城市内交通枢纽间的短距离运输实际上是交通需求者（乘客或货主）利用城市内道路进行的，与城市交通融为一体，运输效果与交通需求者对运输路径和站点位置的选择行为有关。从微观意义上讲，交通需求者选择什么路径、什么站场完全取决于交通需求者个人对整个交通网络的判断和期望，政府只能通过完善城市内部交通网络的方式实现对交通需求者个人行为的合理诱导。此阶段交通行为可用交通规划理论进行描述。

城市群综合交通枢纽之间的长距离运输利用城市间的公路、铁路、水路和航空线路等进行。交通需求者对这部分的关心程度较低，相反运输企业会在这个阶段对自己的运力、运输线路的安排进行较为详细的研究，以保证自身经济效益的最大化。

城市群综合交通枢纽的运转机理可以用如图 4-3 所示的两个层次来说明。交通枢纽规划的最终目的，就是通过合理的交通枢纽站场布局，引导交通需求者和运营者的微观行为，使其符合综合交通运输系统社会效益最大化的宏观目标。

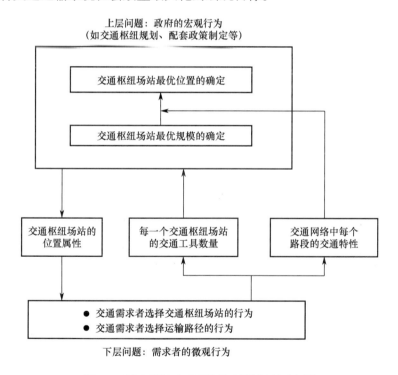

图 4-3　城市群综合交通枢纽运转机理示意图

4.3.2　城市群综合交通枢纽规划与城市空间规划的协同

城市群综合交通枢纽负责联系城市内外，是城市整体的一部分。交通枢纽与城市相共生，并在相互促进中不断发展。为使交通枢纽既方便城市生产生活又能充分发挥运输效能，其设计和建设必须与城市规划密切配合。交通枢纽规划应纳入城市规划，服从城市规划的总体安排，以便更好地为城市建设、工业生产、人民生活和旅行服务；城市规划应对交通枢纽的各项设备进行合理配置，力求各种交通方式的设备之间有方便和经济的联系，保证满足运营要求，以便提高运输效率，降低运输成本，尽可能地减少对城市环境与市政建设的影响和对道路系统的交叉干扰。

城市群综合交通枢纽站场应在空间上紧密地与城市其他设施有机结合，其布局规划应考虑以下3点。

（1）直接与城市生产和生活有密切联系的站场，应设在市区内或市区边缘，并且应与相关的城市功能区布局密切配合，如铁路、公路的客运站和水运客运码头与居住区靠近，货运站和码头与工业区、仓库区靠近等。

（2）不直接为城市服务，但又是站场必要的辅助设施，如客站、货站的进站线路，铁路和水运的客运技术作业场所（客车船舶停放、清洗、整备的场坞）等应尽量不设在市区内，也不能远离市区，尽量减少对市区的干扰。

（3）与城市生产和生活无关的站场应尽可能布置在城市外围适当的地方，如铁路编组站、货物中转站与码头、集装箱转运基地等应尽量远离市区，并应便于运营。

在交通枢纽内，对各种设备的布置应充分注意保护城市环境。危险品货物装卸站点应设于市区之外；粉末易扬货物不能设在盛行风向的上侧或最小风频的下侧；交通建筑物特别是陆上线路和大型站场应选择适宜的地形修建，不应妨碍城市排水和郊区农业灌溉；采取积极措施防止和减轻交通噪声对居民聚居地段的干扰。

交通枢纽还必须拥有通畅的疏运、集疏条件。首先要有紧密衔接和通畅的城市道路系统并在车站、码头前配有与集疏量相适应的广场；其次要求铁路、港口、公路、机场在能力上协调，以便相互疏集；最后，车站、港口、机场的选址及其配套的各项公共建筑的布置应统一规划布局，组成完整的建筑群，形成和谐的市容。

交通引导城市建设，交通建设在时间上要超前，在规模和能力上要有一定的储备，为远景发展留有余地。充分考虑交通与城市发展前景，规划远景发展与预留用地，是交通枢纽所在城市在规划时应遵循的一项重要原则。城市交通用地的远景规划布局，包括原址用地扩大和建设新址两个方面。由于交通设施和城市各项用地与各类企业有广泛的联系，其位置的变动，涉及较多相关方，故一般以在原址扩大为宜，将车站附近用地、港口附近陆域和岸线进行规划控制，对于规划中已安排的新港、新站用地，同样需要控制和预留。

4.3.3　城市群综合交通枢纽布置形式与城市空间布局的协同

由于城市群交通枢纽的布置形式有多种，与城市空间布局的关系也比较复杂，因此在处理两者间的关系时，要进行具体分析。随着城市空间布局与枢纽形式的不断发展变化，城市群综合交通枢纽尤其是综合客运枢纽的布置形式并非固定不变的，但其基本原则是既考虑枢纽本身运营的需要与发展，又力求支撑和引导城市发展，即站城一体化。

城市群综合客运枢纽设有多种交通方式的站场功能区，通过交通设施的合理布置实现衔接。根据综合客运枢纽内交通设施的分布情况，可以将空间布局模式分为3类：平面式、立体式和混合式。

1. 平面式

平面式布局是指城市群综合客运枢纽内各种交通方式的设施在水平层面上的投影没有重叠或重叠较少的布局模式。这种布局模式占地面积较大，且人流和车流的干扰较多，一般多通过地下通道或设置高架走廊实现衔接。平面式布局按照交通设施的分散程度可划分为两种，即比邻式和分离式。

各种交通方式的设施在一个较小范围内集中布置的模式属于比邻式布局模式，如图 4-4 所示。这类布局模式对换乘旅客来说最方便，且建设所需投资较少，工程技术要求较低。我国的城市群综合客运枢纽大多采用这种模式，如上海虹桥站、北京站、北京南站、北京西站等。

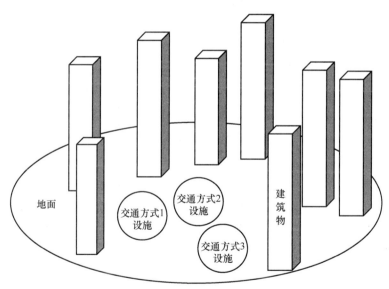

图 4-4 比邻式布局模式示意图

与比邻式相比，各种交通方式的设施在一个相对较大的范围内进行分散布置的模式属于分离式布局模式，如图 4-5 所示。这种布局模式对换乘旅客来说较不方便，增加了旅客的换乘距离和时间，多借助地下商业街的开发和高架换乘走廊将比较分散的交通方式衔接起来，既可以缓冲客流，又可以方便乘客的购物等。

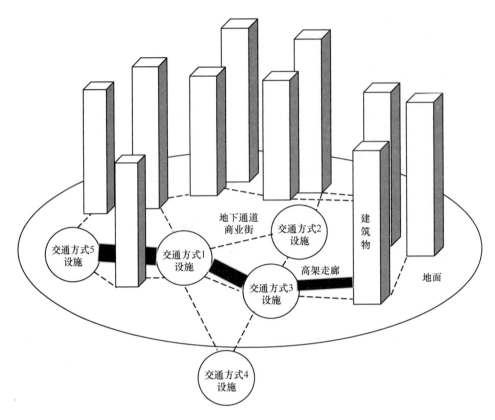

图 4-5 分离式布局模式示意图

2. 立体式

立体式布局是指城市群综合客运枢纽内各种交通方式的设施在水平面上的投影绝大部分重叠或完全重叠的布局模式,即将多种交通设施在同一个建筑物内或周边进行立体集中布置。采用这种布局模式的枢纽通过自动扶梯、垂直电梯或楼梯能够实现交通方式的衔接与换乘,并且可以增加餐饮、购物等商业功能。根据城市群综合客运枢纽内不同水平层面布置的交通方式种类,立体式布局又可分成独立式、组合式和综合式 3 种。

独立式布局是指在城市群综合客运枢纽内不同层面上均只设置一种交通方式的布局模式,如巴黎拉德芳斯枢纽(见图 4-6)。该枢纽共分为 4 层:地下一层是公交车站层,设有 14 条公交线路;地下二层是售票和换乘大厅,同时西区设有市域(郊)铁路和有轨电车 T2 线的站台;地下三层是地铁 M1 线的站台层;地下四层是 RER-A 线的站台层。

组合式布局是指在城市群综合客运枢纽内不同层面上均设置两种或两种以上交通方式的布局模式,如柏林来哈特枢纽(见图 4-7)。该枢纽共分为 5 层:地上二层和地下二层为轨道交通站台层,其中地上二层有 2 个市域(郊)快速轨道交通站台(S-Bahn)和 1 个高速铁路站台,地下二层有 5 个岛式站台,为普通铁路、高速铁路及地铁站台;地上一层和地下一层为售票和换乘大厅；地面层设有多种不同的道路路面交通方式，且预留港湾式公交停车场和小型汽车停车场。

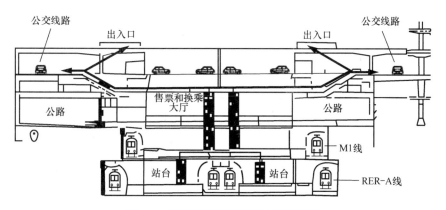

图 4-6 巴黎拉德芳斯枢纽布局示意图

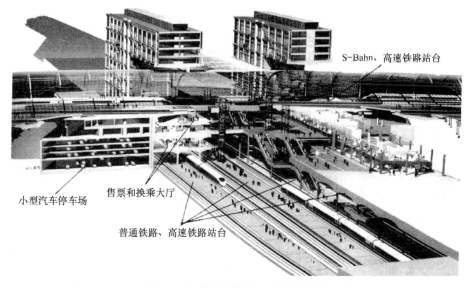

图 4-7 柏林来哈特枢纽布局示意图

综合式布局是独立式加组合式的布局形式，如旧金山港湾枢纽（见图 4-8）。该枢纽共分为 6 层：地下二层为轨道交通站台层，有 3 个岛式站台及 6 条直通式的铁路股道，分别用作高速列车、常规铁路和市域（郊）铁路；地下一层为地下换乘大厅；地面层设有有轨电车、出租车及金门运输专车，通过换乘通道和楼梯可以便捷地搭乘各种交通方式；地上一层为地上换乘大厅；地上二层和地上三层为公交层，其中地上二层能够同时容纳 26 辆铰接式公交车和 4 辆标准公交车，地上三层设有 24 辆长途汽车的车位。

上述 3 种布局模式中，由于独立式将不同的交通方式分布在不同层面上，通过交通分流可以减小交通方式间的相互干扰，提高了换乘效率，是理想的形式。

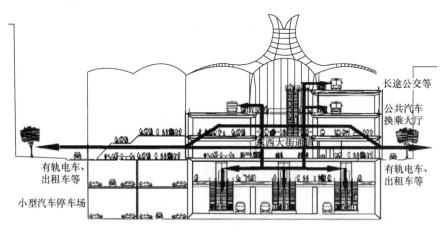

图 4-8 旧金山港湾枢纽布局示意图

3. 混合式

混合式布局是指将平面式、立体式布局相结合的布局模式。这种布局模式介于平面式布局和立体式布局之间，既考虑了某些交通方式的特性和要求，又能使土地利用集约化。城市群综合客运枢纽采用这种布局模式的较多，如北京西站（见图 4-9）。

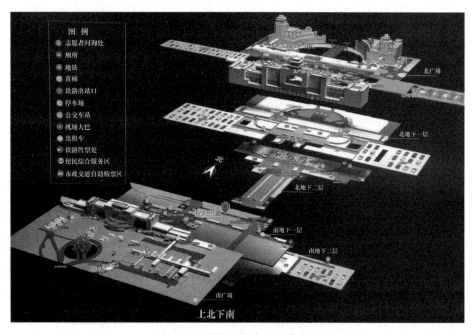

图 4-9 北京西站布局示意图

北京西站是由高速铁路、普速铁路、地铁、市域（郊）铁路、地面公交、出租车和私家车等交通方式组成的城市群综合交通枢纽。高速铁路、普速铁路和市域（郊）铁路是其承接的城市群交通出行功能，布局在其核心区域。

北京地铁7号线、9号线和市郊铁路城市副中心线均经过北京西站,位于北京西站地下二层。7号线和市郊铁路城市副中心线在该站为终点站,呈东西走向,9号线呈南北向贯通北京西站,两条线路站台位于同一层面,北京市郊铁路城市副中心线为开往北京城市副中心通州的通勤列车。

北京西站换乘大厅位于地下一层,连接北京西站的南北广场。北广场分为3层,即地面层,地下一层和地下二层。其中北出口分为北一出站口和北二出站口。

北京西站周边主要公交始发站有北广场公交站和南广场公交站,均设置在车站北楼外地面层。北广场公交站设置在车站北楼外东侧;南广场公交站设置在车站南楼外南广场东侧,西侧为合乘公交站和出租车停车区;此外,南广场东侧公交站还供机场大巴使用。

北京西站设置有5个社会车辆停车场,分别是北广场地面西侧停车场、北广场地下一层东侧停车场、北广场地下一层西侧停车场、北广场地下二层停车场和车站南楼东侧地下二层停车场。北广场地下二层停车场还兼顾合乘公交车停车使用功能。

出租车接客候车区设置在车站北楼北侧地下一层和地下二层,以及车站南楼外南广场西侧。

4.3.4 城市群综合交通枢纽布局与城市道路的协同

在城市规划中处理城市群综合交通枢纽与城市道路的关系时,一方面要保证与城市各区联系方便,使乘客和货物及时集运和疏散,另一方面要尽量使集疏的交通流不对城市主要交通流发生干扰。本节主要以城市群综合客运枢纽为例进行研究。

城市群综合客运枢纽与城市道路的联系主要通过站前广场和尽量多的出入口来实现。

站前广场的功能主要有交通、环境和防灾。站前广场是轨道交通、公交等大运量交通与小客车、出租车等个性化交通的衔接点。其交通功能供采用这两种交通方式的乘客相互换乘联络;环境功能是作为城市的门户,为提高城市形象提供环境和景观设计的空间;防灾功能是作为城市公共空间的一部分,为城市提供防火、消防活动、避难和急救等的空间。

站前广场与周边道路的衔接应该适当,布局规划时应该注意尽量排除过境交通,保持交通流线简单、顺畅,以及尽量分离行人流线和机动车流线。根据道路与枢纽建筑的位置关系,站前广场的布局有垂直布置、平行布置和复合布置3种形式。

1. 垂直布置

城市道路位于交通枢纽(站房)和站前广场的垂直方向,如图4-10所示。这种形式的站前广场不受通过车辆和行人的干扰,便于在站前广场上组织城市车辆的到发和停留、乘客的休息和候车等活动,但集疏能力差,适用于规模较小的交通枢纽,多作为一种基本形式使用。垂直布置又可以细分为4种形式,如图4-10所示,各种形式的特点和优缺点如表4-1所示。

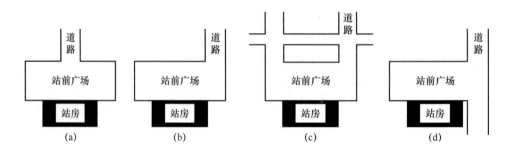

图 4-10 垂直布置

表 4-1 垂直布置的特点和优缺点

布置形式	特点	优缺点
(a)	最简单,适合站前广场中央设置环岛等设施时使用	容易安排景观 易发生行人横穿站前广场的现象 机动车出入略有不便 方便作为城市地面公交枢纽站使用 难以进行设施布局,无效空间较大
(b)	可以避免(a)的缺点,适合小枢纽站	行人横穿广场的现象较少发生 方便自行车出入 相关设施布置较容易 行人交通易偏向一侧
(c)	最方便进行交通组织	方便组织人车分离 方便安排机动车交通,尤其是公交车 容易混入过境交通
(d)	适合与高架轨道交通站衔接	—

2. 平行布置

站前广场位于城市道路路一侧,站房、道路和站前广场平行布置,如图4-10所示。这种站前广场便于大量客流集疏,集疏能力较强,但站前广场的人流与城市道路的车辆容易互相干扰,故在设计时要求站前广场要有一定的进深,以便将站前广场的人流和车流组织与通过车辆分隔开。平行布置又可以细分为2种形式,如图4-11所示,各种形式的特点和优缺点如表4-2所示。

第4章 城市群综合交通枢纽布局规划研究

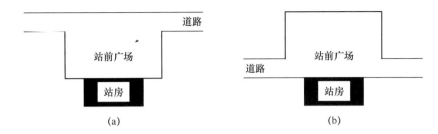

图 4-11 平行布置

表 4-2 平行布置的特点和优缺点

布置形式	特 点	优 缺 点
（a）	城市道路与城市轨道交通衔接的典型形式	方便组织人车分离 方便安排机动车交通 方便安排公交车 方便安排相关设施
（b）	比较差的典型形式，仅实现了停车场、公交始发站与轨道交通的衔接功能	站房与站前广场的衔接功能弱 机动车通过站房前 所有行人需要横穿道路

3. 复合布置

对单广场交通枢纽而言，复合布置为垂直布置和平行布置的综合，如图 4-12 所示，这种站前广场集疏能力强，但站前广场交通运输组织较为复杂。

对于城市群综合客运枢纽，可以布置双广场或多广场分别与城市道路连接，并且实现广场的互通，多广场布置如图 4-13 所示。多广场主要包括主广场、副广场和子广场，结合客运枢纽周边的用地开发设计成立体形式，向高空和地下发展。这种广场不仅功能多样，集疏能力强，人流与车流干扰较少，而且空间开阔，场景美观，为乘客创造了方便的购物、餐饮、住宿条件和舒适的休息环境。

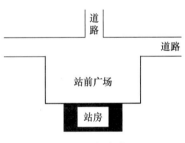

图 4-12 复合布置

为了方便乘客乘降，在有地铁的城市，客运站应直接与地铁连通，将乘客输送到市中心。在国外，还有将城市群综合客运枢纽布置到市中心的，采用立体布局，在地下设置多层的客运站，这样可以避免与城市交通相互干扰，如纽约中央车站、柏林中央车站、东京车站等。

随着 TOD 模式和站城一体化开发模式的推进，通过地下通道将城市群综合交通枢纽与地下商业开发及周边的建筑物直接连接，方便乘客购物或直接进入周边的建筑物，减少路面交通，还可以起到减少车辆出行的效果。城市群综合客运枢纽（日本东京池袋站客运枢纽）地下通道及开口示意图如图 4-14 所示。可以看出，在客运枢纽周边有 54 个出入口供乘客购物或进入周边建筑物。

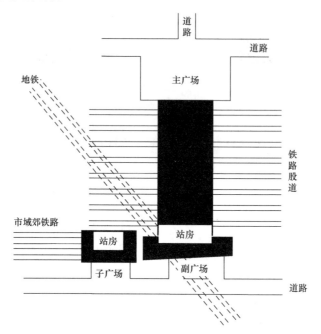

图 4-13　多广场布置

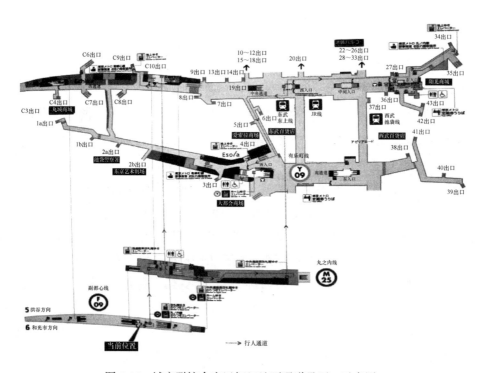

图 4-14　城市群综合客运枢纽地下通道及开口示意图

综合性货运站或货场进出口处应修建辅助道路与城市货运干道相连接,避免将货场直接布置在城市干道的旁侧。货运站的道路应与铁路线路平行布置,附近应有相应的市内交通运输停车场,城市群综合货运枢纽与城市道路的布局关系如图4-15所示。

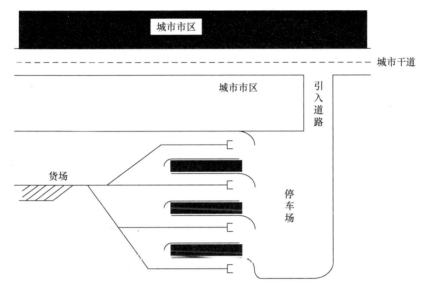

图 4-15　城市群综合货运枢纽与城市道路的布局关系

4.4　城市群综合交通枢纽与城市群发展

4.4.1　城市群综合客运枢纽分类分级

对于单一站场的分类分级标准,我国从1980年开始就对各种交通方式的枢纽进行了界定,主要包括以下4个标准:《铁路车站等级核定办法》《汽车客运站级别划分和建设要求》《港口客运站建筑设计规范》《民用机场飞行区技术标准》。对于综合客运枢纽的分类标准,交通运输部颁布了《综合客运枢纽分类分级》标准(JT/T 1112—2017)。

1. 研究成果

漆凯对综合客运枢纽进行分类的指标包括服务范围、主导交通方式、交通方式数量、枢纽级别及客流特征等,根据以上指标,得到的分类结果如表4-3所示。

表 4-3　综合客运枢纽分类结果(漆凯)

服务范围	主导交通方式	交通方式数量	枢纽级别	客流特征
全国性	公路(长途客运、公交、出租车、私家车)	单一式	一	集散型
区域性	轨道交通(铁路、城市轨道交通)	二式	二	

（续表）

服务范围	主导交通方式	交通方式数量	枢纽级别	客流特征
市域性	航空	……	三	换乘型
片区性	水运	多式	四	

如表 4-3 所示的枢纽等级（一至四级）是依据枢纽的功能、能力、占地面积划分的，具体等级划分标准如表 4-4 所示。

表 4-4　综合客运枢纽等级划分标准（漆凯）

等级	划分标准
一级	（1）全国性客运枢纽； （2）区域性客运枢纽：设计高峰小时客流集散量大于或等于5万人/h，或者设计高峰小时客流换乘量大于或等于2万人/h； （3）占地面积大于10万m^2，或建筑面积大于或等于8万m^2
二级	（1）区域性客运枢纽：设计高峰小时客流集散量小于5万人/小时，或者设计高峰小时客流换乘量小于2万人/小时； （2）市域性客运枢纽：设计高峰小时客流集散量大于或等于3万人/h，或者设计高峰小时客流换乘量大于或等于1.2万人/h； （3）占地面积（5~10）万m^2，或者建筑面积（4~8）万m^2
三级	（1）市域性客运枢纽：设计高峰小时客流集散量小于3万人/h，或设计高峰小时客流换乘量小于1.2万人/h； （2）片区性客运枢纽：设计高峰小时客流集散量大于或等于1.5万人/h，或者设计高峰小时客流换乘量大于或等于0.6万人/h； （3）占地面积（2~5）万m^2，或者建筑面积（1.5~4）万m^2
四级	（1）片区性客运枢纽：设计高峰小时客流集散量小于1.5万人/h，或设计高峰小时客流换乘量小于0.6万人/h； （2）占地面积（0~2）万m^2，或者建筑面积（0~1.5）万m^2

胡迎鹏根据组合客流总量、服务范围、辐射范围和服务功能，将综合客运枢纽分成如表 4-5 所示的 3 类。

表 4-5　综合客运枢纽分类结果（胡迎鹏）

分类	组合客流总量	服务范围	辐射范围	服务功能
一类	特大型、大型	国家级	国际	国际、省际出行
		省级	省际	市际、市域出行
二类	大型、中型	省级	省际	省际、市际出行
		市级	市际	市域出行
三类	中型、小型	市级	市际	省际、市域出行
		县级	县际	市域、县域出行

第4章 城市群综合交通枢纽布局规划研究

朱胜跃等人根据客流集散量、接驳轨道数量、始发公交线路数量将综合客运枢纽分成特大型、大型、中型、小型4个等级，具体划分标准如表4-6所示。

表4-6 综合客运枢纽等级划分标准（朱胜跃等人）

等级	客流集散量/（万人/日）	接驳轨道数量/条	始发公交线路数量/条
特大型	>60	2~4	>20
大型	30~60	1~3	15~20
中型	10~30	1	10~15
小型	5~10	1或不设	5~10

2. 行业标准

交通运输部颁布的交通运输行业标准《综合客运枢纽分类分级》（JT/T 1112—2017）参考了既有的铁路、公路、水运和机场等单一交通方式枢纽的等级分类，将综合客运枢纽分成航空主导型、水运主导型、铁路主导型和公路主导型，并且分别进行了如下定义。

（1）航空主导型综合客运枢纽，是依托机场航站楼，与铁路、公路等对外交通方式及城市交通衔接形成的综合客运枢纽。

（2）水运主导型综合客运枢纽，是依托港口客运站，与公路及城市交通衔接形成的综合客运枢纽。

（3）铁路主导型综合客运枢纽，是依托铁路客运站（除仅接入城际铁路的客运站外），与公路及城市交通衔接形成的综合客运枢纽。

（4）公路主导型综合客运枢纽，是依托公路客运站，与城际铁路及城市交通衔接形成的综合客运枢纽。

《综合客运枢纽分类分级》标准根据设计年度综合客运枢纽总发送量及对外交通方式总发送量，将综合客运枢纽划分为4个等级，如表4-7所示。

表4-7 综合客运枢纽等级划分标准（单位：万人/日）

等级	铁路主导型		航空主导型		公路主导型		水运主导型	
	总发送量	对外交通方式总发送量	总发送量	对外交通方式总发送量	总发送量	对外交通方式总发送量	总发送量	对外交通方式总发送量
一级	≥20	≥10	≥10	≥5	≥10	≥5	≥4	≥2
二级	[10,20)	[5,10)	[6,10)	[3,5)	[2,10)	[1,5)	[2,4)	[1,2)
三级	[5,10)	[2,5)	[2,6)	[1,3)	[1,2)	[0.5,1)	[0.5,2)	[0.2,1)
四级	<5	<2	<2	<1	<1	<0.5	<0.5	<0.2

单一站场枢纽与综合客运枢纽等级对应关系如表4-8~表4-11所示。

表 4-8　铁路客运站等级与综合客运枢纽等级对应关系

铁路客运站等级	客货共线铁路旅客车站最高聚集人数/人	客运专线铁路旅客车站高峰小时发送量/人	对应铁路主导型综合客运枢纽等级
特大型	$H \geq 10000$	$p_H \geq 10000$	一级
大型	$3000 < H < 10000$	$5000 \leq p_H < 10001$	二级、三级
中型	$600 < H < 3000$	$10000 \leq p_H < 5000$	三级、四级
小型	$H \leq 600$	$p_H \leq 1000$	四级

表 4-9　机场航空区等级与综合客运枢纽等级对应关系

机场航空区等级	年旅客吞吐量（P）/万人次	对应航空主导型综合客运枢纽等级
1	$P < 10$	四级
2	$10 \leq P < 50$	四级
3	$50 \leq P < 200$	四级
4	$200 \leq P < 1000$	四级
5	$1000 \leq P < 2000$	三级、四级
6	$P \geq 2000$	一级、二级

表 4-10　公路客运站等级与综合客运枢纽等级对应关系

公路客运站等级	年平均日旅客发送量/（人/日）	对应公路主导型综合客运枢纽等级
一级	≥ 1000	一级、二级
二级	5000～9999	三级
三级	2000～4999	四级
四级	300～1999	四级
五级	≤ 299	四级

表 4-11　港口客运站等级与综合客运枢纽等级对应关系

港口客运站等级	年平均日旅客发送量/（人/日）	对应水运主导型综合客运枢纽等级
一级	≥ 3000	一级、二级
二级	2000～2999	三级
三级	1000～1999	四级
四级	≤ 999	四级

3. 城市群综合客运枢纽分类分级

与综合客运枢纽相比，城市群综合客运枢纽有着特殊性，其特殊性体现在城市群综合客运枢纽的城市客流和城市交通方式之间的换乘量大。此外，城市群综合客运枢纽所在城市不同，国际客流的成分也有很大差别，但目前还没有对城市群综合客运枢纽的分类分级标准。

4.4.2 城市群综合货运枢纽分类分级

与综合客运枢纽分类分级一样，交通运输部也颁布了《综合货运枢纽分类与基本要求》标准（JT/T 1111—2017）。

1. 综合货运枢纽分类

《综合货运枢纽分类与基本要求》将综合货运枢纽分为如下 4 类。

（1）公路主导型综合货运枢纽，是以公路服务功能为主，依托公路货运站形成的综合货运枢纽。

（2）铁路主导型综合货运枢纽，是以铁路服务功能为主，依托铁路货运站形成的综合货运枢纽。

（3）水运主导型综合货运枢纽，是以水运服务功能为主，依托港口形成的综合货运枢纽。

（4）航空主导型综合货运枢纽，是以航空服务功能为主，依托机场货运作业区形成的综合货运枢纽。

2. 货运枢纽分级

《综合货运枢纽分类与基本要求》没有对综合货运枢纽进行分级，仅给出了如下通用要求。

（1）应具有两种或两种以上运输方式，各运输方式作业场所在一定范围内集中分布。

（2）应具有货运组织与管理，以及多式联运、转运换装、信息流通和辅助服务功能。

（3）应具有一定规模和数量的装卸作业场所及仓储或信息服务设施、设备。

（4）应具有一定规模和数量的生产辅助设施和生活服务设施。

（5）公路主导型综合货运枢纽、铁路主导型综合货运枢纽、水运主导型综合货运枢纽的物流强度（年吞吐量/总占地面积）应不小于 500 万 t/km^2，航空主导型综合货运枢纽的物流强度应不小于 50 万 t/km^2。

（6）公路主导型综合货运枢纽距离高速公路出入口不应超过 5km，或者 5km 范围内有铁路货运站、港口或机场。

（7）综合货运枢纽的商务、生活配套设施占地面积应不超过项目总占地面积的 10%。

货运由单一运输方式向多式联运转变是发展趋势，并且综合货运枢纽布局与城市空间、产业布局密切相关，有必要从功能性质、辐射范围等方面对综合货运枢纽进行分级，因此本书在参考标准《综合货运枢纽分类与基本要求》的基础上，将城市群综合货运枢纽分为国际、省际和城际货运枢纽三级，如表 4-12 所示。

表 4-12　城市群综合货运枢纽分级

等　级	主要功能	主要运输方式	布设节点
国际货运枢纽（一级）	以海空联运为主，辅以铁路、公路的联运模式，承担国际长距离干线运输任务	铁路、公路、水路、航空联运	国际级空港枢纽
省货运枢纽（二级）	以海空联运为主，辅以铁路、公路的联运模式，承担国内（省际）长距离干线运输任务	铁路、公路、水路、航空联运	国家级空港枢纽
城际货运枢纽（三级）	承担市际（区域城市群）短距离运输任务，并且承担城市配送站的功能（集货、城市配送）	铁路、公路联运	各城市

4.5　城市群综合交通枢纽布局理论与方法研究

交通枢纽受交通发生吸引源的分布、交通运输网络特点和自然环境等因素的影响，不同布局的交通枢纽会产生不同的交通运输需求、具有不同的运输效率和带来不同的社会经济效益。因此，交通枢纽的合理布局，应根据对社会经济发展和网络交通需求的预测结果，利用交通规划和网络优化的理论和方法，综合考虑交通发生吸引源的分布情况、交通运输条件及自然环境等因素，对交通枢纽的数量、地理位置、规模和与其他交通枢纽的相互关系进行优化和调整，以实现整个交通枢纽的运输效率最大化。

早期，我国对交通枢纽的规划与布局研究往往局限于单一系统，主要按照各种交通方式的枢纽形式分别进行专门的规划，在每一类规划中适当考虑其他交通方式的影响，在一般实践中常采用单纯的数学物理模型，如重心法、微分法及交通运输效益的成本分析法等。随着运筹学的发展，出现了最优化方法，如线性规划和非线性规划等。这些方法虽然比数学物理模型更好地反映了交通枢纽的运转机理，更接近实际情况，但其只是从静态的、抽象的角度研究交通枢纽的规划与布局，没有考虑交通枢纽所处的交通运输网络的动态变化对其布局带来的影响，也不能反映综合交通运输网络的节点层与其他层的互动关系，因此计算结果的可靠性不高，通常只能为定性分析提供参考。

近年来，交通领域的学者开始尝试把交通规划、交通流理论应用到交通枢纽的布局规划研究中，力图反映交通枢纽所在区域交通网络的动态变化特性，从交通枢纽的运转机理和交通枢纽与交通网络之间的动态关系入手，将交通需求预测四阶段法与物流学的物流网点选址模型相结合，对综合交通枢纽港站布局规划的新模型和新方法进行探索和研究，但这些方法仍处于探索阶段，还有待进一步的研究。

交通枢纽分为客运枢纽和货运枢纽，客运交通流在组成要素和运输环节方面均比货运交通流的简单，其组成要素是单一的人，运输环节主要以人的空间位移为主；而货运交通流不仅有货物种类的区别，货物流通过程中还有装卸搬运、仓储、包装和配送等环节，因此货运枢纽的布局要比客运枢纽的复杂得多，相应地，对货运枢纽布局的优化模型和方法的研究也比较受重视，本书提到的布局方法基本都是货运枢纽布局方法。本节主要介绍两种常用的交通枢纽布局方法：单一交通方式的交通枢纽布局方法和城市群综合交通枢纽的布局模型。

4.5.1 单一交通方式交通枢纽布局方法

单一交通方式的交通枢纽（站场）布局分为一元交通枢纽布局和多元交通枢纽布局。一元交通枢纽布局是指在规划的服务范围内只设置一个站点的布局问题。在实际的交通枢纽中，这种情况并不多。一个交通枢纽通常需要一系列的站场协调工作才能运行，但由于多元交通枢纽布局变量多、约束多，为了简化模型，减少计算量，可以把它变换成一元交通枢纽布局问题求解，数学模型是求解一元交通枢纽布局问题的常用方法。下面对几种最常用的模型方法进行介绍。

1. 一元交通枢纽布局方法

1）重心法

重心法是一种模拟方法，它将运输系统中的交通发生与吸引点看成分布在某一平面范围内的物体系统，各点的交通发生与吸引量分别看成该点的质量，物体系统的重心就是设置交通枢纽的最佳点，用求几何重心的方法确定交通枢纽最佳位置的数学模型如下：设规划区域内有 n 个交通发生与吸引点，各点的发生与吸引量为 W_j，坐标为 (x_j, y_j)，其中 $j=1, 2, \cdots, n$；交通枢纽的坐标为 (x, y)，交通枢纽系统的运输费率为 C_j。根据对平面物体求重心的方法，可知交通枢纽的最佳位置，如式（4-1）所示。

$$\begin{cases} x = \sum_{j=1}^{n} C_j W_j x_j / \sum_{j=1}^{n} C_j W_j \\ y = \sum_{j=1}^{n} C_j W_j y_j / \sum_{j=1}^{n} C_j W_j \end{cases} \quad (4\text{-}1)$$

重心法的特点是简单，但它将纵向和横向坐标视为独立的变量，与实际交通系统的情况相差很大，求出的解往往不够精确，只能作为交通枢纽布局的初步参考。

2）微分法

微分法是为了克服重心法的缺点而提出的，它的前提条件与重心法的相同，但系统的总运费 F 为

$$F = \sum_{j=1}^{n} C_j W_j \left[(x-x_j)^2 + (y-y_j)^2 \right]^{1/2} \quad (4\text{-}2)$$

对总运费 F 取极小值，即分别令 F 对 x 和 y 的偏微分为零，得到新的极值点，如式（4-3）所示。

$$\begin{cases} x = \dfrac{\sum_{j=1}^{n} C_j W_j x_j / \left[(x-x_j)^2 + (y-y_j)^2\right]^{1/2}}{\sum_{j=1}^{n} C_j W_j / \left[(x-x_j)^2 + (y-y_j)^2\right]^{1/2}} \\ y = \dfrac{\sum_{j=1}^{n} C_j W_j y_j / \left[(x-x_j)^2 + (y-y_j)^2\right]^{1/2}}{\sum_{j=1}^{n} C_j W_j / \left[(x-x_j)^2 + (y-y_j)^2\right]^{1/2}} \end{cases} \quad (4-3)$$

微分法需要以重心法的结果为初始解,不断迭代,直到前后两次迭代的解的误差不超过设定的误差范围,这时得到最佳结果。虽然它从数学上可以给出交通枢纽的具体位置,但是这个结果仅仅是数学解,还需要放到实际的城市群系统和交通系统中去进行进一步的调整。

3)成本分析法

成本分析法是在已经具有一个交通枢纽位置选择集的前提下,以交通枢纽系统的总成本最低为目标,通过简单的财务计算,比较选择最佳位置的方法。该方法假设有 n 个交通发生点,分别具有发生量 W_1, W_2, W_3, $\cdots$, W_n,而且用一定准则已经得到 n 个待选交通枢纽的位置 P_1, P_2, P_3, $\cdots$, P_n,每个交通枢纽的建设、运营成本为 R_1, R_2, R_3, $\cdots$, R_n。假设运输费率相同(单位为 t·km),其余运输条件相同,各交通发生点到交通枢纽的距离用矩阵 $D\{d_{ij}\}$ ($i=1,2,3,\cdots,n$) 表示。则每个待选位置的总费用 C_i 如式(4-4)所示。

$$C_i = R_i + \sum_{j=1}^{n} d_{ij} W_j \quad (i=1,2,3,\cdots,n) \quad (4-4)$$

计算每个待选位置的总费用,从中选择总运输成本最低的位置作为最佳的交通枢纽地址。

上述方法简单易行,在研究交通枢纽选址方法的早期得到广泛应用,但由于它们是用简化和抽象的数学模型模拟交通枢纽运行机制的,在实际运用中具有如下缺点。

(1)在求解过程中以静态总费用最低为优选目标,运输费率为固定值,既没有考虑实际的路网结构,也没有考虑客货流在道路上互相交织对交通流在路网分配结果上的影响。实际上,路网上每个路段的流量不同,通行时间、运输费用也不同,单一的运输费率无法反映交通枢纽运转的实际情况。

(2)重心法和微分法为纯粹的数学解析方法,它们采用的距离是平面上的几何距离,而实际的交通网络并非如此,这往往使求出的数学解没有实际意义,只能作为下一步分析的最粗略的初始解。

(3)成本分析法实际只是一个简单的成本比较法,除具有对费用计算存在不足的缺点外,它必须先得到一个待选站点集合,并且面临合理划分交通枢纽客货流通服务区及得到待选站点初始解等问题。

2. 多元交通枢纽布局方法

在交通枢纽的货运系统中，由于存在货种的差别，不同货种在交通枢纽内部流动的费用和对站场布置的要求不同，因此货运枢纽的布局比客运枢纽的布局复杂，不确定因素更多。对区域整体进行交通枢纽布局，可以从货流整体的角度来进行规划，多元交通枢纽布局模型应运而生。这类模型主要有：以总成本最低为目标函数的布局模型、以最短出行时间为目标函数的布局模型及 CFLP（Capacity Facility Location Problem）法模型。

1）以总成本最低为目标函数的布局模型

设在一个供需平衡的系统中有 m 个发生点 A_i（$i=1, 2, \cdots, m$），各点的发生量为 a_i；有 n 个吸引点 B_j（$j=1, 2, \cdots, n$），各点的需求量为 b_j；有 q 个可能设置的备选站场地址 D_k（$k=1, 2, \cdots q$），多元枢纽站场布局的网络结构如图 4-16 所示。发生点的交通量可以从设置枢纽中转，也可以直接到达吸引点。假设各备选地址设置交通枢纽的基本建设投资、中转费用和运输费率均为已知，以总成本最低为目标确定交通枢纽布局的最佳方案。

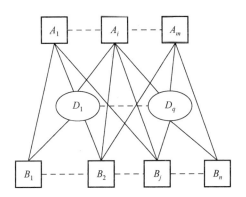

图 4-16　多元枢纽站场布局的网络结构

多元枢纽站场布局的目标函数为

$$\min F = \sum_{i=1}^{m}\sum_{k=1}^{q} C_{ik} X_{ik} + \sum_{k=1}^{q}\sum_{j=1}^{n} C_{kj} Y_{kj} + \sum_{i=1}^{m}\sum_{j=1}^{n} C_{ij} Z_{ij} + \sum_{k=1}^{q}(F_k W_k + C_k \sum_{i=1}^{m} X_{ik}) \quad (4\text{-}5)$$

其约束条件为

$$\begin{cases} \sum_{k=1}^{q} X_{ik} + \sum_{j=1}^{m} Z_{ij} \leq a_i & (i=1,2,\cdots,m) \\ \sum_{k=1}^{q} Y_{kj} + \sum_{i=1}^{m} Z_{ij} \geq b_i & (j=1,2,\cdots,n) \\ \sum_{i=1}^{m} Y_{ik} = \sum_{j=1}^{n} Y_{kj} & (k=1,2,\cdots,q) \\ \sum_{i=1}^{m} X_{ik} - M W_k \leq 0 \end{cases} \quad (4\text{-}6)$$

式中，$W_k=1$ 表示备选枢纽 k 被选中，$W_k=0$ 表示备选枢纽 k 被淘汰，$X_{ik} \geq 0$，$Y_{kj} \geq 0$，$Z_{ij} \geq 0$；X_{ik} 为从发生点 i 到备选枢纽 k 的交通量；Y_{kj} 为从备选枢纽 k 到吸引点 j 的交通量；Z_{ij} 为直接从发生点 i 到吸引点 j 的交通量；W_k 为备选枢纽 k 是否被选中的决策变量；C_{ik} 为从发生点 i 到备选枢纽 k 的单位费用；C_{kj} 为从备选枢纽 k 到吸引点 j 的单位费用；C_{ij} 为直接从发生点 i 到吸引点 j 的单位费用；F_k 为备选枢纽 k 被选中后的基建投资；C_k 为备选枢纽 k 单位交通量的中转费用；M 为一个相当大的正数。

这是一个混合整数规划模型，可以用分支定界法（Branch and Bound Method）求解模型，求得 X_{ik}、Y_{kj}、Z_{ij} 和 W_k 的值，X_{ik} 表示枢纽与发生点的关系，$\sum_{i=1}^{m} X_{ik}$ 决定了该枢纽的规模；Y_{kj} 表示交通枢纽 k 与吸引点的关系，$\sum_{k=1}^{q} W_k$ 为区域内应布局枢纽的数目。

该方法在理论上是非常完善的，但仍然是对实际问题的简化，没有考虑枢纽站场规模限制、建设成本、运营费用等的非线性实际影响因素。即使如此，由于考虑了枢纽站场的基本建设投资，出现了 0-1 型整数变量，模型的建立和求解仍然很复杂，因此混合整数规划模型只能用于比较简单的交通网络中。

2）以最短出行时间为目标函数的布局模型

在划分交通小区的基础上，对人口和出行时间进行调查。具体为：根据社会经济与交通调查结果可以得出每个小区 i（$i=1, 2, \cdots, n$）的人口占全市人口的比例，记为 d_i；调查小区 i 到达规划枢纽 k（$k=1, 2, \cdots, m$）的公共交通工具的运行时间，记为 m_{ik}（选取统一的标准，如公共交通工具为出租车、公共汽车、小客车等）。假设城市中有不同方位出行需求的居民是均匀分布在市区内的，则将乘客到达交通枢纽内每个客运站的市内运行时间记为 t_{ik}，有

$$t_{ik} = \sum_{i=1}^{n} d_i m_{ik} \tag{4-7}$$

接着确定出城运行时间，在城市的各出入口方向分别确定几个点，计算乘客从各个规划枢纽站场 k 到相应出入点 h（$h=1,2,\cdots, r$）的运行时间，记为 t_{kh}。其中，轨道交通列车到相应出城口位置的时间按有轨道线路和无轨道线路分别为几十分钟和无穷大，取大数值 M 代表无穷大，则乘客从市内出发地到达城市出入口的总花费时间 T_{ih} 为

$$T_{ih} = t_{ik} + t_{kh} \quad (i=1,2,\cdots,n; k=1,2,\cdots,m) \tag{4-8}$$

最后，建立优化模型。以从城市任何一个小区出发经由各个交通枢纽到达城市各出入口总的出行时间最短为依据建立优化模型。

目标函数为

$$\min T = \sum_{h=1}^{r} \sum_{k=1}^{m} \sum_{i=1}^{n} T_{ih} C_{kh} \tag{4-9}$$

约束条件为

$$\begin{cases} \sum_{h=1}^{r} C_{kh} \leqslant E_k & (k=1,2,\cdots,m) \\ \sum_{k=1}^{m} C_{kh} \leqslant F_h & (h=1,2,\cdots,r) \\ C_{kh} \geqslant 0 & \end{cases} \quad (4\text{-}10)$$

式中，T_{th} 为每单元客货从小区经交通枢纽到达城市出入口的时间（单位为 min）；C_{kh} 为发往各出入口方向的客货流量（客运单位为人次，货运单位为 t）；E_k 为规划枢纽各个站场的生产规模（客运单位为人次，货运单位为 t）；F_h 为分方向客货流预测结果（客运单位为人次，货运单位为 t）。

3. CFLP 法模型

CFLP 法是针对交通枢纽站场规模有限的情况提出的，这种方法只需要运用运输规划模型，就能使计算工作大大简化。CFLP 法的基本思想是先假设交通枢纽的站场布局方案已经确定，即给出一组初始站场集合，根据该初始方案，按照运输规划模型求出各初始站场系统的交通发生、吸引范围。然后在各站场的服务范围内将站场移动到其他备选地址，寻找各服务范围内总成本最低的新站场位置，再将新站场位置代替初始方案中的位置。重复上述过程直至整个交通枢纽的站场服务范围内的总成本不能再降低为止。

总结上述交通枢纽布局规划模型，发现它们存在以下共同点。

（1）模型建立在对现实路网高度抽象和简化的基础上。

（2）模型的计算都需要交通网络中的"运输费用"这一关键参数。

（3）模型的计算结果缺乏对实际交通网络的动态反馈机制。

（4）模型没有区分不同交通方式，仅从数学理论角度进行分析。

因此，上述模型在实际的交通枢纽规划应用中还存在诸多问题，如运输费用的非线性变化、交通网络的改变对枢纽布局的影响、不同交通枢纽之间的相互关系等，都不能得到很好的解答。因此，在我国目前的交通枢纽规划实践中，采用数学模型进行定量计算的并不多，多数仅把定量计算的结果作为定性分析的参考。

4.5.2 城市群综合交通枢纽布局的双层规划模型

双层规划模型是求解交通枢纽规划布局问题的一类重要方法，其不仅需要考虑交通需求网络系统的整体费用（上层规划模型），还注重最终需求终端对交通枢纽备选点及线路的选择行为（下层规划模型），这也是该方法要求实现的两个目标。不同的目标对应不同的决策问题、决策者及决策行为，上层目标可以看作 Leader（主导方）行为，下层目标可以看作 Follower（跟随方）行为，因此交通枢纽规划布局的双层规划模型通常也被看作一个

Leader-Follower 问题。该问题实质上是最终用户利益与系统整体利益的分配问题，模型的上、下层决策者都期望自己能够获得最大的利益，而个体（下层）与整体（上层）的利益往往是相互冲突的，因此在用模型求解问题时既要保证交通需求网络系统整体费用最低，又要最大限度地满足用户的利益需求。该模型求解问题的思路表现为：上层决策者先根据可能的决策形式对下层给出一些信息，在此基础上，下层按自身的利益或偏好对该信息做出反馈给上层，上层再根据反馈调整得出符合整个交通需求网络系统的对策，最终得出相应的决策。

1. 上层规划模型

定义交通需求网络结构：$A=\{i:i=1,2,\cdots,m\}$ 为交通需求网络交通发生点集，$B=\{j:j=1,2,\cdots,n\}$ 为交通吸引点集，$D_1=\{q:q=1,2,\cdots,s\}$ 为已存在的交通枢纽节点集，$D_2=\{q:q=s+1,s+2,\cdots,s+k\}$ 为新增候选交通枢纽节点集，$D=D_1\bigcup D_2$ 为所有备选交通枢纽节点集。上层规划模型如式（4-11）、式（4-12）所示。

$$\min Z = \sum_{i\in A}\sum_{j\in B}\sum_{q\in D} C_{ijq} x_{ijq} + \sum_{q\in D_2} f_q Y_q \tag{4-11}$$

$$\text{s.t.} \begin{cases} \sum_{q\in D} x_{iq} \leqslant a_i \\ \sum_{q\in D} x_{jq} \leqslant b_j \\ \sum_{i\in A} x_{iq} = \sum_{j\in B} x_{jq} \\ x_{iq}, x_{jq} \geqslant 0 \\ Y_q \in [0,1] \end{cases} \tag{4-12}$$

式中，C_{ijq}、x_{ijq} 分别为各节点间的运费函数与流量配置；f_q 为备选交通枢纽节点的投资成本；Y_q 为 0-1 决策变量，表示该交通枢纽节点是否作为最终决策节点，$Y_q=1$ 时表示节点被选取，否则为 $Y_q=0$；a_i、b_j 分别为网络整体交通发生量与吸引量。

该模型采用广义费用函数约束，以系统总成本最低为目标函数，考虑节点及系统的建设投资成本，并且对总的交通发生量与吸引量进行总量控制约束。

2. 下层规划模型

在双层规划模型中，下层规划模型描述的是最终用户交通吸引量在不同交通枢纽备选节点间的分配模式，要解决的问题是使得各用户费用最低。因此，构建的模型如式（4-13）、式（4-14）所示。

$$\min Z = \sum_{i\in A}\sum_{j\in B}\sum_{q\in D} \int_0^{x_{ijq}} D(u)\mathrm{d}u \tag{4-13}$$

$$\text{s.t.} \begin{cases} \sum_{q \in D} x_{iq} \leq a_i \\ \sum_{q \in D} x_{jq} \leq b_j \\ \sum_{i \in A} x_{iq} \leq v_q \\ \sum_{j \in B} x_{jq} \leq w_q \\ x_{jq} \leq M \cdot Y_q \end{cases} \quad (4\text{-}14)$$

式中，$D(u)$ 为节点间最低费用函数；v_q、w_q 分别为交通枢纽备选节点流量接收与发送能力；M 为辅助决策变量，看作任意大正数。

4.5.3 节点重要度法

1. 节点重要度

节点概念广泛用于图论、经济地理学和区域科学等领域。交通区位论认为，区域内少数（1/3）节点城市所生成的交通量占对应区域全部生成交通量的大多数（2/3）。因此，分析交通节点的交通特性显得尤为重要，将网络中的城市作为主要交通节点已成为区位分析的重点研究内容。节点重要度则是研究交通网络节点运输集疏能力的量化指标，它已成为交通网络规划中衡量城市或交通枢纽重要程度的主要依据。

2. 节点重要度分析

交通节点功能与区域政治、经济及交通状况密切相关。因此，区域人口、国内生产总值、工业总产值等是决定节点重要度的基本指标。同时，相关的交通运输指标对节点重要度会产生直接影响，如公路交通规划中选取的公路通达数、公路客货运量、公路总里程等。举例说明，可以选定城市人口、地区生产总值、客运总量、货运总量这 4 项作为指标计算节点重要度。节点重要度的具体计算如式（4-15）所示。

$$M_i = \left(a_1 \times \frac{R_i}{R_{ik}} + a_2 \times \frac{G_i}{G_{ik}} + a_3 \times \frac{K_i}{K_{ik}} + a_4 \times \frac{H_i}{H_{ik}} \right) \times 100\% \quad (4\text{-}15)$$

式中，i 为城市节点；M_i 为节点 i 的重要度；a_1、a_2、a_3、a_4 为各衡量指标的权重；R_i 为节点 i 的人口；R_{ik} 为节点人口的平均值；G_i 为节点 i 的地区生产总值；G_{ik} 为节点地区生产总值的平均值；K_i 为节点 i 的客运总量；K_{ik} 为节点客运总量的平均值；H_i 为节点 i 的货运总量；H_{ik} 为节点货运总量的平均值。

指标权重 a_j（j 为各衡量指标）的确定，可以采用层次分析法（AHP）、专家打分法等进行。本书将京津冀城市群作为研究对象，咨询了 8 位专家的意见，得到专家打分结果如表 4-13 所示。对 8 位专家打分结果取平均值，可以得到各指标权重，结果如表 4-14 所示。

表 4-13 专家打分结果

专家及平均值	分数			
	人口	GDP	客运总量	货运总量
专家1	0.35	0.40	0.15	0.10
专家2	0.56	0.26	0.08	0.10
专家3	0.40	0.20	0.30	0.10
专家4	0.40	0.30	0.20	0.10
专家5	0.38	0.23	0.25	0.14
专家6	0.30	0.20	0.30	0.20
专家7	0.30	0.30	0.20	0.20
专家8	0.35	0.25	0.25	0.15
平均值	0.38	0.27	0.22	0.14

表 4-14 各指标权重

人口	GDP	客运总量	货运总量
0.38	0.27	0.22	0.14

利用上述公式进行计算，可以得到各城市节点的重要度，对它们进行归一化处理，得到城市重要度排序。城市节点重要度如表 4-15 所示。

表 4-15 城市节点重要度

城市节点	节点重要度	归一化处理
北京	3.472	1.000
天津	2.216	0.638
石家庄	1.173	0.338
保定	1.076	0.310
邯郸	1.018	0.293
唐山	0.958	0.276
沧州	0.799	0.230
邢台	0.574	0.165
廊坊	0.506	0.146
张家口	0.387	0.112
衡水	0.337	0.097
承德	0.332	0.096
秦皇岛	0.281	0.081

节点重要度方法操作简单、直观。节点重要度一般根据计算结果划分。

4.5.4 聚类分析法

使用聚类分析法可以将相似的对象归并成类，聚类分析法研究的主要内容是如何度量相似度及怎样构造聚类方法。该方法广泛应用于实际问题。

1. 系统聚类分析的原理及思路

聚类分析（Cluster Analysis）是数理统计中研究"物以类聚"的一种分类方法。它将一批样品或变量按照它们在性质上的亲疏程度进行分类。

系统聚类分析（Hierarchical Clustering Analysis）是聚类分析方法中最常用的一种方法。凡是具有数值特征的变量和样品都可以采用系统聚类分析法。系统聚类分析法运用于综合运输网枢纽规划的基本思路是：根据各城市间的相似度（距离），将城市进行分类。基本步骤如下：

（1）确定综合运输网备选枢纽城市和评价指标体系。

（2）将原始数据进行标准化处理。

（3）将各备选枢纽城市各自看成一类，计算它们之间的距离，并将距离最近的两类合并成一个新类。

（4）如果类的个数大于1，则返回第（3）步继续并类，直至所有备选枢纽城市对象归为一大类为止。先将区域内部城市节点各自分为一类，记为第1类、第2类，直至第n类。对于每一类城市节点，都用一组变量$\{x_k\}$（$k=1,2,\cdots,m$）来表示其特征。然后根据这些备选对象的相似程度，将这n类中相似度最高的两类合并成一个新类，得到$n-1$类；再在这$n-1$类中找出相似度最高的两类合并成另一个新类，得到$n-2$类；以此类推，直到将所有的城市节点都合并成一个大类为止。

（5）绘制系统聚类谱系图，并对聚类结果进行分析。

2. 系统聚类分析法的具体应用

在进行聚类的过程中，需要把各备选枢纽城市的评价指标进行归一化处理、以及定义两类城市之间的相似度及计算欧氏距离。

1）归一化处理

取4个指标举例说明处理过程，待评价的3个枢纽城市为A、B、C，这3个枢纽城市的各项数据如表4-16所示。

表4-16 各枢纽城市评价指标及数据

城　　市	人口/万人	GDP/亿元	客运量/万人	货运量/万t
A	x_{11}	x_{12}	x_{13}	x_{14}
B	x_{21}	x_{22}	x_{23}	x_{24}
C	x_{31}	x_{32}	x_{33}	x_{34}

（1）将每个枢纽城市各自分为一类，共分为3类，用序列表示为$\{u_1\}$、$\{u_2\}$、$\{u_3\}$。

（2）对备选枢纽城市的评价指标进行归一化处理，以便计算其距离。计算如式（4-16）~式（4-18）所示。

$$G_1 = \frac{u_1}{u_1} = \left[\frac{x_{11}}{x_{11}}, \frac{x_{12}}{x_{12}}, \frac{x_{13}}{x_{13}}, \frac{x_{14}}{x_{14}}\right] \quad (4\text{-}16)$$

$$G_2 = \frac{u_2}{u_1} = \left[\frac{x_{21}}{x_{11}}, \frac{x_{22}}{x_{12}}, \frac{x_{23}}{x_{13}}, \frac{x_{24}}{x_{14}}\right] \quad (4\text{-}17)$$

$$G_3 = \frac{u_3}{u_1} = \left[\frac{x_{31}}{x_{11}}, \frac{x_{32}}{x_{12}}, \frac{x_{33}}{x_{13}}, \frac{x_{34}}{x_{14}}\right] \quad (4\text{-}18)$$

由此可计算出归一化处理后各节点（枢纽城市）不同指标的数值，在此基础上计算各节点之间的欧氏距离。

2）定义两类城市之间的相似度及计算欧氏距离

设G_r和G_s为两类备选枢纽城市，用d_{ij}表示G_r类枢纽城市中第i个城市与G_s类枢纽城市中第j个城市间的相似度（距离），则$D_1(r,s) = \min\{d_{ij} | i \in G_r, j \in G_s\}$称为$G_r$与$G_s$之间的最短距离（$i$、$j=1, 2, \cdots, n$）。$d_{ij}$常采用欧氏距离计算，如式（4-19）所示。

$$d_{ij} = \sqrt{\sum_{k=1}^{m}(x_{ik} - x_{jk})^2} \quad (4\text{-}19)$$

将京津冀城市群内13个城市作为备选枢纽城市。根据资料收集的完整性程度，以及上一章交通需求预测得到的2020年各城市人口、国内生产总值（GDP）、客运总量、货运总量的预测值，选择4项指标对2020年的枢纽城市进行聚类分析，评价指标及数据如表4-17所示。

表4-17　2020年京津冀城市群各城市评价指标及数据

城市	人口/万人	GDP/亿元	客运总量/万人	货运总量/万t
北京	2264	31921	83137	35895
天津	1844	24648	23846	61408
石家庄	1125	7672	12189	76348
承德	359	1936	3718	17690
张家口	451	1936	5126	16156
秦皇岛	316	1667	3600	10625
唐山	809	7056	6212	85572
廊坊	476	3436	8070	19284
保定	1204	4769	13565	61664

(续表)

城　市	人口/万人	GDP/亿元	客运总量/万人	货运总量/万t
沧州	778	4709	6116	66846
衡水	456	1715	2603	14025
邢台	747	2381	6446	24499
邯郸	967	3532	14108	86213

（1）将每个枢纽城市各自分为一类，共分为13类，用以下序列表示，即 $\{u_1\}, \{u_2\}, \cdots, \{u_{13}\}$。

（2）对备选枢纽城市的评价指标进行归一化处理。计算过程如下。

$$G_1 = \frac{u_1}{u_1} = \left[\frac{x_{11}}{x_{11}}, \frac{x_{12}}{x_{12}}, \frac{x_{13}}{x_{13}}, \frac{x_{14}}{x_{14}}\right]$$

$$G_2 = \frac{u_2}{u_1} = \left[\frac{x_{21}}{x_{11}}, \frac{x_{22}}{x_{12}}, \frac{x_{23}}{x_{13}}, \frac{x_{24}}{x_{14}}\right]$$

$$\cdots$$

$$G_{13} = \frac{u_{13}}{u_1} = \left[\frac{x_{13,1}}{x_{11}}, \frac{x_{13,2}}{x_{12}}, \frac{x_{13,3}}{x_{13}}, \frac{x_{13,4}}{x_{14}}\right]$$

通过计算可得到以下结果：

$$G = \begin{bmatrix} & x_1 & x_2 & x_3 & x_4 \\ G_1 & 1 & 1 & 1 & 1 \\ G_2 & 0.814 & 0.772 & 0.287 & 1.711 \\ G_3 & 0.497 & 0.240 & 0.147 & 2.127 \\ G_4 & 0.159 & 0.061 & 0.045 & 0.493 \\ G_5 & 0.199 & 0.061 & 0.062 & 0.450 \\ G_6 & 0.140 & 0.052 & 0.043 & 0.296 \\ G_7 & 0.357 & 0.221 & 0.075 & 2.384 \\ G_8 & 0.210 & 0.108 & 0.097 & 0.537 \\ G_9 & 0.531 & 0.149 & 0.163 & 1.718 \\ G_{10} & 0.343 & 0.148 & 0.074 & 1.862 \\ G_{11} & 0.201 & 0.054 & 0.031 & 0.391 \\ G_{12} & 0.330 & 0.075 & 0.078 & 0.683 \\ G_{13} & 0.427 & 0.111 & 0.170 & 2.402 \end{bmatrix}$$

利用欧氏距离公式 d_{ij} 对此矩阵进行计算，可得距离矩阵的下三角矩阵 $D^{(0)}$

$$D^{(0)} = \begin{bmatrix} & G_1 & G_2 & G_3 & G_4 & G_5 & G_6 & G_7 & G_8 & G_9 & G_{10} & G_{11} & G_{12} & G_{13} \\ G_1 & 0.000 \\ G_2 & 0.771 & 0.000 \\ G_3 & 1.249 & 0.635 & 0.000 \\ G_4 & 1.582 & 0.997 & 0.396 & 0.000 \\ G_5 & 1.551 & 0.967 & 0.358 & 0.044 & 0.000 \\ G_6 & 1.563 & 0.974 & 0.393 & 0.055 & 0.081 & 0.000 \\ G_7 & 1.385 & 0.766 & 0.163 & 0.242 & 0.208 & 0.235 & 0.000 \\ G_8 & 1.495 & 0.918 & 0.320 & 0.087 & 0.060 & 0.089 & 0.172 & 0.000 \\ G_9 & 1.282 & 0.695 & 0.099 & 0.401 & 0.359 & 0.411 & 0.200 & 0.331 & 0.000 \\ G_{10} & 1.420 & 0.811 & 0.193 & 0.206 & 0.169 & 0.209 & 0.049 & 0.141 & 0.208 & 0.000 \\ G_{11} & 1.572 & 0.978 & 0.368 & 0.045 & 0.031 & 0.086 & 0.215 & 0.085 & 0.368 & 0.175 & 0.000 \\ G_{12} & 1.469 & 0.875 & 0.245 & 0.175 & 0.132 & 0.197 & 0.123 & 0.126 & 0.232 & 0.074 & 0.138 & 0.000 \\ G_{13} & 1.345 & 0.775 & 0.149 & 0.300 & 0.257 & 0.314 & 0.145 & 0.228 & 0.112 & 0.132 & 0.271 & 0.139 & 0.000 \end{bmatrix}$$

（3）将距离最小的两类合并成新类。在 $D^{(0)}$ 中距离最小的一组为 $d_{5,11}=0.031$，合并 G_5 与 G_{11} 组成新类 $G_{14}=\{G_5,G_{11}\}$，原来的两类取消。

（4）根据相似度定义，$d_{1,14}=\min\{d_{1,5},d_{1,11}\}=\min\{1.551,1.572\}=1.551$，分别算出新类 G_{14} 与剩余各类之间的距离，并组成低一阶的距离矩阵 $D^{(1)}$；重复步骤（3）和步骤（4），直至所有的城市节点都被合并到一个大类为止。画系统聚类图（见图 4-17）以反映聚类过程。

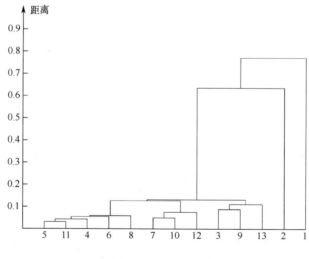

图 4-17　系统聚类图

（5）确定最终分类。分析聚类图并进行分类，若将京津冀城市群的 13 个备选枢纽城市划分成 4 类（按照分类结果，1 和 2 应属于两类，但结合京津冀城市群的实际情况，以及分类标准，这里将北京、天津划分成一类可以得到更好的分类效果），即{1,2}、{3,9,13}、{7,10,12}、{5,11,4,6,8}。城市系统聚类分析结果如表 4-18 所示。

表 4-18　城市系统聚类分析结果

交通枢纽分类	城市节点
国际综合交通枢纽	北京、天津
省际综合交通枢纽	石家庄、保定、邯郸
区域综合交通枢纽	唐山、沧州、邢台
地区综合交通枢纽	张家口、衡水、承德、秦皇岛、廊坊

以上内容中分别用节点重要度法及聚类分析法对城市节点重要度及城市节点聚类进行了定量计算。本书选用了 4 个指标（分别是城市人口、国内生产总值、客运总量、货运总量）进行评价，而影响一个城市重要度及交通枢纽布局情况的因素，除与社会经济指标和客货运量相关外，还与城市的政治、文化地位、城市区位等因素相关，因此上述两种方法均具有一定的局限性。这种局限性在秦皇岛市表现得尤其明显。考虑到秦皇岛市拥有秦皇岛港，对秦皇岛市的节点重要度及聚类分析位置进行调整。调整后的城市系统分析结果如表 4-19 所示。

表 4-19　聚类分析结果

交通枢纽分类	城市节点
国际综合交通枢纽	北京、天津
省际综合交通枢纽	石家庄、保定、邯郸
区域综合交通枢纽	唐山、秦皇岛、沧州、邢台
地区综合交通枢纽	张家口、衡水、承德、廊坊

4.5.5　增长极理论与点轴理论

1. 增长极理论

增长极（Growth Pole）理论由经济学界提出，并应用于区域经济发展。法国经济学家弗郎索瓦·佩鲁（Francois Perroux）最先提出增长极理论，认为在一个广大的地域内，增长极只能是区域内各种条件优越、具有区位优势的少数地点。一个增长极一经形成，它就要吸纳周围的生产要素，使本身日益壮大，并且使周围的区域成为极化区域。一些区域经济学者将这种理论引入地理空间，以解释和预测区域经济的结构和布局。之后法国经济学家布代维尔（J. B. Boudeville）、美国经济学家弗里德曼（John Friedman）、瑞典经济学家缪尔达尔（Gunnar Myrdal）、美国经济学家赫希曼（A. O. Hischman）分别在不同程度上进一步丰富和发展了这一理论，使区域增长极理论的发展成为区域开发工作中的流行观点。

弗郎索瓦·佩鲁认为，如果把发生支配效应的经济空间看作力场，那么位于这个力场中的推进性单元就可以描述为增长极。增长极是围绕推进性的主导工业部门而组织的有活力、高度联合的一组产业，它不仅能迅速增长，而且能通过乘数效应拉动其他部门的增长。因此，增长并非出现在所有地方，而是以不同强度首先出现在一些增长点或增长极上，这些增长点或增长极通过不同的渠道向外扩散，对整个区域经济产生不同的最终影响。他还参考磁场内部运动在磁极最强的理论，称经济发展的这种区域极化为增长极。

弗郎索瓦·佩鲁还认为，增长极形成与发展的过程中会产生两种效应，即极化效应和扩散效应。极化效应促成各种生产要素向增长极回流和聚集；扩散效应促成各种生产要素从增长极向周围不发达地区扩散。在发展的初级阶段，极化效应是主要的，当增长极发展到一定程度后，极化效应削弱，扩散效应增强。

2. 点轴理论

波兰经济学家玛利士和萨伦巴的"点轴理论（Pole-Axis）"是区域规划中常用的理论。点轴理论由增长极理论发展而来，当增长极的极化作用达到一定程度，并且增长极扩张到足够强大时，会产生向周围地区扩散的作用，将生产要素扩散到周围的区域，从而带动周围区域的增长。同时，区域的发展带来增长极数量的增多，增长极之间也出现了相互联结的带，这样，两个增长极及其中间的联结带称为发展轴，它具有增长极的特点并且比增长极的作用范围更大。

在我国，点轴理论最初由陆大道提出，其主张我国应重点开发沿海轴线和长江沿岸轴线，以此形成"T"字形战略布局。

城市群综合交通枢纽和交通走廊的发展是点轴理论在交通运输领域应用的典型体现。

4.6 京津冀城市群综合交通枢纽布局研究

4.6.1 京津冀城市群综合客运枢纽布局

本书按照表4-5及京津冀城市群的重要度和聚类分析结果，进行京津冀城市群综合客运枢纽的布局分析。

1. 航空主导型综合客运枢纽布局分析

按照国外世界级城市群发展思路，城市群内部大都市圈应拥有2~3个大型国际航空综合枢纽。因为京津冀城市群交通一体化建设处于起步阶段，并且国内航空发展水平远低于国际航空发展水平，所以京津冀城市群大型国际航空枢纽建设水平应与国外世界级大都市圈建设水平相当。结合航空发展情况，京津冀城市群内应建设2个大型国际航空枢纽。

一级航空主导型综合客运枢纽的布设条件是对外运输方式总发送量不小于5万人/日，

也就是对外旅客总发送量应不小于 1825 万人/年。2019 年，首都国际机场年旅客吞吐量超过了 1 亿人次，北京大兴国际机场预计 2025 年旅客吞吐量达 7200 万人次，天津滨海机场 2019 年旅客吞吐量为 2440 万人次，按照航站区分级与综合客运枢纽等级对应标准，这 3 个航空枢纽具备建设成一、二级航空主导型综合客运枢纽的条件。根据京津冀城市群的发展思路，首都国际机场及北京大兴国际机场的建设目标是打造一流的国际级航空枢纽；而天津滨海机场的定位是国内航空门户，并且拓展周边国际旅游航线和货运物流市场。

综上所述，应将首都国际机场和北京大兴国际机场建设成为一级航空主导型综合客运枢纽，将天津滨海机场建设成二级航空主导型综合客运枢纽。

石家庄正定机场作为区域枢纽机场，同时也是北京国际首都机场的备降机场和分流机场，现已成为中国北方重要的国内航空门户，配有轨道交通配套设施，2020 年，京石城际铁路接入正定机站场。2019 年，石家庄正定机场旅客吞吐量达到了 1192 万人次，按照综合客运枢纽建设标准应建设三级综合客运枢纽。

京津冀城市群具有唐山机场、秦皇岛机场、张家口机场、邯郸机场、承德机场、邢台机场 6 个四级航空主导型综合客运枢纽。

京津冀城市群航空主导型综合客运枢纽布局情况如表 4-20 所示。

表 4-20　京津冀城市群航空主导型综合客运枢纽布局

机　场　名	分　　级	机　场　名	分　　级
首都机场	一级	邢台机场	四级
北京大兴机场	一级	邯郸机场	四级
天津滨海机场	二级	秦皇岛机场	四级
石家庄正定机场	三级	张家口机场	四级
唐山机场	四级	承德机场	四级

2. 轨道主导型综合客运枢纽布局分析

铁路主导型综合客运枢纽大多建设在城市中心，但随着高速铁路的快速发展，其逐渐向市郊区域转移。此外，随着城市轨道交通的迅速发展，城市群主导型综合客运枢纽也出现了轨道交通主导型。因此本书将铁路主导型综合客运枢纽称为"轨道主导型综合客运枢纽"。

北京市现存四大客运枢纽，即北京站、北京西站、北京南站和北京北站，《北京市"十三五"时期交通发展建设规划》中曾明确指出将清河、星火、丰台打造为北京重点铁路枢纽。另外，新北京东站作为京唐城际铁路起点，落座在北京城市副中心——通州。2020 年，北京建成八大铁路客运枢纽。北京站、北京西站、北京南站均位于城市中心，日对外旅客发送量均超过 10 万人次，并且与城市交通衔接，应定位于一级轨道主导型综合客运枢纽。

北京北站已改建完成并成为京张高速铁路的起点,也是多条城市轨道交通的起点或换乘点,加上地处西直门,对外交通与城市交通衔接;北京丰台站作为北京西站的分流车站,是集铁路、地铁、公交于一体的综合客运枢纽站。这两座车站可建设成二级轨道主导型综合客运枢纽。星火站(现为北京朝阳站)主要承担京沈高速铁路始发终到业务,并且承担既有部分铁路的列车通过作业,缓解和辅助北京站功能,应作为二级轨道主导型综合客运枢纽建设。清河站承担京张铁路的部分始发作业,缓解北京北站的车流、客流,也应作为二级轨道主导型综合客运枢纽建设。新北京东站承接北京城市副中心站的功能,建成后主要作为京唐城际铁路的始发车站,对引领北京城市副中心和廊坊市东三县乃至天津北部的发展都具有重要的意义,因此应建设成一级轨道主导型综合客运枢纽。

天津铁路客运主要枢纽为天津站、天津西站、滨海站、于家堡站和天津南站。天津站是集普速铁路、京津城际、津秦客运专线、城市交通及其他交通方式于一体的特大型综合交通枢纽;天津西站同天津站一样为特大型综合交通枢纽,是天津市最大的火车站,充分缓解了天津站的客运压力。这两个车站建设标准高,并且都为特大型铁路车站,客流量大,承担了天津市 90%以上的铁路客流。因此将这两个铁路车站定为一级轨道主导型综合客运枢纽。于家堡站是京津城际延伸线的终点站,其为一座城际车站,可以定位为三级轨道主导型综合客运枢纽;滨海站位于天津滨海新区,不仅是津秦客运专线配套的最大车站,也是未来环渤海城际及京滨城际的终点站,设计建设规模为中型站,也应建设为三级轨道主导型综合客运枢纽。天津南站是京沪高速铁路的中间站,并且配套建设了地铁及城市公交系统,按照其发展规模,应将其建设为三级轨道主导型综合客运枢纽。

石家庄站是国家四纵四横快速铁路网的重要枢纽中心、特大型站,按照铁路客运站站级与综合客运枢纽等级的对应关系,石家庄站应定位为一级轨道主导型综合客运枢纽。石家庄北站为石太客运专线的起点,建时预测 2020 年石太客运专线最大区段客流密度约为 1500 万人次/年。参照石家庄市城市规划,将对石家庄北站进行改扩建,可建设为三级轨道主导型综合客运枢纽。石家庄东站是石济客运专线的中间站,客流规模为每天最高聚集旅客人数 1000 人,可将其建设为一个三级轨道主导型综合客运枢纽。

保定站规划设计最高聚集人数为 6000 人,具备年发送千万旅客的能力,应建设成为一个二级轨道主导型综合客运枢纽。保定东站是京广高速铁路的一个车站,固保城际将引入保定东站,建设标准为高峰小时旅客发送量 2000 人,应将其建设为三级轨道主导型综合客运枢纽。

邯郸东站是京广高速铁路除石家庄站以外河北省规模最大的车站,也是河北省内京广高速铁路沿线(除石家庄站以外)始发车最多的高速铁路站,应定位为二级轨道主导型综合客运枢纽。此外,邯郸站改扩建完成后应定位为三级轨道综合客运枢纽。

唐山和秦皇岛交通区位条件良好,并且铁路基础设施建设完善,将有城际线引入,因此应分别围绕唐山站和秦皇岛站建设二级轨道主导型综合交通枢纽。

沧州是河北省的一个发展极，交通区位条件良好，沧州西站是京沪高速铁路的中间站之一，应将其建设为二级轨道主导型综合客运枢纽。

邢台站是京广高速铁路的中间站之一，应将其建设为三级轨道主导型综合客运枢纽。

张家口站是京张高速铁路的终点，也是京呼、京包客运专线的中间站，应将其建设为二级轨道主导型综合客运枢纽。

廊坊站是京沪高速铁路距离北京南站最近的中间站，应定位为三级轨道主导型综合客运枢纽。

随着高速铁路网及客运专线的完善，承德、衡水将新建高速铁路车站，应定位为三级轨道主导型综合客运枢纽。

综上所述，京津冀城市群轨道主导型综合客运枢纽分级如表4-21所示。

表4-21 京津冀城市群轨道主导型综合客运枢纽分级

城市名	数量/个	名称	等级
北京	8	北京站	一级
		北京南站	一级
		北京西站	一级
		北京北站	二级
		北京丰台站	二级
		清河站	二级
		北京朝阳站（原星火站）	二级
		新北京东站	一级
天津	5	天津站	一级
		天津西站	一级
		天津南站	三级
		滨海站	三级
		于家堡站	三级
石家庄	2	石家庄站	一级
		石家庄南站	三级
保定	2	保定东站	二级
		保定站	三级
邢台	2	邢台站	二级
		邢台东站	三级
邯郸	1	邯郸东站	三级
唐山	1	唐山站	二级

(续表)

城 市 名	数量/个	名　　称	等　级
秦皇岛	1	北戴河站	二级
张家口	1	张家口站	二级
承德	1	承德站	三级
廊坊	1	廊坊站	三级
沧州	1	沧州西站	二级
衡水	1	衡水站	三级

雄安新区位于河北省保定市，地处北京、天津腹地，规划范围涵盖雄县、容城、安新3个县及周边部分区域，是继深圳经济特区和上海浦东新区之后的又一个具有全国意义的新区，是千年大计、国家大事。"雄安新区"定位为二类大城市。"十三五"期间人口控制在160万人以内，人口密度远低于深圳特区、浦东新区及滨海新区。

雄安新区新建雄安站和雄安东站。京沪高速铁路经过雄安站，津雄铁路以雄安站为起点；京雄铁路经北京大兴国际机场过雄安东站后南下衡水方向，如图4-18所示。根据以上规划，应将雄安站和雄安东站建设为二级轨道主导型综合客运枢纽，并且为将来提级留有可扩充的余地。

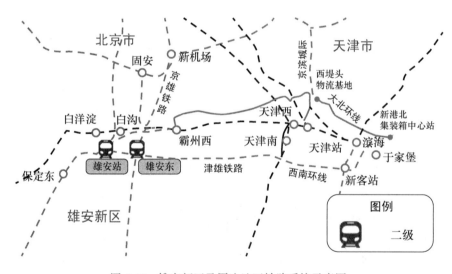

图4-18　雄安新区及周边地区铁路系统示意图

京津冀交通一体化发展规划将京津冀城市群交通网络定位为"轨道上的京津冀"，并且随着高速铁路的发展城市群范围内的公路客运有逐渐退出的趋势。此外，在京津冀城市群范围内，水路客运极少。基于此，本书不专门对公路主导型综合客运枢纽和水运主导型综合客运枢纽进行分析。

4.6.2 京津冀城市群货运枢纽布局

京津冀城市群货运枢纽布局思路如下。

(1) 大力发展以航空、港口为核心的多式联运综合枢纽。依托机场、港口功能定位和服务范围,发展成为国际货运枢纽和省际货运枢纽。

(2) 在京津冀交通一体化的大背景下,大力发展综合型物流园区,强化北京客运功能,优化货运功能,建设环首都物流园区,强化天津航空、港口物流能力,建立城市内部物流园区,衔接天津机场及天津港集疏散业务,强化石家庄物流集疏散功能,建立城市物流园区,衔接石家庄正定机场集疏运业务,服务范围扩大到整个北方。

(3) 除上述高等级货运枢纽之外,还需建设唐山、秦皇岛、保定、沧州、承德、张家口、廊坊等一批次级货运枢纽,增强地方货运集疏散能力。

结合京津冀城市群综合货运枢纽总体布局思路及货运体系发展思路,可以得到京津冀城市群应发展多层次、多方式联运的综合货运枢纽的结论。京津冀城市群货运枢纽布局如表 4-22 所示。

表 4-22 京津冀城市群货运枢纽布局

枢纽等级	枢纽名称	主导类型	集疏运方式
国际综合货运枢纽	天津港	水运	铁路、公路
	唐山港	水运	铁路、公路
	北京大兴国际机场	航空	铁路、公路
省际综合货运枢纽（国家级货运枢纽）	首都机场	航空	公路
	天津滨海机场	航空	公路
	石家庄正定机场	航空	铁路、公路
	黄骅港	水运	铁路、公路
	秦皇岛港	水运	铁路、公路
	石家庄货运枢纽	铁路	公路
	环首都物流园区	铁路	公路
	天津物流园区	铁路	公路
城际综合货运枢纽	张家口货运枢纽	铁路	公路
	承德货运枢纽	铁路	公路
	保定货运枢纽	铁路	公路
	沧州货运枢纽	铁路	公路
	衡水货运枢纽	铁路	公路
	邢台货运枢纽	铁路	公路
	邯郸货运枢纽	铁路	公路
	秦皇岛货运枢纽	铁路	公路
	唐山货运枢纽	铁路	公路

第5章

城市群综合交通枢纽功能设计研究

《"十三五"现代综合交通运输体系发展规划》要求完善综合交通枢纽集疏运条件，提升枢纽一体化服务功能；提升综合客运枢纽站场一体化服务水平；科学规划设计城市综合客运枢纽，推进多种交通方式统一设计、同步建设、协同管理，推动中转换乘信息互联共享和交通导向标识连续、一致、明晰，积极引导立体换乘、同台换乘；促进货运枢纽站场集约化发展；强化城市内外交通衔接，推进城市主要站场枢纽之间直接连接，有序推进重要港区、物流园区等直通铁路，实施重要客运枢纽的轨道交通引入工程，基本实现利用城市轨道交通等骨干公交方式连接大中型高速铁路车站及年吞吐量超过 1000 万人次的机场。

对于客运交通枢纽，要求推进乘客联程运输发展，促进不同交通方式运力、班次和信息对接，鼓励开展空铁、公铁等联程运输服务，完善线上服务功能，鼓励第三方服务平台发展"一票制"客运服务；完善区际城际客运服务，发展大站快车、站站停等多样化城际铁路服务，提升中心城区与郊区之间的通勤化客运水平；发展多层次城市客运服务；大力发展公共交通，推进公交都市建设，进一步提高公交出行分担率；强化城际铁路、城市轨道交通、地面公交等运输服务有机衔接，支持发展个性化、定制化运输服务，因地制宜建设多样化城市客运服务体系。

对于货运交通枢纽，要求推进货物多式联运发展，以提高货物运输集装化和运载单元标准化为重点，积极发展大宗货物和特种货物多式联运。

本章以城市群综合客运交通枢纽为中心，从综合交通枢纽的功能与系统构架、主体功能设计、衔接设计、导向系统设计及设计评价分析等方面展开介绍。

5.1 城市群综合交通枢纽功能与系统构架

5.1.1 城市群综合交通枢纽功能

一般而言,综合交通枢纽包括交通、商业、商务、娱乐休闲、服务等子系统。其中,核心子系统为交通子系统,具有轨道交通、常规公共交通、私人汽车交通等方式。此外,商业子系统具有零售、餐饮、宾馆住宿、购物等设施;商务子系统具有办公、会展等设施;娱乐休闲子系统具有美术馆、博物馆、公共绿地等设施;服务子系统具有银行、实时信息查询终端等设施。

一般地,城市群综合交通枢纽的主要功能如下。

1. 运输生产组织功能

运输生产组织功能包括:客运市场、运载工具的管理;客流组织;各枢纽站场之间的对外联络协调及枢纽站的管理;各种交通方式的有效衔接等。

2. 枢纽站场作业服务功能

枢纽站场为各种乘客提供问询、购票、候车、检票及行包服务等基本功能;为各种客运车辆提供组织调度等生产服务功能。

3. 通信信息服务功能

城市群综合交通枢纽依托现代通信技术,为枢纽站的组织运行、内部管理、外部联络及乘客出行提供技术和信息服务。

4. 中转换乘功能

中转换乘功能是指利用良好的交通位置、完善的交通设施及现代化的管理手段,为乘客提供不同交通方式之间和不同运输线路之间的换乘服务,实现各种交通方式之间的"零距离换乘"。

5. 辅助功能

城市群综合交通枢纽兼具城市标志景观、各种集会活动的开放空间、大型灾害避难与驻留场所功能;具有一定的餐饮、宾馆住宿、娱乐、商业服务功能;提供货物存放、维修调度、停车服务等其他辅助功能。

从综合交通枢纽的主体功能来看,运输生产组织功能、枢纽站场作业服务功能、通信信息服务功能和中转换乘功能之间联系密切。例如，运输生产组织功能和枢纽站场作业服务功能都涉及枢纽内部各种交通方式之间的相互协调等。

5.1.2 城市群综合客运交通枢纽系统构架

一般地，城市群综合客运交通枢纽系统包括客流系统、载运工具系统、交通线网系统、服务设施系统、信息服务系统和交通组织管理系统6个部分，如图5-1所示。

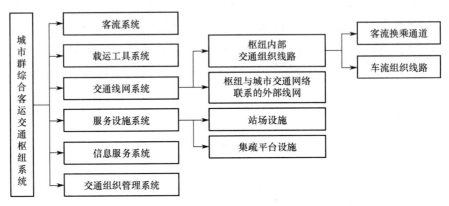

图 5-1 城市群综合客运交通枢纽系统构架

（1）客流系统。该系统应适应乘客的多样化需求，因为不同年龄和收入水平出行者的体力和偏好不同，所以出行的次数、选择的交通方式、出行的距离、出行的时间和对出行的心理需求等也不同。客流系统应及时把握乘客的需求，进行实时客流统计和预测，并且根据情况制定预案。

（2）载运工具系统。该系统是将出行者从上车站点运送到下车站点的交通手段。在城市综合客运交通枢纽内，乘客出行使用的主要交通工具包括城市轨道交通工具（地铁、轻轨、有轨电车和市郊铁路等）、公共交通工具（公共电车、公共汽车、BRT等）、出租车、私人汽车、摩托车、自行车等。其中，私人汽车、摩托车、自行车属于私人交通工具，而城市轨道交通工具、公共电车、出租车等属于公共交通工具。

（3）交通线网系统。该系统是使载运工具、乘客在特定的通道上顺利流动的基础，是确保车流和人流在枢纽内部通行而设置的线路和相关服务设施的集合体，包括枢纽内部交通组织线路和枢纽与城市交通网络联系的外部线网两大类。前者包括客流换乘通道和车流组织线路，主要为枢纽内乘客换乘提供服务；后者主要包括与枢纽衔接的城市道路交通线网、城市公共交通线网、轨道交通线网等。不同的交通线网具有不同的通行能力、线路长度、出行成本、出行范围等特征。

（4）服务设施系统。该系统是指具有一定功能，并且为乘客提供服务的设施，主要包括站场设施和集疏平台设施两大类。站场设施主要包括公共交通首末站、停车场、出租车临时停车区等。站场设施主要的交通特性包括站场布局和站场规模等。站场设施主要为各种停车换乘客流集疏提供服务。集疏平台设施则为客流集疏提供等候空间。对综合交通枢纽来说，集疏平台设施主要是指枢纽内的轨道交通、常规公共交通换乘站台和枢纽出入口。其中，枢纽出入口主要是为步行进入或离开枢纽的乘客提供服务的集疏平台。枢纽集疏平台设施的主要交通特性包括集疏平台布局和容量等。

（5）信息服务系统。该系统是为乘客提供各种相关信息的服务系统，包括车辆到发显示屏、售票信息显示屏、信息诱导屏和广播设施等。

（6）交通组织管理系统。该系统是为枢纽内客流的交通管理和控制服务的，属于综合客运交通枢纽系统的软件设施，是城市群综合客运交通枢纽管理的核心。

5.2 城市群综合客运交通枢纽主体功能设计

5.2.1 城市群综合客运交通枢纽的交通活动

出行一般被定义为用户（人或车）从出发点到目的地的有目的位移活动的全过程。用户在出发点采用某种交通方式经过一段时间的位移，然后在枢纽转换交通方式继续新的位移，直至最后到达目的地，这个过程就是用户出行的全过程。综合客运交通枢纽系统内的客流活动可以分为集疏、换乘和直通3个过程。

1. 集疏过程

集疏过程指交通枢纽利用其衔接的不同交通线网，将服务覆盖至一个较大的区域，实现由"点"到"面"的扩张，实现客流向干线运输汇集和向支线运输渗透。集疏过程包括客流向枢纽的集结过程和客流离开枢纽的消散过程。集疏过程强调的是客流由枢纽"点"到城市交通网络"面"的衔接过程。城市群综合客运交通枢纽客流的集疏过程包括以枢纽为终到点及以枢纽为始发点的客流活动过程。

2. 换乘过程

在交通枢纽内，如果两种交通方式间存在方式转换行为，或者同种交通方式不同交通线路之间存在中转行为，并且以步行通道设施联系两种交通方式或两条交通线路，则称此过程为换乘。此时交通枢纽仅仅是两种交通方式的衔接点，其设有若干步行通道设施为乘客中转换乘提供方便。换乘过程强调的是乘客交通方式或出行工具的转换。

3. 直通过程

直通过程是指采用某种交通方式或交通工具直接通过枢纽的客流活动过程，属于过站性质的客流活动。过站性质的客流与枢纽的通过能力有关,是枢纽交通功能的重要体现。同时,直通过程不存在交通方式或交通工具的转换。

从以上分析可以看出,城市群综合客运交通枢纽为乘客提供的交通服务主要是客流的集疏服务、换乘服务和直通服务。相应地,城市群综合客运交通枢纽的交通功能构成即为集疏功能、换乘功能和直通功能。

5.2.2 城市群综合客运交通枢纽交通活动特性分析

1. 集疏功能特性分析

城市群综合客运交通枢纽的集疏功能是通过有效的交通组织和合理的规划布局实现的,可以使进入枢纽的客流"集零为整",离开枢纽的客流"疏整为零"。枢纽的这种集疏特性,使城市群综合客运交通系统内的客流在枢纽内合理流动,减少枢纽周边的交通压力,改善城市交通的总体拥堵状况。

枢纽的客流集疏包括两部分:一部分指离开枢纽到达终到点的客流,即消散客流;另一部分指由始发点进入枢纽的客流,即集结客流。两种客流的交通特性相似。单从客流的消散过程来看,客流的消散过程实际上就是客流从各种集疏平台设施和站场设施疏散到各种交通方式上的过程。这一过程强调的是枢纽利用其衔接的不同交通线路,将客流消散至一个较大的区域内,实现由"点"到"面"的扩张过程。

枢纽的集疏功能特性可以从枢纽集疏服务范围、相关设施供给能力及枢纽内各种交通方式的相互协调3个方面来分析。

1)集疏服务范围

各种交通方式由于自身的特点不同,服务范围也不同。服务范围就是各种交通方式的交通影响区,交通影响区产生和吸引相应的交通出行方式,因此在进行枢纽的功能设计时应该考虑其合理的集疏服务范围。在选取枢纽的备选集合和调整枢纽布局时,应尽量将枢纽设置在服务区各主要客源点的形心上,以使集疏距离最短,枢纽的服务范围最优化。

2)相关设施供给能力

站场设施主要为枢纽内的各种交通方式提供停车换乘的场所,而集疏平台设施则为客流集疏提供相应的等候空间。所以,枢纽集结或消散客流能力的强弱与枢纽站场设施和集疏平台设施的规模关系密切。这里可以从枢纽集疏设施供给能力角度考虑交通枢纽集结或消散客流的能力。

3)枢纽内各种交通方式的相互协调

不同线路、不同交通方式之间要无延误、畅通地完成整个乘客运输过程,各种交通方式的相互协调是重要条件。这就需要城市综合交通枢纽中的各种交通方式之间相互影响最小、枢纽出入口设置合理、枢纽周边交通线网和各种交通方式输送能力等方面充分协调,只有这样才能避免乘客滞留现象的发生。

2. 换乘功能特性分析

乘客的换乘是从某一集疏平台和站场设施开始,步行通过枢纽内的换乘通道,到达另一集疏平台和站场设施的过程。所以,枢纽的换乘功能主要受换乘组织线路的交通特性影响。综合客运交通枢纽的换乘功能主要包括如下3个方面:

1)枢纽内换乘通道的供给能力

对综合客运交通枢纽来说,为保证乘客出行过程的连续性,要求各出行环节相关设施具有一定的适应性。对换乘过程来说,就是要保障换乘通道设施的能力供给。

2)换乘组织的有效性

换乘枢纽内部的交通流既有人流又有车流,交通枢纽换乘组织的质量与人流、车流的相互干扰情况联系紧密。同时,换乘时乘客的行走距离或者行走时间的长短、换乘冲突点数、绕行程度等都是换乘组织效率的重要表征。

3)客流过程的舒适性

乘客在枢纽内进行换乘实际上也是乘客接受服务的一个过程。换乘过程中的舒适性、安全性不仅是乘客个人的主观心理感受,而且也会影响其他乘客的换乘活动,由此影响整个系统内乘客的总体表现,呈现出换乘紧凑畅通或换乘缓慢不畅等现象。

3. 直通功能特性分析

从枢纽客流的直通过程来看,由于直通客流属于过站性质客流,无论采用哪种类型的交通方式,乘客在通过枢纽的过程中都是利用同一个交通工具,不存在交通方式的转换。

枢纽内客流的直通过程对客流集疏和换乘影响较小,但是客流集疏和换乘对客流在枢纽内的直通过程影响较大。

5.2.3 城市群综合客运交通枢纽功能布局设计

城市群综合客运交通枢纽的功能布局设计是指按照其活动特性,满足其交通功能,以公交优先和以人为本为原则进行的各种交通方式在枢纽区域的布局设计。

1. 主导交通方式

城市群综合客运交通枢纽内,各种交通方式的布局设计因主导交通方式而异。铁路主导型交通枢纽,因为铁路分割城市,所以应尽可能地将枢纽设计成双侧广场或多广场(多线路尽头式车站)的形式,以方便乘客,提高集散效果。设置双侧广场时,可以根据城市交通需求的主副方向安排主广场和副广场,如图5-2所示,也可以利用高架的环形集疏平台设置双侧广场。交叉线路应采用下穿或高架形式。

对于航空主导型交通枢纽和水运主导型交通枢纽，由于机场跑道和航道原因难以在地面布局设计成双侧形式，一般以单侧广场为主，但是可以利用地下空间进行双侧疏散。

2. 接驳交通方式

城市群综合客运交通枢纽的接驳交通方式较多，有城市轨道交通、市域（郊）铁路、城市地面公交、地区长途公交、旅游车、出租车、私家车、非机动车等。这些交通方式接驳设计的主导思想应该最大限度地体现公交优先、垂直换乘和换乘设施多元化（直梯、自动扶梯、楼梯等）的思想。城市轨道交通和市域（郊）铁路的接驳地点应设置在地下空间；城市地面公交车站应设置在广场的核心且离进出站口最近的位置；出租车候车区设置在地下或广场的城市地面公交车站旁边；私家车和非机动车停车区设置在地下或停车楼。以出租车候车区和城市地面公交车站为例，接驳交通方式功能布局设计示意图如图 5-3 所示。

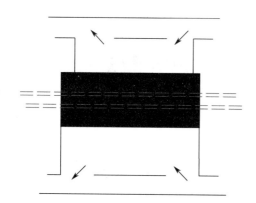

图 5-2　铁路主导型交通枢纽功能布局设计示意图

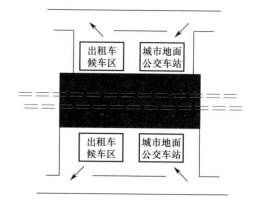

图 5-3　接驳交通方式功能布局设计示意图

5.3　城市群综合交通枢纽衔接设计

5.3.1　城市群综合交通枢纽接驳交通方式

城市群综合交通枢纽联系着城市内外的交通方式。作为枢纽对外的主导交通接驳形式，城市交通为枢纽聚集和疏散客流。与客运枢纽接驳的城市交通主要有轨道交通、常规公交、个体交通等，各交通方式因作业特点、功能定位的不同，承担着不同比例的客流量。

1. 轨道交通

轨道交通因其载客量大、运行快、延误少、安全系数高等特点，资源利用率很高，是大城市优先发展的交通方式，也是接驳大型客运枢纽的重要城市交通方式之一，承担着主要的换乘客流,如北京南站、上海虹桥站等枢纽。在规划设计时,轨道交通站厅要尽可能接近枢纽站台或进出站口,最好采用立体化空间布局实现垂直换乘,以减少换乘行走距离。

2. 常规公交

常规公交是城市公共交通的主要交通方式之一,资源利用率较高,在城市轨道交通和个体出行之间起衔接作用,以到发或途经形式经过枢纽站场。由于公交站场主要在地面,所占空间较大,需结合乘客的换乘需求,适当将部分线路的停车站设在枢纽进出站口的最近处,设计时应最大限度地体现公交优先的原则,其余线路设置为途经形式,以减少城市车、客流对枢纽的干扰。

3. 个体交通

出租车、私人汽车、非机动车等个体交通的运输能力弱、资源利用率低,但由于其具有灵活、自由的运输特点,可以在站场任意位置停放等,容易造成混乱,故枢纽应结合站场布局情况合理地设置社会车辆停车场,通过必要的流线组织设计,有序地组织车辆进出枢纽,减少各类型车流、换乘客流间的交叉、冲突。设计时,应遵循为公共交通让位的原则。

5.3.2 城市群综合交通枢纽内交通换乘衔接关系

1. 城市对外交通和内部交通之间的换乘

城市对外交通和内部交通之间的换乘主要表现为:通过城际交通方式到达枢纽的城市外来客流,换乘城市交通方式后前往城市内各区域;以及通过城市交通方式到达枢纽的城市客流,换乘城际交通方式后离开城市。

2. 城市公共交通之间的换乘

针对城市内部客流,综合客运交通枢纽作为城市内部公共交通方式的连接点,为乘客提供方便、快捷的换乘场所,乘客到达后可根据出行需求,换乘所需要的交通方式离开。

3. 城市公共交通和个体交通之间的换乘

为了充分发挥公共交通的优势,增强公共交通的吸引力,综合客运交通枢纽作为公共交通体系的一个重要站点,可为乘坐私人交通工具的乘客换乘公共交通方式提供中转服务。

5.3.3 城市群综合交通枢纽换乘衔接内容

对枢纽换乘衔接的研究通常从枢纽结构布局和各交通方式的组织管理方法上进行考

虑，以枢纽站场、换乘设施布局及交通线路之间的运营协调居多。城市群综合交通枢纽换乘衔接研究的内容包括以下几个方面。

1. 换乘设施衔接

枢纽换乘衔接水平与各交通站场布局、各交通方式间换乘设施的衔接情况有关。各交通方式站场应根据枢纽站厅位置合理布置乘客落客区、候车区，以缩短枢纽进出站口至各交通站台间的距离；根据枢纽站场空间布局特点，采用多元化的换乘设施（如垂直电梯、楼梯、专用通道等），保证乘客换乘过程的连续、通畅，以减少换乘过程中的走行距离并节省体力。

2. 运营时间衔接

受城市特点、生活习惯、出行目的等因素的影响，城市居民出行服从一定的时间规律。枢纽城际交通在符合自身作业计划的前提下，应结合到达枢纽的城市客流特点，适时调整列车始发、到站时间，以满足居民的出行需求。城市交通根据到达枢纽的城际客流时间分布，合理安排车辆发车时间、发车间隔和末班车辆，以减少乘客的候车等待时间。

3. 运输能力衔接

科学预测枢纽内不同时刻的客流需求总量，根据乘客在城市公共交通方式间的换乘情况，分析各交通车辆的载客能力及运营成本，对枢纽客流总量和各城市交通方式运能进行匹配分析，以确定最佳的车辆运营线路、车次数和发车间隔，更好地体现城市交通对城际交通的接驳集疏功能，降低滞留客流量，提高枢纽的运转能力。

5.3.4 城市群综合交通枢纽换乘衔接设计分析

1. 换乘距离分析

乘客在综合客运枢纽的换乘主要通过步行实现，换乘过程受枢纽空间规模和各交通方式之间的设施衔接条件制约。若枢纽规模较大、衔接设施较分散，则步行距离会增加。为此，这里选取步行距离作为换乘距离进行分析。由乘客在枢纽内的换乘流线可知，乘客换乘的步行时间除消耗在各交通方式的进出站台、售检票、候车站厅外，还消耗在换乘衔接设施上。

为简化分析，假设一次换乘出行，途经 M 次水平设施和 N 次垂直设施，则换乘的总步行距离 D 由式（5-1）表示。

$$D = \sum_{i=1}^{M} L_i + \sum_{j=1}^{N} K_j H_j \tag{5-1}$$

式中，L_i 为水平设施 i 的水平步行距离（$i=1,2,\cdots,M$）；H_j 为垂直设施 j 的垂直高度（$j=1,2,\cdots,N$）；K_j 为垂直设施的垂直高度折算成水平距离的折算系数，与设施种类、功能特点等有关，如电梯、自动扶梯的 K_j 取值较小，普通楼梯的 K_j 取值较大，垂直设施在上坡和下坡的折算系数也不同。

换乘距离优化的目标是使 D 值尽可能小。水平设施的数量 M 越少、水平步行距离 L_i 越短。垂直设施的垂直高度 H_j、数量 N、折算系数 K_j 的取值越小越好，即换乘垂直设施多采用垂直电梯、自动扶梯等动力驱动设施。换乘水平设施尽量直达，减少迂回、折返等现象，能减少乘客换乘时的步行距离。

此外，枢纽内乘客换乘流线设计应做到清晰明确、方便识别，线路组织简洁，避免不同交通流线间的干扰和冲突。智能化的信息服务，可以确保乘客及时获取各交通工具的到发时刻、班次、路线等信息；便捷的换乘诱导动/静态指示信息，指引乘客在正确的位置购票、进出站、检票、候车等，这样能大量减少换乘乘客在枢纽内的逗留时间，提高换乘效率。

2. 运营时间衔接分析

综合客运交通枢纽既是城际交通的到发（中途）站，也是城市内部交通的换乘中转站。城际交通运营时间需与城市居民的生活习惯、出行规律相协调，城市交通作为城际交通的接驳方式，其发车时刻、间隔、班次、路线服务于城际交通。

由于私人汽车、非机动车等私人交通工具不存在运营时间和候车时间，仅与换乘距离有关，这里只分析轨道交通、常规公交、出租车与不同运营时间的城际交通的衔接问题。

1）轨道交通

由于城际交通的运营时间是从整个城市区域考虑的，一旦确定后较难改变，且轨道交通因其特殊性，路线、站点在规划设计后一般不会变动。因此，需要对轨道交通相关的客运枢纽运营时间进行协调研究，确定合理的轨道交通发车时刻和发车间隔，以实现轨道交通与铁路的到发时间的合理衔接。

假设在 $[t_1,t_2]$ 时段内共有 m 班次的城际列车、n 班次的轨道交通列车到达枢纽。设某一时段内到达枢纽的第 i 班次的城际列车到站时刻为 a_i（$i=1,2,\cdots,m$），t_0 为乘客从列车出站到轨道交通站台的平均时间，来自第 i 班次列车且换乘轨道交通的乘客数为 Q_i（$i=1,2,\cdots,m$）。k 线路的轨道交通发车间隔为 P_k，该时段内第一班次列车到站时刻为 k_0，第 j 班次列车到站时刻为 $k_j = k_0 + j \times P_k$（$i=1,2,\cdots,n$）。

统计枢纽到达客流特征，确定 $[t_1,t_2]$ 时段内 k 线路轨道交通满足服务需求的最大发车间隔 $I_{\max}$、最小发车间隔 $I_{\min}$，得到轨道交通运营时间模型如式（5-2）所示。

目标函数为

$$\min T = \min(T_1 + T_2) = \min\left\{\lambda(t_2 - t_1)\frac{P_k}{2} + \sum_{i=1}^{m}\sum_{j=1}^{n}Q_1\left[(k_0 + j \times P_k) - (a_i + t_0)\right]\right\}$$

约束条件为

$$\text{s.t.}\begin{cases} t_1 \leqslant a_i \leqslant t_2 & i=1,2,\cdots,m \\ t_1 \leqslant k_j \leqslant t_2 & j=1,2,\cdots,n \\ I_{\min} \leqslant P_k \leqslant I_{\max} \end{cases} \tag{5-2}$$

上述模型为线性规划模型，根据不同时段的参数值，得到轨道交通列车动态运营方案。影响轨道交通发车时刻、间隔的因素很多，具体运营计划可根据需要进行针对性的调整。

2）常规公交

由于常规公交在运营特点及与城际交通到发时间的衔接上类似于轨道交通，其运营时间模型和轨道交通的基本一致。需要注意的是，乘客换乘时间最小目标模型仅从出行者角度考虑时间费用最少，没有考虑各交通方式的运营费用。因此，需建立出行者时间费用、公交运营费用最低的双层规划模型，确定最优的公交发车间隔。

假设在 $[t_1, t_2]$ 时段内到达枢纽的城际列车共 m 班次，每班次到站换乘公交的客流为 Q_i（$i = 1, 2, \cdots, m$），且 $Q_i = \sum_{k=1}^{K} Q_{ik}$（$k = 1, 2, \cdots, K$），到达枢纽的每条线路的公交班次数为 n_k，经过枢纽站的公交共有 K 条线路，每条线路的客流承担率为 α_k，线路 k 每一班次的公交平均运营费用为 c_k，乘客单位时间费用为 c_0。

由上述假设条件可知，$[t_1, t_2]$ 时段内公交运营总费用最小模型如式（5-3）所示。

$$\min C_1 = \sum_{k=1}^{K} c_k n_k \tag{5-3}$$

乘客总换乘时间最小模型如式（5-4）所示。

$$\begin{aligned}\min T &= \min(T_1 + T_2) \\ &= \min\left\{\sum_{k=1}^{K}\lambda(t_2 - t_1)\alpha_k\frac{P_k}{2} + \sum_{k=1}^{K}\sum_{i=1}^{m}\sum_{j=1}^{n_k}Q_{ik}\left[(k_0 + j \times P_k) - (a_i + t_0)\right]\right\}\end{aligned} \tag{5-4}$$

乘客时间费用最小模型如式（5-5）所示。

$$\min C_2 = \min\left[c_0(T_1 + T_2)\right] \tag{5-5}$$

最终可得，常规公交运营时间费用模型如式（5-6）所示。

目标函数为

$$\min C = \min(C_1 + C_2)$$

约束条件为

$$\text{s.t.}\begin{cases} t_1 \leqslant a_i \leqslant t_2 & i=1,2,\cdots,m \\ t_1 \leqslant k_j \leqslant t_2 & j=1,2,\cdots,n_k \\ I_{\min} \leqslant P_k \leqslant I_{\max} \end{cases} \tag{5-6}$$

上述模型以公交运营费用和乘客换乘时间费用之和最小为目标，根据各公交线路的发车时间范围和发车间隔约束条件，确定最优的公交发车间隔，以降低公交运营成本和乘客候车等待时间，提高换乘出行效率。

3）出租车

由于出租车服务的特殊性，其运营时间属于排队论问题。出租车候车站台在某一时段内，乘客的到达服从泊松分布，且自觉排成一队，每次到达站台的出租车数可以是多个，属于 M/M/N 系统中的单队多服务问题。

假设：乘客到达出租车候车站台的平均到达率为 λ（单位时间内人数）；出租车的服务率为 μ（单位时间内人数）；单位时间内服务的出租车数为 N。

根据排队论理论，出租车的服务强度如式（5-7）所示。

$$\rho_0 = \frac{\rho}{N} = \frac{\lambda}{N\mu} \tag{5-7}$$

换乘出租车的乘客不需要排队的概率如式（5-8）所示。

$$P(0) = \left[\sum_{k=0}^{N-1} \frac{\rho^k}{k!} + \frac{\rho^N}{N!} \frac{1}{(1-\rho/N)}\right]^{-1} \tag{5-8}$$

换乘乘客的平均排队长度如式（5-9）所示。

$$L_q = \frac{\rho^{N+1}}{N!N} \cdot \frac{P(0)}{(1-\rho/N)^2} \tag{5-9}$$

乘客的平均候车时间如式（5-10）所示。

$$W_q = \frac{L_q}{\lambda} \tag{5-10}$$

出租车与城际交通运营时间协调，就是要确定合理的发车间隔（单位时间内服务的出租车数 N），使得换乘出租车的乘客的平均候车时间最短。

3. 运输能力衔接分析

经过枢纽的各种城市交通方式接驳到达枢纽的城际客流，其客流承担能力越强越能满足换乘需求，但势必造成资源浪费，客流承担能力太弱则会造成部分客流滞留，增加枢纽交通压力。枢纽运能衔接是指各城市交通方式根据城际列车不同时段到达的客流大小，结合自身运输特点，适时地调整发车路线、班次、发车间隔等，确保到达枢纽的乘客能得到及时疏散。

1）轨道交通

分析轨道交通运能与铁路运能的匹配程度，适时调整轨道交通运输能力，以满足乘客换乘需求，调整方法涉及列车编组数和发车间隔。

设轨道交通每班次有 N 节列车编组数，每编组列车容客量为 P；铁路列车密集到达时

段为 T_M，该时段内轨道交通客流集疏能力为 C_M，轨道交通发车间隔为 t，换乘的轨道交通线路数为 n；该时段内到达枢纽的铁路客流量为 C_R，换乘轨道交通的客流比例为 α_M。

在 T_M 时段内，轨道交通疏散换乘客流需满足的条件如式（5-11）所示。

$$C_M = P \times N \times \frac{T_M}{t} \times n \geq C_R \times \alpha_M \tag{5-11}$$

考虑列车编组数和发车间隔对疏散能力的影响，对关系式进行转换，如式（5-12）所示。

$$\frac{N}{t} \geq \frac{C_R \times \alpha_M}{P \times T_M \times n} \tag{5-12}$$

铁路与轨道交通运能衔接程度如式（5-13）所示。

$$U_M = \frac{C_R \times \alpha_M}{C_M} = \frac{C_R \times \alpha_M}{P \times T_M \times n \times N} \times t \tag{5-13}$$

由式（5-13）可以看出，只有当 $U_M < 1$ 时，才能满足换乘客流需求。若 $U_M \geq 1$，则说明现有的轨道交通运输能力达不到集疏要求，需要调整列车编组数和发车间隔，确保客流的快速疏散。

2）常规公交

对于枢纽与常规公交运输能力衔接的研究，主要是分析在城际列车密集到达时段，现有的公交线路数、每条线路的公交车次数、发车间隔能否满足换乘公交客流的快速疏散需求。分析方法类似于轨道交通，不同的是，若现有公交数量、发车间隔调整仍不能满足需求，则可以考虑增加新的公交线路。

设铁路列车密集到达时段为 T_B，到达枢纽的铁路客流总量为 C_R，接驳的公交线路数为 n，换乘公交客流比例为 α_B，公交车辆的平均载客量为 P，同时假设所有线路公交发车间隔均为 t，则该时段内公交的客流集疏能力满足疏散需求的关系式如式（5-14）所示。

$$C_B = P \times \frac{T_B}{t} \times n \geq C_R \times \alpha_B \tag{5-14}$$

若 $C_B < C_R \times \alpha_B$，则说明现有公交线路不能满足客流集疏需求，需要增加新的公交线路。设新增设的公交线路高峰小时运输能力为 C_{new}，则新增加的公交线路数如式（5-15）所示。

$$C_{new} = \text{int}\left[\frac{C_R \times \alpha_B - C_B}{C_{new}}\right] \tag{5-15}$$

若 $n_{new} \geq 1$，则需要增加的公交线路数为 n_{new}；若 $n_{new} < 1$，则不需要增加新的公交线路，调整现有线路的发车间隔即可。铁路与常规公交的运输能力衔接效果如式（5-16）所示。

$$U_B = \frac{C_R \times \alpha_B}{C_B} = \frac{C_R \times \alpha_B}{P \times T_B \times n} \times t \tag{5-16}$$

同理，合理的公交运输能力衔接效果需要满足 $U_M \leq 1$，则式（5-16）可转换为式（5-17）。

第5章 城市群综合交通枢纽功能设计研究

$$\frac{C_R \times \alpha_B}{T_B \times n} \leq \frac{P}{t} \tag{5-17}$$

由此可以看出，公交平均载客量 P 和最小发车间隔 t 之间存在一定的关系，保持现有公交线路数不变，其比值不低于某一数值，载客量越大、发车间隔越短，越能满足客流集疏需求。

3）出租车

出租车运输能力与铁路枢纽的匹配程度同出租车的到站平均时间间隔、同一时间服务的出租车数、出租车载客量有关。设出租车的平均载客量为 P_T，平均服务时间（到站时间间隔）为 I_T，同一时间内服务的出租车数为 n，出租车的客流分担率为 α_T，则在出租车接驳铁路列车的密集时段 T_T 内，铁路与出租车的运输能力匹配度如式（5-18）所示。

$$U_T = \frac{C_R \times \alpha_T}{P_T \times T_T \times n} \times I_T \tag{5-18}$$

根据 U_T 的大小，在现有平均载客量 P_T 不变的情况下，适时调整服务时间（到站时间间隔）和同一时段内服务的出租车数，可确保出租车运输能力满足客流集疏需求。

5.4 城市群综合交通枢纽导向系统设计

导向系统设计是城市群综合交通枢纽设计要解决的关键问题之一，同时枢纽内部导向标识的合理、科学设置，也是发挥枢纽换乘和集疏核心功能的关键。作为标识的一种具体应用，导向标识利用简单的线条、图片和文字为行人提供方向与设施信息，其本身也是设施的一种。但与广义上的一般标识不同，导向标识强调对信息接收者的引导与指向作用。因此，除简洁、清楚表达信息外，位置的选取也是导向标识设计的关键。

枢纽内部导向系统的设计合理性，通常在行为环境学和人体工学两个方面有所体现：在行为环境学方面，主要体现在导向标识设置的位置及为乘客提供信息的有效性和及时性；在人体工学方面，主要体现在标识的设置高度和位置能够主动迎合乘客的路径寻找需求。

5.4.1 城市群综合交通枢纽导向标识分类

适应枢纽特点的导向标识，有静态导向标识和动态导向标识两类。

1. 静态导向标识

静态导向标识是能够将乘客引导到固定目的地或目的地方向的标识，在枢纽的内部通常以箭头、线条等形式存在，并且对环境中的目标进行分级逐步的连续式引导。有时，这类标识也可以结合枢纽内部的光线、色彩及符号等进行设置，更好地发挥引导作用。

现阶段，枢纽中经常使用的静态导向标识有方向指示牌、信息图及特殊用途的道路（如盲道）等。

2. 动态导向标识

动态导向标识是在静态导向标识的基础上，为了方便乘客掌握枢纽内部交通工具到发信息及枢纽内部乘客密度的实时情况，而设置的综合静态标识和动态信息引导指示标识，但是现阶段在枢纽中仅以交通工具动态显示屏和静态导向标识的简单结合形式存在。

基于信息内容，导向标识分为 4 类（见表 5-1）：安全信息类、设施提示类、换乘指引类及区位指引类。这 4 类信息既有枢纽中行人希望得到的指示信息，也有枢纽设计者希望行人使用的功能设施的位置信息，以及出于安全因素不经常使用但必须设置的信息。

表 5-1 基于信息内容的导向标识分类

序号	导向标识类别	信息类型	信息内容
1	安全信息类	客运安全信息	禁止携带武器及仿真武器，禁止携带剧毒及有害液体，禁止携带、托运放射性及磁性物品，禁止倚靠等
		消防安全信息	紧急出口、疏散通道、灭火设施、火警电话
2	设施提示类	建筑基础设施	建筑物出口及入口、楼梯、电梯、扶梯、卫生间、进站口、出站口等
		服务设施	寄存处、问询处、失物招领处、残疾人设施、安检处、停车场、商店、餐饮、饮水处、废物箱
3	换乘指引类	车次信息	地铁、公交等的线路、车次等
		站厅信息	售票处、检票口、候车区、公交枢纽、地铁等
4	区位指引类	区位信息	所处位置周边区域信息

5.4.2 城市群综合交通枢纽导向标识的配置方式

在对导向标识配置时，需要结合枢纽的特点，重点考虑以下 3 个方面的问题。

（1）导向标识的位置、高度等的设置要合理。导向标识设置的位置不同，能够起到的效果就不同，不同区域的导向标识应该配合周边的环境和布局综合考虑，并且与乘客流线相对应，大小及高度应便于乘客发现。

（2）导向标识上的信息应明确、清晰、连续，并且不同区域上的信息应有层次和重点。在枢纽内部，导向标识的设置，应有明确的信息导向性，同时结合不同地点考虑标识信息的层次和递进关系，便于乘客在不同地点能够清楚下一个地点的方向及目的地的方向。

（3）导向标识应该结合乘客的流线和枢纽的功能进行设置，以及进行流线类别标识的个性化和人性化设置。

大型枢纽站导向标识的设置应该以使用者在车站内的行为为基础，根据使用者进站、

第5章 城市群综合交通枢纽功能设计研究

出站和换乘的行动路线来设置标识。不同地点使用者的行为特点不同,所需求的信息也各异。依照使用者的行动路线、行为特点确定导向标识,是大型枢纽站导向标识设置时主要使用的方法。根据《公共环境中人的行为方式与标识设置研究》中的分类方法,导向标识配置方式分为3种类型。

(1)投网配置:适于区域内使用者行动的起点和终点都不确定的场所。在大城市的中心区域,交通、商业、文化设施密集处多采用投网配置,如图5-4(a)所示。

(2)阶层配置:适于使用者行动的起点确定、终点不确定的场所。在一般城市的车站、地铁站等,起点相同,目的地多样,阶层配置比投网配置更合适,如图5-4(b)所示。

(3)线条配置:适于起点、终点确定,在中间区域需要提供信息的场所。在小城市或旅游观光路线特定的游园地,步行者路线相对固定,这时采用线条配置较为合适,如图5-4(c)所示。

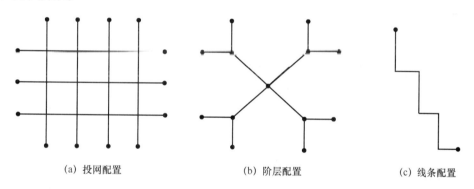

(a)投网配置　　　　(b)阶层配置　　　　(c)线条配置

图5-4　导向标识配置方式

5.4.3　城市群综合交通枢纽导向标识的设计优化

1. 导向标识指示下路径寻找行为

随着立体、综合型交通枢纽的出现,枢纽内部集疏、换乘等功能增多,同时设施的布局形式多样,会导致乘客因进入陌生而又布局错乱的环境而感到紧张和惶恐。从乘客自身角度出发,在交通出行到达目的地之前,希望快速直接到达,这样的心态决定了乘客进行路径寻找过程中的行为模式,总结出发乘客进入枢纽及到达乘客离开枢纽并在枢纽中借助导向标识进行路径寻找的心理和行为(见表5-2和表5-3),以期探求导向标识影响下的路径寻找规律。

对于出发乘客,到达枢纽时间($T_{到}$)和交通工具的发车时间($T_{发}$)的差值是影响乘客路径寻找心理和行为的关键。在正常情况下,从进站到检票终止的时间为T_E,如果乘客进站到检票终止的时间在一定的时间范围内,通常为5~20分钟时,乘客就会快速行进并到达目的地；反之，当 $T_发 - T_到 > T_E$ 时，乘客会在枢纽内部的候车大厅休闲区域或商业购物区停留。

表 5-2 交通枢纽内部出发乘客行为分析

期望到达地点	心理和行为
售票、安检入口等	导向标识清晰、寻找、通行便捷、无绕行
安检	快速通过
检票进站口	区域划分、标识指示清晰，便于寻找和到达
候车大厅	到达路径简单直接，线路及标识引导性好
等候	等候环境舒适宜人，行程信息易于获得
检票进站	检票快速、站台和车厢指示清晰

相比出发乘客，到达乘客一般选择直接出站到其他交通方式的换乘处，或者跟随接车朋友，按照导向标识直接到达出站口和停车场，其行为分析如表 5-3 所示。

表 5-3 交通枢纽内部到达乘客行为分析

期望到达地点	心理和行为
出站通道	导向标识方向清晰，避免过度集中
出站厅	通道宽敞，各功能区标识清晰
换乘地点	导向标识引导性好，路径通畅、便捷、组织有序

2．导向标识指示下路径寻找特点

综合前述交通枢纽内部乘客进行路径寻找时的心理和行为，总结出乘客的路径寻找具有如下特点。

（1）靠右侧行进。在交通枢纽内部，九成以上乘客会选择靠近设施右侧行进到达目的地，这与国内的右行习惯也有直接的关系。

（2）导向标识指示、空间布局引导。在交通枢纽内部，乘客到达目的地的过程，是在导向标识对方向指示和地点提示的基础上，通过交通枢纽内部空间设施布局的构成，对乘客路径寻找产生综合影响。

（3）从众行进。在交通枢纽内部，除导向标识对乘客的引导外，乘客通常选择跟随人流进行下一特征地点的辨识，然后结合导向标识进行下一目标地点的路径选择。

（4）捷径优选，环境优先。乘客在交通枢纽内部具有目的性强的特点，同时对环境具有一定的要求。因此在交通行进中，乘客会优先选择光线舒适、乘客密度适中，同时前往目的地方向的最短路径。

3. 交通枢纽导向标识布设优化框架

针对交通枢纽内部区域的特点，分析内部行人活动的交通特征。首先，以现有交通枢纽的平面布局和导向标识为基础，进行供需分析，重点研究内部区域、集疏通道的导向标识布设位置与信息，重要内部区域乘客的时间和空间分布情况，以及人群流动的行为和视觉影响程度。其次，提出导向标识设置的外部影响因素和乘客自身对设施的认知和感知熟悉程度，结合乘客的出行目的和出行特征得出交通枢纽内部分级导向标识设置方案。最后，构建基于乘客移动行为的分级导向标识布设框架，如图 5-5 所示。

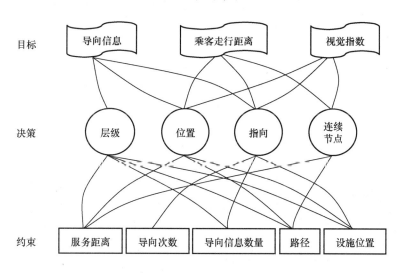

图 5-5　基于乘客移动行为的分级导向标识布设框架

5.4.4　城市群综合交通枢纽信息化与智能诱导

1. 综合交通枢纽信息化

BIM（Building Information Modeling，建筑信息模型）设施物理和功能特性的数字和可视化表达，在建筑领域获得了快速发展，其基础是数字化和虚拟现实技术。而将 BIM 技术应用于综合交通枢纽则称为综合交通枢纽 BIM，它是将综合交通枢纽及其设施设备数字化，并且通过虚拟三维形式展现的技术。综合交通枢纽 BIM 的发展为综合交通枢纽的科学管理、智能化服务及应急情况下乘客疏散预案的编制提供了依据。

综合交通枢纽 BIM 是枢纽设施物理和功能特性的数字和可视化表达，其建设需要将交通枢纽建筑物，以及管控类、运营服务类、导向类和应急安全类设施设备等物理和功能特性进行数字化，并且通过系统软件按照实际尺寸和安装位置组合到一起，以进行各种视角的虚拟化立体展示，为智能化管理和运行维护提供基础资料。图 5-6 为某高速铁路枢纽 BIM 示意图，分别为鸟瞰图、侧视图、站台、线路、站内设备。

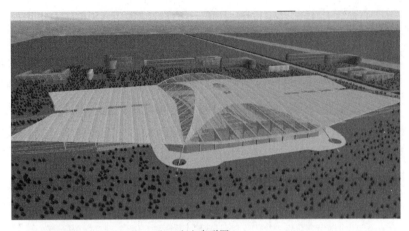

(a) 鸟瞰图

(b) 侧视图

(c) 站台

图 5-6　某高速铁路枢纽 BIM 示意图

(d) 线路

(e) 站内设备

图 5-6　某高速铁路枢纽 BIM 示意图（续）

（图片来源：由刘仍奎、王福田提供）

2. 综合交通枢纽智能诱导

综合交通枢纽的智能诱导在综合交通枢纽 BIM 建设的基础上，进一步叠加动态设备、车辆运行计划和诱导系统，为用户提供动态诱导服务。动态设备有车辆到发站台、候车室、检票口等；车辆运行计划有车次和到发时刻等；诱导系统为用户提供固定设施诱导服务和动线诱导服务，前者有固定导向查询系统，用户可以通过点击自助查询机获得信息；后者则通过网站或 App，使用户利用智能手机等 ICT（Information and Communication Technology，信息与通信技术）设备，引导用户到达相应的目标地点。

图 5-7 为基于轨道交通 BIM 开发的三图（线路设备综合图、线路图和视频图）联动

轨道列车运行智能诱导系统,可以为列车运行和管理人员远程决策提供可视化依据。

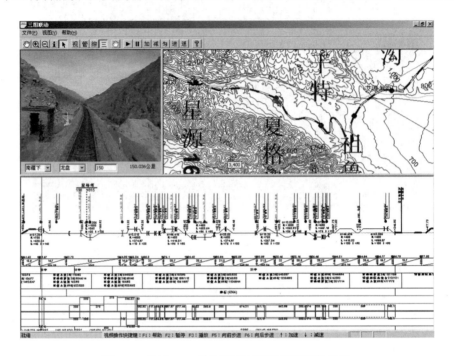

图 5-7　基于 BIM 的轨道列车运行智能诱导系统

5.5　城市群综合交通枢纽设计评价分析

5.5.1　城市群综合客运交通枢纽评价分类

对城市群综合客运交通枢纽的评价包括交通功能评价、社会功能评价、经济功能评价及环境功能评价等。

交通功能评价是对城市群综合客运交通枢纽的交通组织、功能设计的合理性等进行评价,从技术方面分析规划设计方案和运营管理的功效,评价规划和管理方案实施的效果或判断方案的合理性和技术可行性。

社会功能评价主要从规模适应性、对城市发展的适应性、对城市景观的影响及建设开发与信息整合情况等方面评价交通枢纽建设对城市和人们生活带来的影响。

经济功能评价主要从交通枢纽投资者的内部收益和国民经济的外部收益两个方面考虑社会经济与交通枢纽的协调性,因为交通枢纽的建设与使用有公益性质,所以评价时应以国民经济的外部收益为主。

环境功能评价主要评价交通枢纽对城市环境的影响,包括对自然环境、生态环境和社会环境（如大气污染、噪声、城市绿化率和社区环境等）的影响。

5.5.2 北京大兴国际机场

1. 地理位置

北京大兴国际机场（Beijing Daxing International Airport）为 4F 级民用机场，位于我国北京市大兴区与河北省廊坊市广阳区交界处，涵盖大兴区榆垡镇和礼贤镇及河北省廊坊市广阳区团城村东，距离天安门 46km，距离北京城市副中心 54km，距离北京首都国际机场 67km，距离天津滨海国际机场约 85km，距离天津市中心 82km，距离雄安新区 55km，距离廊坊市中心 26km，距离保定市中心 110km。其定位为大型国际航空枢纽、国家发展新动力源、支撑雄安新区建设的京津冀城市群综合交通枢纽。

2. 平面布局

北京大兴国际机场航站楼形如展翅的凤凰，是"五指廊"的造型，设计以乘客为中心，整个航站楼有 79 个登机口，但是乘客从航站楼中心步行到达任何一个登机口所需的时间不超过 8 分钟。

北京大兴国际机场拥有航站楼综合体建筑共计 140 万 m^2，可停靠飞机的指廊展开长度超过 4000m，有"三纵一横"四条跑道（远期规划"四纵两横"6 条民用跑道），拥有机位共 268 个，共开通国内外航线 119 条，已经建成了"五纵两横"的交通网络，1 小时通达京津冀。

3. 立体布局

北京大兴国际机场采用"双层出发车道边"设计，是四层航站楼，出发和到达各两层：一层是国际到达；二层是国内到达；三层是国内自助（出发），快速通关；四层是国际出发和国内托运行李。此外，轨道交通可以方便地把乘客送到航站楼内，通过地下一层的直梯直接到达出发层。

北京大兴国际机场共有 5 条轨道交通线路在机场外围整合并列为一组，沿新机场中轴贯穿航站区，依次分别是京雄城际、机场快轨、R4/S6、预留线和廊涿城际。新机场的地下东西两侧是城际铁路和高速铁路，中间 3 条是机场专线和地铁。5 条线路站台区总宽度约 270m。

4. 交通换乘

1）城际铁路

（1）京雄城际铁路。

京雄城际铁路北京段（北京西站—大兴机场站）：北京中心城区前往大兴国际机场可以

乘坐京雄城际铁路列车，最快以 250km/h 的速度从北京西站直达机场，全程用时 20 分钟。

京雄城际铁路河北段（大兴机场站—雄安新区站）：经固安县、霸州市抵达雄安新区，设计速度 350km/h。

（2）雄安机场快线。

雄安机场快线是列入新区"四纵两横"高速铁路网的重要干线，起自雄安新区启动区城市航站楼，止于北京大兴国际机场北航站楼，线路正线长 83.2km，新区境内长 34km，廊坊境内长 43.6km，北京境内长 5.6km，高架线长 64.4km，设站 7 座，其中廊坊境内设站 2 座（高架站），新区境内设站 5 座（高架站 2 座，地下站 3 座），设置车辆段 1 座。

2）轨道交通

北京地铁大兴机场线全长 41km，设草桥、大兴新城、大兴机场 3 座车站。北京中心城区前往大兴国际机场可以乘坐大兴机场线，最快以 160km/h 的速度从草桥站直达机场，全程用时 19 分钟，是国内运营时速最高的城市轨道交通线路。该线路可在草桥站换乘 10 号线。

未来，大兴机场线将向北延长至丽泽商务区，便于商务乘客出行，北延段预计 2022 年开通，届时该线路可换乘 11 号线、14 号线、16 号线、19 号线等多条地铁线路。

北京地铁 20 号线（R4 线）是一条规划中的连接南北两座机场的大站快线，两端是首都国际机场 3 号航站楼站和大兴国际机站场，可以通过这条地铁线路实现北京两座机场间的接驳交通。

3）公交汽车

946 路公共汽车由地铁新宫站开往地铁大兴新城站。该线路可方便乘客换乘大兴机场线。

兴航城 1 路、兴航城 2 路可抵达北京大兴国际机场周边地区。

4）机场巴士

北京大兴国际机场开通前往北京站、北京西站等地区的 6 条机场巴士市内线路，分别为兴航 1 线（大兴机场站—北京站）、兴航 2 线（大兴机场站—北京西站）、兴航 3 线（大兴机场站—北京南站）、兴航 4 线（大兴机场站—通州）、兴航 5 线（大兴机场站—房山）和兴航 6 线（大兴机场站—宣武门，夜航线）。

市域内的机场巴士全部为新能源电动车，票价 40 元，乘客在购票后会领取一张纸质的乘车凭证，上面印有二维码等信息。

5）省际客运班线

省际客运班线有 7 条，包括天津 1 条、廊坊 3 条、唐山 1 条、石家庄 1 条、保定 1 条。

6）出租车

机场航站楼的一层可以乘坐出租车，西侧区域为河北方向候车区，中间和东侧区域为北京方向候车区，如图 5-8 所示。

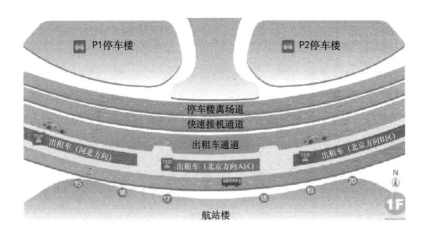

图 5-8 机场航站楼出租车乘车示意图

5. 周边交通需求分析

分析思路：预测机场各种接驳交通方式的客货流量，将其作为接驳设计的参考依据。首先，预测在没有北京大兴国际机场情况下的交通量，即背景交通量。其次，预测北京大兴国际机场建设带来的诱增交通量。最后，将两者叠加作为总交通量。即基于 OD 逆向推演法预测北京大兴国际机场周边路网的交通需求，以支撑路网规划和交通组织管理，其技术路线如图 5-9 所示。

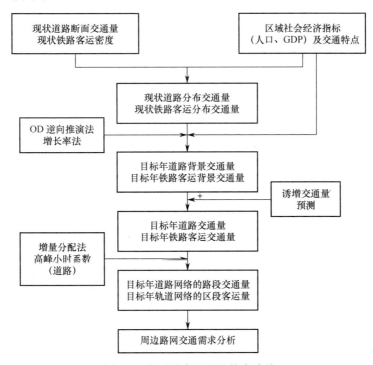

图 5-9 交通需求预测的技术路线

1）现状分布交通量

在推测区域现状分布的交通量时，需要进行交通小区划分。这里，综合考虑北京大兴国际机场周边城市的过境交通影响，根据现状及未来年的铁路网和道路网布局情况，建立交通小区，其划分如表5-4所示，共计14个小区。考虑到北京大兴国际机场对陆路交通的影响范围将随着距离的增加逐渐减小，因此对外围区域进行了适当的归并处理，如将衡水南部以远的区域归并到衡水，用"衡水及其以南"代表。

表 5-4 交通小区划分

序号	对应城市或区域	所辖区域
1	大兴国际机场北侧	机场范围内北京侧
2	廊坊市	廊坊市（机场范围除外）
3	北京市大兴区	大兴区（机场范围除外）
4	大兴国际机场南侧	机场范围内廊坊侧
5	天津市	天津市全部
6	唐山市	唐山市全部
7	北京市	北京市（大兴区和机场范围除外）
8	秦皇岛市及其以东	秦皇岛市及其以东区域
9	承德市及其以北	承德市及其以北区域
10	保定市及其以西	保定市及其以西区域
11	沧州市	沧州市
12	衡水市及其以南	衡水市
13	石家庄市及其以西南	石家庄市及其以西南区域
14	张家口市以北	张家口市以北区域

本分析利用经典的 OD 逆向推演法，基于观测统计的道路断面交通量和铁路（轨道）客运量（铁路为 2011 年，道路为 2010 年）推测对象区域的道路交通量和铁路客运分布交通量（客运量）。

2）背景交通量预测

根据所在区域的社会经济发展水平、人口和交通特点等因素，计算得到该区域交通发生和吸引量的增长率，铁路为 4.08%，道路为 4.05%，再通过增长率法，预测 2025 年和 2040 年周边道路和铁路客运的背景交通量，即按照该区域经济增长水平进行的交通需求分析。

3）诱增交通量预测

新的设施建设将带来诱增交通需求，并且这种需求具有潜在性、滞后性、上限性和难区分性等特点。由《北京新机场可行性研究报告》可知 2025 年、2040 年机场客运量，同时考虑通勤和临空经济区因素及交通方式分担率，确定铁路和道路的诱增客运需求和交通需求。铁路包括普通铁路、高速铁路及城市轨道，以日均客运量为单位；道路则以高峰小时交通量为单位。铁路和道路诱增交通量如表 5-5 和表 5-6 所示。

第5章 城市群综合交通枢纽功能设计研究

表 5-5 铁路诱增交通量（日均客运量，人次/日）

年 份	机场客流	通勤客流	临空经济区客流	总 计
2025年	59178	5918	2260	67356
2040年	99726	9973	2777	112476

表 5-6 道路诱增交通量（pcu/h）

年 份	机场交通量	通勤交通量	临空经济区交通量	总 计
2025年	15255	1525	582	17362
2040年	26842	2684	747	30273

注：pcu/h 表示当量标准小客车/小时。

根据北京大兴国际机场周边城市的人口、GDP 及距机场距离之间的关系，按比例分配，计算得出机场到周边各城市的诱增交通量，如式（5-19）所示。

$$k = (m \times \text{GDP})/d^{1.5} \quad (5\text{-}19)$$

式中，m 为人口，万人；GDP 为城市国民生产总值，万亿元；d 为距机场的距离，km。

4）交通量的合成

对象区域的交通量是将基于现状分布交通量预测的规划年背景交通量与诱增交通量分别按照年份和交通方式叠加得到 2025 年、2040 年的铁路和道路交通量，如表 5-7~表 5-16 所示。

表 5-7 现状铁路客运分布交通量（客运量，人次/日）

OD	1	2	3	4	5	6	7	8	9	10	11	12	13	14
1	0	305	0	305	3972	585	3258	1446	574	4059	5330	737	4090	955
2	305	0	305	610	8005	1256	8800	3093	1661	11684	10998	10281	8603	2743
3	0	305	0	305	3972	585	3258	1446	574	4059	5330	737	4090	955
4	305	610	305	0	61	86	2284	301	513	3566	338	8807	423	833
5	3972	8005	3972	61	0	139	5888	936	675	5099	7705	401	205	1164
6	585	1256	585	86	139	0	3528	16406	535	4206	687	274	4279	920
7	3258	8800	3258	2284	5888	3528	0	7265	163	2991	6664	4195	4577	349
8	1446	3093	1446	301	936	16406	7265	0	1346	7184	1655	581	5466	2086
9	574	1661	574	513	675	535	163	1346	0	975	1279	1113	1347	231
10	4059	11684	4059	3566	5099	4206	2991	7184	975	0	6855	2847	49450	1514
11	5330	10998	5330	338	7705	687	6664	1655	1279	6855	0	805	375	1979
12	737	10281	737	8807	401	274	4195	581	1113	2847	805	0	68	1620
13	4090	8603	4090	423	205	4279	4577	5466	1347	49450	375	68	0	1951
14	955	2743	955	833	1164	920	349	2086	231	1514	1979	1620	1951	0

表 5-8 现状道路分布交通量（pcu/h）

OD	1	2	3	4	5	6	7	8	9	10	11	12	13	14
1	0	5	108	444	12	24	59	18	18	20	35	81	48	110
2	5	0	17	26	40	68	21	34	12	12	148	38	22	43
3	106	17	0	203	23	163	34	71	8	30	45	86	58	117
4	442	27	204	0	963	251	107	68	34	558	29	51	40	142
5	12	40	23	963	0	136	115	32	21	15	1271	14	7	179
6	23	69	163	251	136	0	475	10	325	20	356	22	11	368
7	58	21	33	106	114	471	0	93	2	332	227	73	913	288
8	18	34	71	68	32	10	94	0	100	18	85	18	10	137
9	17	11	8	32	20	325	2	100	0	56	45	39	113	31
10	21	12	31	556	15	21	317	18	55	0	424	109	1680	304
11	35	149	45	308	1271	355	228	85	46	408	0	4	3	249
12	80	37	85	50	14	22	72	18	40	112	4	0	82	93
13	44	20	54	40	7	11	931	10	101	1680	3	82	0	567
14	111	44	118	143	180	371	295	138	33	310	251	94	546	0

表 5-9 2025 年铁路客运背景交通量（客运量，人次/日）

OD	1	2	3	4	5	6	7	8	9	10	11	12	13	14
1	0	528	0	528	6879	1013	5643	2504	994	7029	9230	1277	7082	1655
2	528	0	528	1056	13863	2175	15241	5528	2876	7029	19045	17806	14896	4752
3	0	528	0	528	6879	1013	5643	2504	994	7029	9230	1277	7082	1655
4	528	1056	528	0	105	149	3955	520	888	6002	585	15252	732	1442
5	6879	13863	6879	105	0	240	10197	1620	1169	8831	13343	694	355	2016
6	1013	2175	1013	149	240	0	6110	28410	927	7284	1189	475	7410	1593
7	5643	15241	5643	3955	10197	6110	0	12580	282	5179	11540	7264	7926	604
8	2504	5528	2504	520	1620	28410	12580	0	2331	12441	2866	1006	9466	3612
9	994	2876	994	888	1169	927	282	2331	0	1690	2214	1928	2332	401
10	7029	7029	7029	6002	8831	7284	5179	12441	1690	0	11871	4931	85629	2623
11	9230	19045	9230	585	13343	1189	11540	2866	2214	11871	0	1395	650	3427
12	1277	17806	1277	15252	694	475	7264	1006	1928	4931	1395	0	117	2805
13	7082	14896	7082	732	355	7410	7926	9466	2332	85629	650	117	0	3379
14	1655	4752	1655	1442	2016	1593	604	3612	401	2623	3427	2805	3379	0

表 5-10 2025 年道路背景交通量（pcu/h）

OD	1	2	3	4	5	6	7	8	9	10	11	12	13	14
1	0	8	193	805	22	43	107	33	30	39	63	146	80	201
2	8	0	31	48	73	124	37	61	20	22	268	67	36	78
3	193	31	0	369	41	293	61	127	14	56	81	153	98	212
4	790	47	364	0	1731	451	191	123	58	999	554	90	72	256
5	22	72	41	1737	0	245	207	58	36	27	2288	25	13	323
6	42	123	292	453	245	0	853	18	582	37	640	39	20	666
7	105	37	60	192	206	851	0	168	4	569	409	129	1664	528
8	33	61	127	123	58	18	169	0	179	33	153	32	19	248
9	32	21	15	61	38	588	5	182	0	100	84	72	182	60
10	36	21	54	1006	26	36	600	33	101	0	735	202	3011	556
11	63	267	81	527	2291	640	411	153	80	765	0	7	5	451
12	146	68	155	92	25	39	132	32	70	197	7	0	147	168
13	86	40	105	73	13	20	1658	19	203	3039	5	147	0	985
14	197	78	210	257	323	663	522	247	56	548	450	167	1019	0

表 5-11 2040 年铁路客运背景交通量（客运量，人次/日）

OD	1	2	3	4	5	6	7	8	9	10	11	12	13	14
1	0	1045	0	1045	13627	2006	11178	4960	1969	13924	18286	2529	14031	3278
2	1045	0	1045	2090	27462	4308	30190	10951	5697	39740	37730	35272	29512	9413
3	0	1045	0	1045	13627	2006	11178	4960	1969	13924	18286	2529	14031	3278
4	1045	2090	1045	0	208	296	7834	1031	1759	11892	1158	30214	1450	2857
5	13627	27462	13627	208	0	476	20199	3210	2316	17493	26432	1374	704	3993
6	2006	4308	2006	296	476	0	12103	56282	1837	14430	2355	941	14681	3156
7	11178	30190	11178	7834	20199	12103	0	24922	559	10260	22862	14391	15703	1197
8	4960	10951	4960	1031	3210	56282	24922	0	4617	24616	5677	1992	18753	7154
9	1969	5697	1969	1759	2316	1837	559	4617	0	3346	4387	3819	4620	794
10	13924	39740	13924	11892	17493	14430	10260	24646	3346	0	23518	9769	55413	5196
11	18286	37730	18286	1158	26432	2355	22862	5677	4387	23518	0	2762	1287	6788
12	2529	35272	2529	30214	1374	941	14391	1992	3819	9769	2762	0	232	5557
13	14031	29512	14031	1450	704	14681	15703	18753	4620	55413	1287	232	0	6694
14	3278	9413	3278	2857	3993	3156	1197	7154	794	5196	6788	5557	6694	0

表 5-12　2040 年道路背景交通量（pcu/h）

OD	1	2	3	4	5	6	7	8	9	10	11	12	13	14
1	0	19	420	1755	48	94	232	73	65	85	138	318	176	438
2	19	0	69	105	158	270	81	133	44	47	584	146	77	171
3	420	68	0	805	88	639	132	277	29	122	177	334	213	462
4	1720	103	794	0	3771	982	418	267	125	2177	1208	196	156	558
5	48	156	88	3785	0	534	450	128	79	59	4985	53	28	704
6	92	268	638	989	535	0	1860	39	1268	81	1395	85	44	1452
7	229	80	132	419	449	1855	0	365	9	1241	892	282	3626	1150
8	72	132	277	268	128	39	367	0	391	73	333	70	41	540
9	69	46	32	134	84	1283	10	396	0	219	183	157	396	130
10	79	46	118	2192	57	80	1308	72	219	0	1602	439	6560	1212
11	136	582	177	1150	4992	1394	895	333	173	1667	0	15	11	981
12	317	147	337	201	55	86	287	70	153	428	15	0	321	366
13	189	88	230	158	28	44	3614	41	443	6622	11	321	0	2145
14	430	171	459	561	703	1444	1137	539	122	1195	980	364	2222	0

表 5-13　2025 年铁路客运交通量（客运量，人次/日）

OD	1	2	3	4	5	6	7	8	9	10	11	12	13	14
1	0	2122	543	948	14494	1807	48070	2828	1999	10359	11211	2414	8190	2913
2	2122	0	609	1217	13863	2175	15241	5528	2876	20621	19045	19806	14896	4752
3	543	609	0	567	6879	1013	5643	2504	994	7106	9230	1277	7082	1655
4	948	1217	567	0	105	149	3955	520	888	6074	585	15252	732	1442
5	14494	13863	6879	105	0	240	10197	1620	1169	8831	13343	694	355	2016
6	1807	2175	1013	149	240	0	6110	28410	927	7284	1189	475	7410	1593
7	48070	1524	5643	3955	10197	6110	0	12580	282	5179	11540	7264	7926	604
8	2828	5528	2504	520	1620	28410	12580	0	2331	12441	2866	1006	9466	3612
9	1999	2876	994	888	1169	927	282	2331	0	1690	2214	1928	2332	401
10	10359	20621	7106	6074	8831	7284	5179	12441	1690	0	6871	4931	85629	2623
11	11211	19045	9230	585	13343	1189	11540	2866	2214	6871	0	1395	650	3427
12	2414	19806	1277	15252	694	475	7264	1006	1928	4931	1395	0	117	2805
13	8190	14896	7082	732	355	7410	7926	9466	2332	85629	650	117	0	3379
14	2913	4752	1655	1442	2016	1593	604	3612	401	2623	3427	2805	3379	0

第 5 章 城市群综合交通枢纽功能设计研究

表 5-14 2025 年道路交通量（pcu/h）

OD	1	2	3	4	5	6	7	8	9	10	11	12	13	14
1	0	97	327	1061	1490	182	8910	37	38	192	143	155	162	213
2	171	0	132	168	765	190	3246	63	24	100	306	72	74	84
3	438	131	0	477	656	352	2913	129	17	130	114	157	132	217
4	1259	167	471	0	1731	451	191	123	58	1017	554	90	72	256
5	2714	764	656	1737	0	245	207	58	36	130	2288	25	13	323
6	299	189	351	453	245	0	853	18	582	47	640	39	20	666
7	12587	3245	2912	192	206	851	0	168	4	1045	409	129	1664	528
8	40	63	129	123	58	18	169	0	179	34	153	32	19	248
9	48	25	18	61	38	588	5	182	0	101	84	72	182	60
10	318	99	127	1024	129	46	1076	33	101	21	740	202	3017	557
11	209	304	114	527	2291	640	411	153	80	770	0	7	5	451
12	163	72	158	92	25	39	132	32	70	197	7	0	147	168
13	236	79	139	73	13	20	1658	19	203	3045	5	147	0	985
14	219	84	215	257	323	663	522	247	56	549	450	167	1019	0

表 5-15 2040 年铁路客运交通量（客运量，人次/日）

OD	1	2	3	4	5	6	7	8	9	10	11	12	13	14
1	0	2326	595	1039	15888	1981	52696	3100	2191	11355	12289	2646	8978	3193
2	2326	0	668	1334	15196	2384	16707	6060	3153	22604	20877	21711	16329	5209
3	595	668	0	622	7541	1110	6186	2745	1090	7789	10118	1400	7763	1814
4	1039	1334	622	0	115	163	4335	570	973	6658	641	16719	802	1581
5	15888	15196	7541	115	0	263	11178	1776	1281	9680	14626	761	389	2210
6	1981	2384	1110	163	263	0	6698	31143	1016	7985	1303	521	8123	1746
7	52696	1671	6186	4335	11178	6698	0	13790	309	5677	12650	7963	8688	662
8	3100	6060	2745	570	1776	31143	13790	0	2555	13638	3142	1103	10376	3959
9	2191	3153	1090	973	1281	1016	309	2555	0	1853	2427	2113	2556	440
10	11355	22604	7790	6658	9680	7985	5677	13638	1853	0	7532	5405	93865	2875
11	12289	20877	10118	641	14626	1303	12650	3142	2427	7532	0	1529	713	3757
12	2646	21711	1400	16719	761	521	7963	1103	2113	5405	1529	0	128	3075
13	8978	16329	7763	802	389	8123	8688	10377	2556	93866	713	128	0	3704
14	3193	5209	1814	1581	2210	1746	662	3959	440	2875	3757	3075	3704	0

表 5-16 2040 年道路交通量（pcu/h）

OD	1	2	3	4	5	6	7	8	9	10	11	12	13	14
1	0	127	429	1392	1954	239	11686	49	50	252	188	203	212	279
2	224	0	173	220	1004	249	4258	83	31	131	401	94	97	110
3	575	172	0	626	861	462	3821	169	22	171	150	206	173	285
4	1651	219	618	0	2270	592	251	161	76	1334	727	118	94	336
5	3560	1002	861	2279	0	321	272	76	47	171	3001	33	17	424
6	392	248	460	594	321	0	1119	24	763	62	839	51	26	874
7	16510	4256	3820	252	270	1116	0	220	5	1371	536	169	2183	693
8	52	83	169	161	76	24	222	0	235	45	201	42	25	325
9	63	33	24	80	50	771	7	239	0	132	110	94	239	79
10	417	130	167	1343	169	60	1411	43	132	28	971	265	3958	731
11	274	399	150	691	3005	839	539	201	105	1010	0	9	7	592
12	214	94	207	121	33	51	173	42	92	258	9	0	193	220
13	310	104	182	96	17	26	2175	25	266	3994	7	193	0	1292
14	287	110	282	337	424	870	685	324	73	720	590	219	1337	0

5）机场周边网络交通量预测及分析

交通流分配是将交通需求量按照一定的规则分配到相应的路网上，得到网络路段/区段节点的需求量。本书采用增量分配法进行，分别得到轨道交通网络的区段客运量、道路路段交通量（包括相应节点的交通需求），供线路设计和运输组织管理决策使用。机场周边轨道交通网络客运需求和道路网络交通需求的预测如图 5-10 和图 5-11 所示。

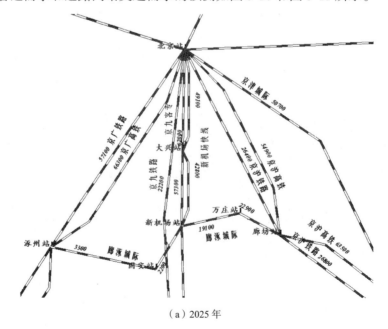

（a）2025 年

图 5-10 机场周边轨道交通网络客运需求预测示意图

第5章 城市群综合交通枢纽功能设计研究

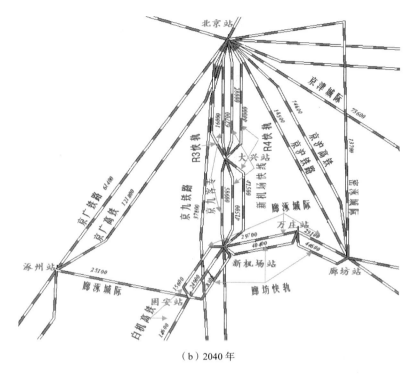

（b）2040年

图5-10 机场周边轨道交通网络客运需求预测示意图（续）

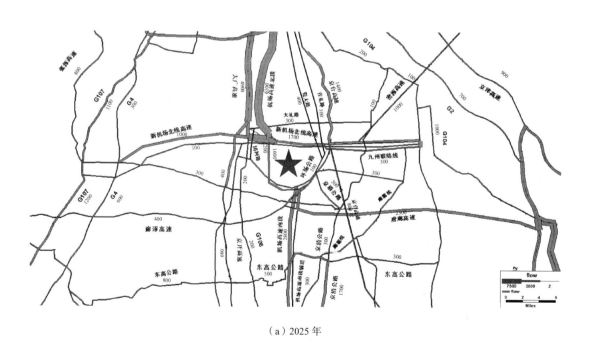

（a）2025年

图5-11 机场周边道路网络交通需求预测示意图

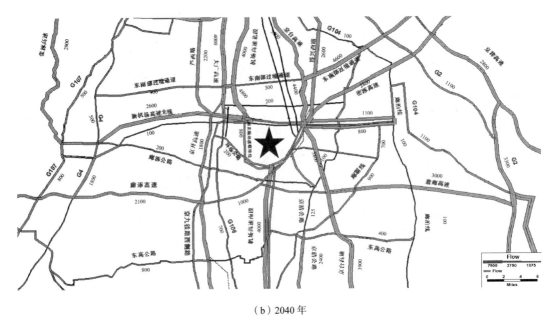

(b) 2040 年

图 5-11 机场周边道路网络交通需求预测示意图（续）

此外，还可以利用交通需求预测结果进行相应轨道交通站的上下客流、通过客流及道路交叉口的交通需求分析，为进行详细设计提供支撑，如图 5-12 和图 5-13 所示。

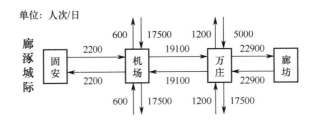

图 5-12 轨道交通站客流交通需求分析示意图（以 2025 年廊涿城际线为例）

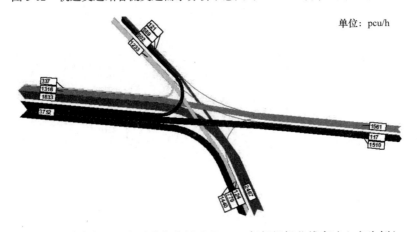

图 5-13 道路交叉口交通需求分析（以 2025 年新机场北线高速立交为例）

5.5.3 北京南站

1. 地理位置

北京南站位于我国北京丰台区,由北京局集团有限公司管辖,是北京的第二大以高速铁路为主的城市群综合交通枢纽,也是北京面积最大、接发车次最多的火车站,其俯瞰图如图 5-14 所示。

图 5-14 北京南站俯瞰图(图片来源:百度百科)

2. 平面布局

如图 5-14 所示,北京南站站房为双曲穹顶,外形为椭圆结构,远观似飞碟,从南、北两个方向看,中央主站房微微隆起,东西两侧各有两跨钢结构雨棚,酷似横向拉伸的祈年殿。设计融入了古典建筑"三重檐"的传统文化元素。在地面上,南、北两侧和永外幸福路均布局了三处城市地面公交始发站。

北京南站主要建筑材料为银色的金属铝板,最高点高 40.0m,檐口高 20.0m。两侧雨棚为悬索形钢结构,钢结构雨棚呈灰白色调,中间嵌有通透采光玻璃,并且通过不同规格的悬垂梁构成水波纹扇形形态,使整个雨棚形成跌落式的双曲面,与主站房屋面相呼应,最高点高 31.5m,檐口高 16.5m,面积达 6 万 m² 以上。

地上部分长轴为 500m,短轴为 350m;地下部分长轴为 397.1m,短轴为 332.60m。地上沿长轴方向的两翼部分为各三跨的钢结构通透雨棚,中间站房为椭圆形高大建筑,地上两层,地下三层。站房屋顶中间轴线处设置了天窗,以获得自然采光。雨棚上方也大规模地设置了天窗。地下层的墙面采用了一面红墙,对面是商业设施的白墙,对比效果突出。

3．立体布局

北京南站主体共有 5 层，地上二层（高架层）为高架候车厅，地面层为站台轨道层，地下一层为综合换乘大厅，地下二层为地铁 4 号线站台，地下三层为地铁 14 号线站台，如图 5-15 所示。

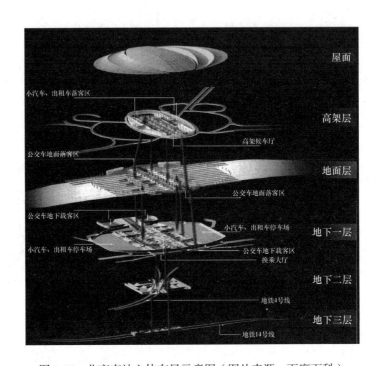

图 5-15　北京南站立体布局示意图（图片来源：百度百科）

在地上二层，中央为独立的高速铁路候车室，4 个角设有售票办公楼，东、西两侧是高速铁路进站大厅，自北向南依次分布了各候车区，可容纳 1.05 万人同时候车。车站共设置了 84 台窗口售票机和 39 台自动售票机。检票进站全部由自动验票系统控制。北京南站地上二层平面图如图 5-16 所示。

4．交通换乘

1）地面公交

北京南站地面公交主要集中在北广场、南广场和永外幸福路 3 处，共有 15 条公交线路，其中常规线路 12 条，夜班线路 3 条。地面公交换乘从地面层的南、北口进入，经过自动扶梯、电梯或楼梯进入高速铁路候车厅或综合换乘大厅换乘地铁，如图 5-17 所示。

第 5 章 城市群综合交通枢纽功能设计研究

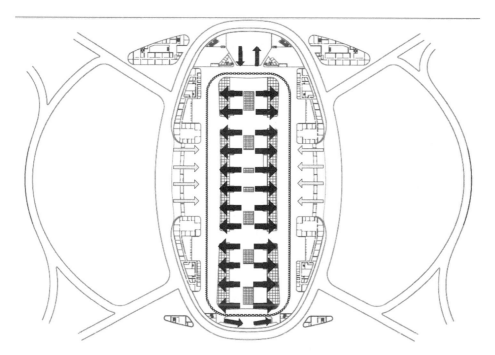

图 5-16 北京南站地上二层平面图

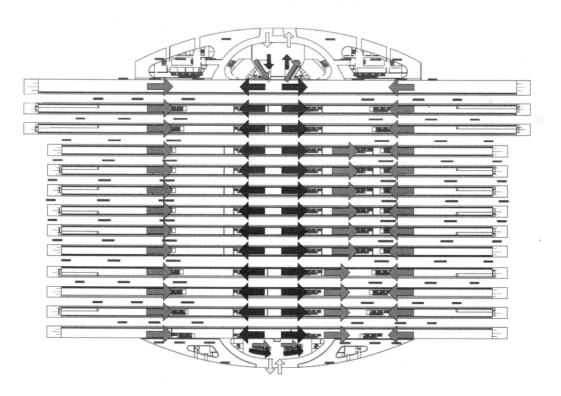

图 5-17 地面层示意图

2）轨道交通

地铁站厅位于地下一层的综合换乘大厅中部，地下二层为4号线站台，地下三层为14号线站台。两条线路均采用岛式站台设计。4号线车站呈西北—东南走向，垂直于地面铁路线路；14号线车站呈西南—东北走向，平行于地面铁路线路。两条线路垂直交叉，在站台中部通过楼梯相连，如图5-18所示。

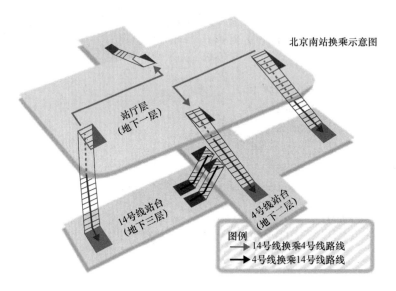

图5-18 轨道交通换乘示意图

3）出租车

北京南站出租车日均运次为5000余车次，日均运量为1.2万人次。乘客乘坐出租车从地上二层东、西口下车进入高速铁路候车厅；出租车停车场在地下一层。按照增开京沪线后乘客增量及分担率情况，出租车日均运量达到2万人次以上，出租车运次需要达到8000车次以上；在北京南站东侧地下一层和夹层停车场建有出租车调度站，东、西两侧出租车调度站都可停放出租车160辆。

4）租车服务

汽车租赁服务点距离北京南站北广场大约有10分钟的步行路程，约有运营车辆150辆。

5）首汽约车

2018年8月，北京南站和首汽约车合作，在地下一层东、西两个停车场给首汽约车各开辟一个网约车专用停车区位。

5. 交通流线组织设计和仿真评价

交通流线组织设计和仿真评价的步骤如下。

第一，进行实地调研和客流调查，把握现状集疏、换乘流线和高峰时段客流。第二，进行仿真建模,将北京南站建筑空间结构、交通流线和客流植入仿真软件 Legion 系统进行仿真、数据统计和效果评价,找出存在的问题。第三,现状仿真及结果分析。第四,交通组织优化及仿真评价,对比现状方案与优化方案的效果,给出推荐方案。

1）实地调研和客流调查

经查阅铁路列车时刻表知,北京南站抵离列车最多的时段为 15:30—17:30,因此实地调查采集了 2014 年 4 月 22 日该时段的进出口客流及换乘数据。

在数据采集的 2 小时内,铁路到站的客流为 12557 人,其分布如图 5-19 所示。由该图可以看出,铁路到站的客流随着列车的终到有着显著的变化,列车到达后,客流迅速增多,形成一个客流高峰。由于前一小时列车的到达数量较为密集,客流相对较大,在 16:20— 16:25 时段内客流达到最大,如图 5-19 和表 5-17 所示。

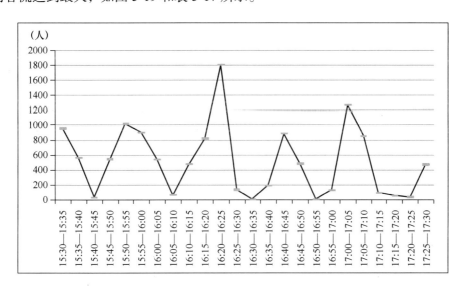

图 5-19　铁路到站客流分布

表 5-17　铁路列车到达时刻

列车车次	到达时间	列车到达口		列车带来的客流/人	
C2054	15:21	到达口7	到达口8	12	4
C2056	15:44	到达口7	到达口8	6	504
C2058	15:54	到达口7	到达口8	8	497
C2228	16:08	到达口7	到达口8	33	437
C2060	16:16	到达口7	到达口8	49	239
C2062	16:21	到达口7	到达口8	148	301
C2064	16:43	到达口7	到达口8	158	408
C2232	16:57	到达口7	到达口8	200	305
C2066	17:05	到达口7	到达口8	131	314

(续表)

列车车次	到达时间	列车到达口		列车带来的客流/人	
C2608	17:11	到达口7	到达口8	18	151
C2234	17:22	到达口7	到达口8	47	427
D4538	15:39	到达口1	到达口2	92	103
D334	15:19	到达口3	到达口6	964	607
G114	15:31	到达口3	到达口6		
G36	15:37	到达口3	到达口6		
G116	15:52	到达口3	到达口4	1274	912
G16	15:55	到达口3	到达口6		380
G42	16:21	到达口3	到达口4	571	838
G192	16:25	到达口3	到达口4	51	39
G120	16:37	到达口3	到达口4	450	559
G194	16:53	到达口3	到达口6	464	266
G124	16:58	到达口3	到达口4		590

地铁 2 小时内到站 9454 人，地铁到站客流随时间的变化幅度比铁路的小，原因是地铁列车发车间隔小，到站乘客较为均匀。在 2 小时的调查时间内，从安河桥北开往天宫院（以下简称方向 1）途经北京南站的列车有 39 列，平均发车间隔约 3 分钟；从天宫院开往安河桥北（以下简称方向 2）途经北京南站的列车有 42 列，平均发车间隔约 2.85 分钟。地铁到站客流分布如图 5-20 所示。

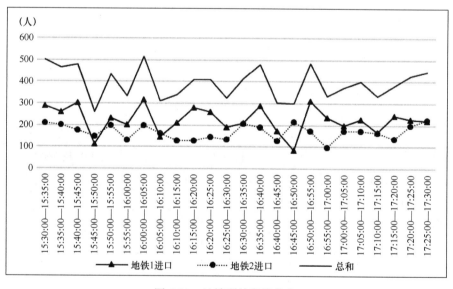

图 5-20 地铁到站客流分布

城市地面公交 2 小时内到站 4628 人，公交 4 个进口的客流都较为平缓，基本维持在其平均值附近，其中地下北进口的客流相对较多，地下南进口和地面南、北进口客流无太大差异。尽管各进口的变化幅度不大，但叠加后发现在时段为 16:25—16:30 附近，通过公交方式到达南站的客流达到高峰。公交到站客流分布如图 5-21 所示。

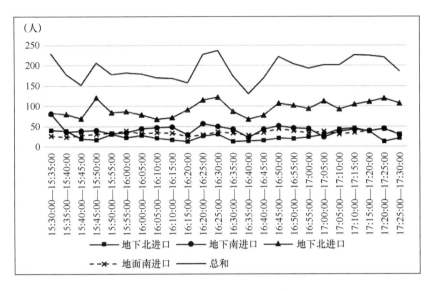

图 5-21　公交到站客流分布

出租车及社会车辆到站客流分为两部分。一部分是乘客在高架层的东、西两侧进口下车，直接进入高架候车厅的客流，在调查时段内到达客流为 3978 人。另一部分是在地下一层停车场下车，通过换乘大厅进入高架候车厅的客流，在调查时段内到达客流为 1777 人。每天 15:40—15:45 为社会车辆及出租车到站客流的高峰期。尽管在随时间变化的过程中，客流有波动，但总体波动不大，如图 5-22 和图 5-23 所示。

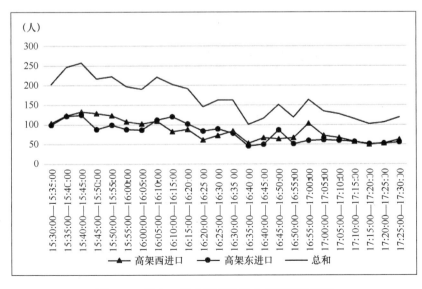

图 5-22　地上二层出租车及社会车辆到站客流

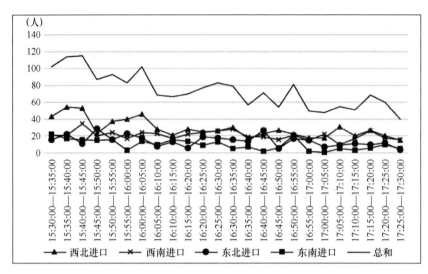

图 5-23 地下一层出租车及社会车辆到站客流

各交通方式换乘比例通过分时段对北京南站换乘客流的意向进行调查得到，在 15:30—16:30、16:30—17:30 时段内北京南站各交通方式的换乘比例分别如表 5-18 和表 5-19 所示。

表 5-18　15:30—16:30 时段北京南站各交通方式的换乘比例

铁　路	轨道交通	公　交	出租车及社会车辆
—	55.83%	20.83%	23.33%
81.36%	—	18.64%	—
61.67%	38.33%	—	—
99.17%	0.83%	—	—

表 5-19　16:30—17:30 时段北京南站各交通方式的换乘比例

铁　路	轨道交通	公　交	出租车及社会车辆
—	53.33%	20%	26.67%
65.79%	—	34.21%	—
53.33%	46.67%	—	—
100%	—	—	—

由于 16:30—17:30 时段更接近客流晚高峰，在北京南站换乘轨道交通和公交的客流比例相比 15:30—16:30 时段的比例略高。通过将进站客流与换乘比例矩阵相乘可得各交通方式的换乘需求，与实际的出站客流对比如表 5-20 所示。对比发现，实际数据比换乘需求计算的数据略大，这可能是因为枢纽站内本身就有部分客流存在，但由于并不是大很多，侧面说明了上述换乘比例矩阵的合理性。

第5章 城市群综合交通枢纽功能设计研究

表5-20 理论换乘需求与实际出站客流的对比

对比项目	数据/人			
	铁路	轨道交通	地面公交	出租车及社会车辆
换乘需求	11390	8877	5068	3080
出站客流	11799	9226	5380	3278

2）仿真建模

仿真利用 Legion 软件进行，该软件由 Model Builder、Simulator 和 Analyser 3 个模块组成，首先需要使用 Model Builder 模块构建北京南站建筑空间结构、交通流线和客流参数。交通流线设置：由于北京南站有多个出入口，如地下停车场有西南、西北、东南、东北 4 个出入口，通往南、北公交广场的出入口也有地下和地面共 4 个，所以去往公交广场及乘坐出租车的乘客可以选择不同的路径。根据调研结果显示，去往西南、西北、东南和东北出入口的客流分别占 35%、25%、25%、15%，去往地下南、地面南、地下北和地面北出入口的客流分别占 40%、13.3%、20%、26.7%，所以在路径的选择上同样按照上述比例设置。另外，去往铁路候车厅方向的乘客中乘坐京沪高速铁路列车的约占 1.5%，乘坐京津城际列车的约占 3.5%。换乘地铁的乘客平均分摊到开往两个方向的地铁列车上。从地下一层换乘大厅去往地下停车场的乘客 70%乘坐出租车，30%乘坐社会车辆。仿真流线如图 5-24 所示。

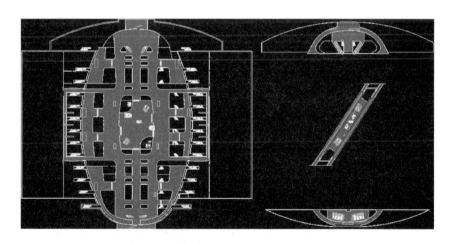

（a）地下一层综合换乘大厅　　　　（b）地铁 4 号线站台

图 5-24 仿真流线

在客流设置方面，按照调研结果将铁路、公交、出租车及社会车辆这几种交通方式以 5 分钟的时间间隔导入，而地铁在 2 小时内有共计 81 列列车经过，并采用实测的到达时刻数据，平均每列列车的客流为 125 人。行人步速按照图 5-25 所示分布设置，即服从均值为 1.3m/s 的标准正态分布。

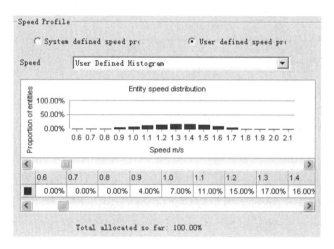

图 5-25　行人步速分布

在运力设置方面，尽管地铁 4 号线列车有 6 节编组，每节车厢定员为 200 人，但是北京南站只是途经站，接运能力不能按照总定员乘以满载率计算，所以结合实地调研情况，人为设定每列列车能将 250 人运离枢纽站。南、北公交广场的公交站都是始发站，发车间隔为 12 分钟，假定每辆公交车额定载客人数为 50 人，其满载率为 0.8，那么每辆公交车能带走 40 人的客流。北京南站地下一层东、西两侧的出租车载客平台允许两辆车同时作业，平均发车间隔为 25s，平均载客数为 2 人。

3）现状仿真及结果分析

仿真时长共计 2 小时，将前半小时作为仿真的预热阶段，取 16:00—17:00 为仿真时段，对北京南站各交通方式的协同运行进行评价分析。仿真效果示意图如图 5-26 所示。

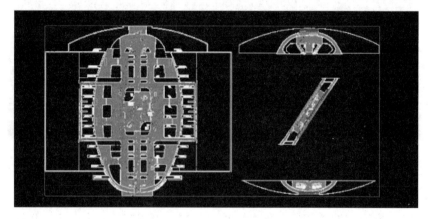

（a）地下一层综合换乘大厅　　　　（b）地铁 4 号线站台

图 5-26　仿真效果示意图

针对轨道交通，在仿真时段内到达开往方向 1 地铁站台的乘客共计 4793 人，有 20 列地铁列车经过，则其运能匹配度为0.96，属于B级；到达开往方向2地铁站台的乘客共计4958人，有21列地铁列车经过，则其运能匹配度为0.94，属于B级。

针对地面公交，在仿真时段内到达南公交广场的乘客共计1167人，有35辆公交车出发，则其运能匹配度为0.834，属于B级；到达北公交广场的乘客共计993人，有25辆公交车出发，则其运能匹配度为0.993，属于C级。

针对出租车，在仿真时段内到达西侧出租车上客平台的乘客共计604人，有288辆出租车经过，则其运能匹配度为1.05，属于C级，且出租车的运能满足不了需求；到达东侧出租车上客平台的乘客共计425人，有288辆出租车经过，则其运能匹配度为0.74，属于B级。

针对扶梯通行能力，乘客前往南公交广场可以有两种方式：一是从换乘大厅通过扶梯上到地面层，出站后步行至公交广场；二是先从换乘大厅的南公交出口出站，再通过扶梯步行至公交广场。仿真结果表明：前者在仿真时段内通过了1938名乘客，这其中除了有去往公交广场的乘客，还包括一部分去往高架层候车的乘客；后者在仿真时段内通过了767名乘客，全部是去往公交广场的乘客。

乘客前往北公交广场同样有上述两种方式。仿真结果表明：前者（实际有2个并行扶梯）在仿真时段内通过了2102名乘客，这其中除了有去往公交广场的乘客，还包括一部分去往高架层候车的乘客；后者在仿真时段内通过了396名乘客，全部是去往公交广场的乘客。

在仿真时段内，两个方向上地铁站台的聚集人数和密度如图5-27~图5-30所示。

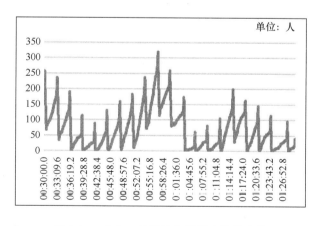

图5-27 方向1地铁站台的乘客聚集人数

由前面的实地客流调查可知，铁路客流在16:20—16:25时段达到高峰，此时对地铁站台的冲击相对较大，单次地铁列车并不能运送所有乘客，会有部分乘客滞留在站台等待下一班地铁列车的到达。这时需要下一班地铁列车能尽快达到，以减少乘客的等待时间。

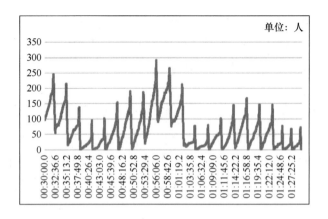

图 5-28　方向 2 地铁站台的乘客聚集人数

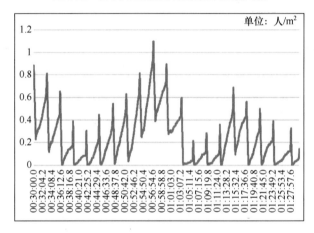

图 5-29　方向 1 地铁站台的客流密度

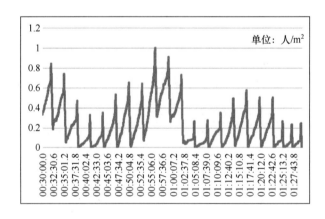

图 5-30　方向 2 地铁站台的客流密度

枢纽内客流密度可以通过软件生成，如图 5-31 所示，地铁站台、北公交广场和西侧出租车上客平台的人流密度较大，它们是影响交通方式协同的瓶颈区域。

第 5 章　城市群综合交通枢纽功能设计研究

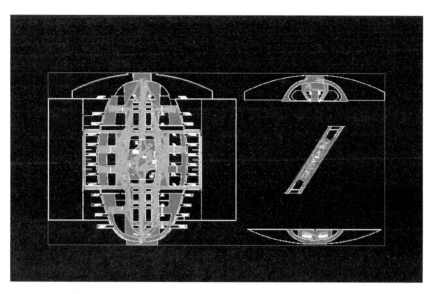

图 5-31　枢纽内客流密度示意图

在仿真时段内，抽取 10000 个样本，可以得到乘客在枢纽内的人均换乘时间为 302.9 秒。

4）交通组织优化及仿真评价

对于轨道交通，地铁实际平均发车间隔为 3 分钟，较为接近实际能达到的最短发车间隔。对地铁列车时刻表进行微调，改变部分列车的到达时刻，以降低高峰客流对站台的冲击。地铁列车时刻调整方案如表 5-21 所示。

表 5-21　地铁列车时刻调整方案

安河桥北开往天宫院		天宫院开往安河桥北	
现状方案	优化方案	现状方案	优化方案
0:38:50	0:38:50	0:37:52	0:37:52
0:41:55	0:42:25	0:40:55	0:41:23
0:44:50	0:45:50	0:43:55	0:44:51
0:47:55	0:48:35	0:46:51	0:47:31
0:50:54	0:51:14	0:49:52	0:50:16
0:53:55	0:53:55	0:52:54	0:53:02
0:56:59	0:56:39	0:55:54	0:55:46
0:59:55	0:59:15	0:58:58	0:58:34
1:03:15	1:02:15	1:01:55	1:01:15
1:05:55	1:05:25	1:04:52	1:03:56
1:08:52	1:08:52	1:07:55	1:07:27
—	—	1:10:54	1:10:54

优化（调整后）方案与现状（调整前）方案的仿真结果对比如图 5-32、图 5-33 及表 5-22 所示。可知，优化方案的地铁站台双方向最大聚集人数比现状方案的分别减少 16.6%和 11%。

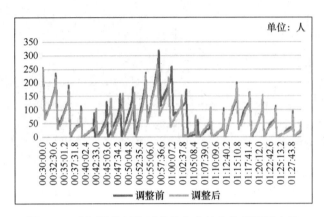

图 5-32　安河桥北开往天宫院方向站台旅客聚集人数

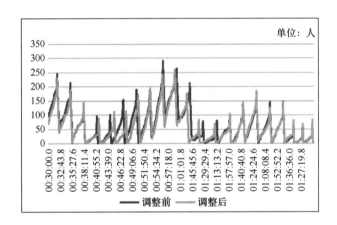

图 5-33　天宫院开往安河桥北方向站台旅客聚集人数

表 5-22　站台最大聚集人数对比　　　　　　　　　　（单位：人）

运行方向	现状方案	优化方案	变化率/%
至天宫院方向	319	266	−16.6
至安河桥北方向	292	260	−11.0

对于地面交通，有下述两方面内容可以进行改进，以增强公交与其他交通方式的协同。

（1）提高北公交广场公交车的运能。

由于北公交广场的运能匹配度并不是很好，可以采取增派公交车或者缩短其发车间隔的方法来增加其运能。例如,将公交车的平均发车间隔缩短至 10 分钟,仿真结果显示若仿真时段内到达北公交广场上车的乘客为1109 人,则运能匹配度将提高至0.924,属于 B 级。

(2)通过引导改变乘客的换乘路径。

通过仿真可知,采用先出站后上地面方式前往北公交广场的扶梯利用率较低,原因可能是部分去往北公交广场的乘客有盲从行为,跟随其他乘客先上地面后出站前往公交广场。现将这部分客流通过引导的方式使其先出站后上地面。仿真结果显示,在仿真时段内先上地面后出站的扶梯通过了 1875 人,先出站后上地面的扶梯通过了 1046 人。这种方式增强了扶梯的总通行能力,对交通方式的协同很有帮助。地面公交乘客换乘流线仿真示意图如图 5-34 所示。

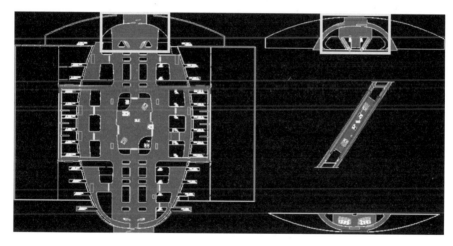

图 5-34 地面公交乘客换乘流线仿真示意图

对于出租车,运能分配不均情况较为明显:东侧候车区域仍有富裕;西侧候车区域运能不足,出现乘客排队候车时间过长甚至溢出的情况,所以在现有的运输条件下需要通过引导使部分换乘出租车的乘客往东侧转移。

假设西南、西北、东南、东北出入口的客流占比均为25%,进行仿真分析(见图 5-35)。由仿真结果可知,在仿真时段内到达西侧出租车上客平台的乘客共计 533 人,其运能匹配度降低至 0.92,属于 B 级;到达东侧出租车上客平台的乘客共计 525 人,其运能匹配度为 0.89,属于 B 级。这种方式使铁路换乘出租车的协同性略有提高。

与现状方案相同,在仿真时段内抽取 10000 个样本,可以得到乘客在枢纽内的人均换乘时间为 265.2 秒,较现状方案的人均换乘时间(302.9 秒)减少 12.4%,可见优化效果比较显著。

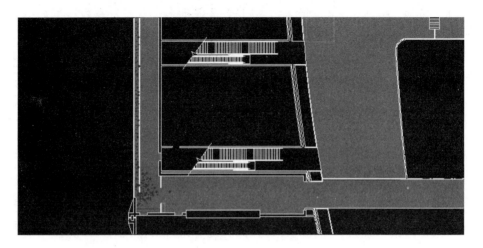

图 5-35 出租车乘客换乘流线仿真示意图

第 6 章

城市群综合交通枢纽一体化开发

实现现有城市群综合交通枢纽各种交通方式立体化、一体化是提高运输生产力,进行交通运输结构调整的重要途径,同时也是发展交通运输业、提高运输效益的一项重要手段。交通运输业要实现自身的协调发展,以最小的交通运输资源消耗来获得最大的运输能力、运输效率和社会效益,就要求各种运输任务都由最经济的交通方式来承担,发挥不同交通方式的优势,以达到降低运输成本的目的。因此,对于综合交通枢纽地区,要在充分满足各种运输需求的前提下,合理配置各种交通方式,优化运输结构,从而达到以最少的社会劳动消耗,获得最大的国民经济效益的目的。城市群区域也要根据综合交通枢纽地区的自然、地理、经济和社会发展、技术进步等条件,按照一体化原则,制定符合综合交通枢纽交通一体化发展的有效策略,以促进综合交通枢纽的一体化开发。在当前国家和社会发展的背景下,交通运输行业蓬勃发展,社会各方面对交通系统提出了更高的要求,伴随着更多城市群、都市圈的形成,城市群综合交通枢纽的一体化开发对运输业的发展具有重要意义。

(1)综合交通枢纽的一体化开发有利于运输结构调整,缓解目前交通节点衔接不畅、结构失衡的局面。实施综合交通枢纽的一体化,不仅能产生巨大的经济效益,有利于提高国家的综合国力及交通运输体系运转的社会经济效益,还是缓解我国目前交通供需紧张局面的有效途径。事实证明,传统的单一交通方式已无法解决供需矛盾,使交通运输能力滞后于国民经济发展。为了缓解供需矛盾,我国曾投入大量的财力、物力和人力来扩大交通运输基础设施的规模,并且将此作为解决矛盾的突破口,虽然取得了一些成效,但如果用经济学的投入与产出之比来衡量,则这些投入并没有得到预期的效果。实施交通一体化,能够在既有交通运输基础设施的基础上,尽量降低投资,通过对交通方式的组织协调与合理分配,缓解当前的状况。

(2)综合交通枢纽的一体化开发有利于交通运输组织整体的合理优化。综合交通枢纽的一体化可以实现各交通方式之间的顺畅衔接，以充分发挥各种交通方式的优势，相互协调、相互补充、相互促进，使有限的交通资源实现共享，提高综合运输体系的服务水平和效率，降低运输成本，达到整体优化交通组织的目的。通过对所有的交通工具、交通设施、交通信息进行统一组织和管理，实现对交通资源的充分利用，促进对交通运输系统的整体优化，满足日益增长的交通需求。

（3）综合交通枢纽的一体化开发有利于交通发展与其环境系统协调。交通运输的环境系统是指支撑其存在和发展的社会、经济、生态环境系统。而综合交通枢纽一体化开发的基本目标是构筑人性化、捷运化、信息化和生态化的交通空间，以人的交通需求为基本出发点，使人们在出行过程中同样能够享受到高品质的生活。以快速、大容量的运输网络衔接，优先确保交通出行者的利益，提高运输效率；以先进的信息技术为手段，实现资源共享和统一管理，适时诱导运输量均衡分布；在为人们提供畅达、安全、舒适和清洁的交通服务的同时，促进交通与环境的协调发展，不仅要控制交通污染，还要努力创造园林化的交通环境。

本章以城市群综合客运交通枢纽一体化开发为中心，从综合交通枢纽一体化开发的内涵、一体化开发的政策、一体化开发的措施及一体化开发案例分析等方面展开介绍。

6.1 一体化的内涵

"一体化"又称"整体化""综合化"，指对两种或几种本质上既有共同点又有不同点、在某一条件下能相互影响的要素，施加一些特定的约束作用，形成的一个综合体系。下面通过一体化的概念和一体化的特点来阐述城市群综合交通枢纽的一体化内涵。

6.1.1 一体化的概念

城市群综合交通枢纽是由两条或几条干线交通方式的交叉点、衔接处形成的，具有运输组织与管理、中转换乘及换装、装卸储存、多式联运、信息流通及商业服务等功能的综合性设施，它本身可以自成体系。作为交通运输的生产组织基地和交通运输网络中客货集疏、转运及过境的场所，它是提高客货运输速度的关键环节，是国家或区域交通运输系统的重要组成部分，对所在区域的综合交通运输网络的高效运转具有重要作用。

交通一体化是指在特定的地域范围内，交通基础设施建设与利用、各种交通方式组织及交通系统与外部因素之间、交通各子系统之间，始终保持满足需求、统一协调的有序状态。综合交通枢纽一体化的概念要体现出综合交通枢纽和交通一体化的定义特点。

综上所述，综合交通枢纽的一体化是指在集两种或多种交通方式于一身的综合交通枢纽及综合交通枢纽的外部通道范围内，交通工具、交通设施、交通信息及交通系统与外部因素之间、交通各子系统之间，进行统一管理和协调，实现交通运输系统的整体优化，始终保持满足需求、统一协调的有序状态。在宏观层面上，综合交通枢纽一体化的发展不但要满足社会经济发展的要求，还要与其所联系的外部环境紧密协调。总体而言，综合交通枢纽与经济相互适应、综合交通枢纽与土地空间利用相互结合、综合交通枢纽与环境互相融合、综合交通枢纽与社会相互促进，以及综合交通枢纽之间的交通运输相互协调等。在操作层面上，综合交通枢纽一体化应该使综合交通枢纽内、外部的各种交通方式关联更加紧密，达到"管理统一"和"运行协调"。"管理统一"是指综合交通枢纽的各种交通方式管理部门协同运作，共享信息资源，实现联动管理，充分发挥政府、市场及公众的各种作用和组合优势，促进综合交通枢纽各种交通方式组织结构、运营、管理等的一体化。"运行协调"是指综合交通枢纽的各种交通方式之间彼此协调、紧密衔接、运行安全，实现运输过程的一体化和快捷化。

6.1.2 一体化的特点

综合交通枢纽的一体化具有地域性、统一性、开放性、协调性等特点。

（1）地域性。综合交通枢纽的一体化是以特定的地域范围为载体和背景的。一旦脱离了具体的范围，就无所谓一体化。只有通过对具体的综合交通枢纽范围内的各种交通方式进行统一管理和运营，才能实现综合交通枢纽的一体化。

（2）统一性。统一性是指对综合交通枢纽的各种交通方式进行统一规划、统一管理、统一调配，达到客货运衔接高效化、运输快捷化。

（3）开放性。综合交通枢纽的一体化体系，不是一个封闭的系统，而是一个开放的系统。一方面，综合交通枢纽一体化体系内部是高度开放的，各种交通设施之间、交通方式之间相互衔接、相互开放；另一方面，综合交通枢纽作为交通一体化的特定统一体，又以整体的方式同外部环境进行持续性的衔接。

（4）协调性。协调性主要体现在两方面：一方面是各种交通方式的发展协调，即根据综合交通枢纽内交通发展的特点，实现轨道运输、道路运输、水路运输及航空运输的协调发展；另一方面是能力协调，即交通方式接口的能力要协调，枢纽内外部进出交通通道（如港口、机场）的能力要协调。

6.2 一体化开发的政策

我国交通运输部在 2016 年 7 月印发了的《综合运输服务"十三五"发展规划》。其中，主要任务的第一条是建设统一开放的综合运输市场体系。以市场化和法治化为导向，处理好政府和市场关系，破解发展瓶颈，推动建立统一开放、竞争有序的综合运输服务市场体系，增强综合运输服务市场活力和内生动力。

一是健全法规制度标准，夯实依法治理基础。完善综合运输服务法律、行政法规体系，开展《综合交通运输促进法》和《多式联运法》的立法研究，强化多式联运发展顶层设计。推动《铁路法》《港口法》《民用航空法》的修订工作，推进《城市公共交通条例》《快递条例》立法进程，配套完善相关部门规章。推进综合交通运输标准体系建设，重点制定综合运输枢纽、乘客联程运输、货物多式联运相关设施装备标准和运营服务规范，统筹推进国家标准、行业标准、地方标准、企业标准及团体标准的协调发展，强化标准化建设对综合运输服务发展的技术支撑与基础保障作用。

二是消除运输市场壁垒，提高资源配置效率。加大简政放权力度，完善综合运输服务领域市场准入退出机制，建立权力清单、责任清单和负面清单制度。推动建立公平开放、统一透明的运输市场规则，清理阻碍乘客联程运输、货物多式联运及企业规模化、网络化发展的制度和政策，推动出台运输企业异地设立非法人分支机构、增设经营网点便利化的政策措施，打破各种形式行业垄断，支持多业联动和跨界融合，促进运输资源有序流动。鼓励社会资本以独资、合资、控股、参股及政府与社会资本合作模式（Public Private Partnership，PPP）等方式，参与符合开放条件的运输基础设施建设和运输服务市场经营。稳步扩大运输市场对外开放，研究建立运输服务领域对外商投资实行准入前国民待遇加负面清单管理模式。研究建立运输市场区域封锁、行业垄断行为投诉举报、受理取证、审查撤销机制。适应移动互联网时代新兴服务业态发展要求，弱化资源和资格等前置审批管理，强化事中和事后监管。

三是推进重点领域改革，激发运输市场活力。推进铁路市场化改革，推动铁路运输有效融入联程联运服务，发展铁路全程物流和总包物流。推进道路客运班线经营许可改革，扩大企业在线路运营、车型选择、站点变更、班次安排、运力调度、车辆更新等方面的经营自主权，下放毗邻省份毗邻县的客运班线审批权。推进道路货运市场分类管理，支持无车承运人等运输组织加快发展。研究建立营运车辆综合性能检测异地审验与互认制度。全面取消营运车辆定期强制二级维护制度，增强企业车辆维护自主权。鼓励港口、海运企业发展全程物流服务，引导大型海运企业整合并购、做大做强。实施民航空域资源分类管理，推进低空空域管理改革发展。完善机动车驾驶员培训市场体系，创新培训质量监管模式，优化培训资源市场配置，引导培训机构集约化、规模化发展。深化汽车维修业市场改革，破除维修配件与技术信息垄断，鼓励连锁化、专业化、品牌化经营，倡导平安、绿色维修作业，建立完善汽车电子健康档案制度。研究完善综合运输服务价格形成机制，推动放开运输服务竞争性环节价格，形成不同交通方式间合理比价关系。完善城市公共交通、农村班线客运等公益性服务定价调价机制。推进综合运输服务领域商事制度改革，全面深化涉企收费制度改革，促进投资创业便利化。

四是强化运输市场监管，维护良好市场秩序。加强运输服务过程监管，强化经营者主体责任，完善承运人首问制度，鼓励和引导网络平台型企业建立赔偿先付制度，探索建立企业运输服务标准自我声明公开和监督制度、节能减排社会责任制度。强化运输安全生产领域的责任保险制度实施，形成风险分担的社会救济机制和专业组织评估、监控风险的市场监督机制。加强信用考核评价监督管理，建立健全行业管理部门、第三方机构、社会公众等多方参与的服务评价考核机制。完善运输企业、从业人员信用信息收集和整理制度，依托"信用中国"平台推进与公安、工商、税务、金融、保险、安全生产监督等部门信用系统的有效对接和信息共享。制定守信激励和失信惩戒制度，健全"黑名单"制度，推动建立跨区域、跨行业信用奖惩联动机制。建立综合运输服务市场运行监测体系，健全运输安全生产、重点物资运输、节假日旅客运输、应急保障运输及从业人员稳定等重点环节的风险监测预警和跟踪、风险管理防控、风险评估等制度。推动各类行业协会、中介组织改革创新，充分发挥其行业自律管理、协调沟通、评价评估作用，推动构建政社分开、权责明确、依法自治的现代社会组织体系。

2017 年 2 月 3 日发布的《国务院关于印发"十三五"现代综合交通运输体系发展规划的通知》中提到，加快运输服务一体化进程应从以下方面进行。

1. 优化综合交通枢纽布局

1）完善综合交通枢纽空间布局

结合全国城镇体系布局，着力打造北京、上海、广州等国际性综合交通枢纽，加快建设全国性综合交通枢纽，积极建设区域性综合交通枢纽，优化完善综合交通枢纽布局，完善集疏运条件，提升枢纽一体化服务功能。设立不同级别的综合交通枢纽，在全国范围内形成以综合交通枢纽为节点的综合运输网络。

（1）国际性综合交通枢纽。

重点打造北京—天津、上海、广州—深圳、成都—重庆国际性综合交通枢纽，建设昆明、乌鲁木齐、哈尔滨、西安、郑州、武汉、大连、厦门等国际性综合交通枢纽，强化国际人员往来、物流集疏、中转服务等综合服务功能，打造通达全球、衔接高效、功能完善的交通中枢。

（2）全国性综合交通枢纽。

全面提升长春、沈阳、石家庄、青岛、济南、南京、合肥、杭州、宁波、福州、海口、太原、长沙、南昌—九江、贵阳、南宁、兰州、呼和浩特、银川、西宁、拉萨、秦皇岛—唐山、连云港、徐州、湛江、大同等综合交通枢纽功能，提升部分重要枢纽的国际服务功能。推进烟台、潍坊、齐齐哈尔、吉林、营口、邯郸、包头、通辽、榆林、宝鸡、泉州、喀什、库尔勒、赣州、上饶、蚌埠、芜湖、洛阳、商丘、无锡、温州、金华—义乌、宜昌、襄阳、岳阳、怀化、泸州—宜宾、攀枝花、酒泉—嘉峪关、格尔木、大理、曲靖、遵义、桂林、柳州、汕头、三亚等综合交通枢纽建设，优化中转设施和集疏运网络，促进各种交通方式协调高效，扩大辐射范围。

（3）区域性综合交通枢纽及口岸枢纽。

推进一批区域性综合交通枢纽建设，提升对周边的辐射带动能力，加强对综合运输大通道和全国性综合交通枢纽的支撑。

推进丹东、珲春、绥芬河、黑河、满洲里、二连浩特、甘其毛都、策克、巴克图、吉木乃、阿拉山口、霍尔果斯、吐尔尕特、红其拉甫、樟木、亚东、瑞丽、磨憨、河口、龙邦、凭祥、东兴等沿边重要口岸枢纽建设。

2）提升综合客运枢纽站场一体化服务水平

按照零距离换乘要求，在全国重点打造150个开放式、立体化综合客运枢纽。科学规划设计城市综合客运枢纽，推进多种交通方式统一设计、同步建设、协同管理，推动中转换乘信息互联共享和交通导向标识连续、一致、明晰，积极引导立体换乘、同台换乘。

3）促进货运枢纽站场集约化发展

按照无缝衔接要求，优化货运枢纽布局，推进多式联运型和干支衔接型货运枢纽（物流园区）建设，加快推进一批铁路物流基地、港口物流枢纽、航空转运中心、快递物流园区等规划建设和设施改造，提升口岸枢纽货运服务功能，鼓励发展内陆港。

4）促进枢纽站场之间有效衔接

强化城市内外交通衔接，推进城市主要站场枢纽之间直接连接，有序推进重要港区、物流园区等直通铁路，实施重要客运枢纽的轨道交通引入工程，基本实现利用城市轨道交通等骨干公交方式连接大中型高速铁路车站及年吞吐量超过1000万人次的机场。

2．提升客运服务安全便捷水平

1）推进乘客联程运输发展

促进不同交通方式运力、班次和信息对接，鼓励开展空铁、公铁等联程运输服务。推广普及电子客票、联网售票，健全身份查验制度，加快完善乘客联程、往返、异地等出行票务服务系统，完善铁路客运线上服务功能。推行跨交通方式异地候机候车、行李联程托运等配套服务。鼓励第三方服务平台发展"一票制"客运服务。

2）完善区际城际客运服务

优化航班运行链条，着力提升航班正常率，提高航空服务能力和品质。拓展铁路服务网络，扩大高速铁路服务范围，提升动车服务品质，改善普通乘客列车服务水平。发展大站快车、站站停等多样化城际铁路服务，提升中心城区与郊区之间的通勤化客运水平。按照定线、定时、定点要求，推进城际客运班车公交化运行。探索创新长途客运班线运输服务模式。

3）发展多层次城市客运服务

大力发展公共交通，推进公交都市建设，进一步提高公交出行分担率。强化城际铁路、城市轨道交通、地面公交等运输服务有机衔接，支持发展个性化、定制化运输服务，因地制宜建设多样化城市客运服务体系。

4）推进城乡客运服务一体化

推动城市公共交通线路向城市周边延伸，推进有条件的地区实施农村客运班线公交化改造。鼓励发展镇村公交，推广农村客运片区经营模式，实现具备条件的建制村全部通客车，提高运营安全水平。

3. 促进货运服务集约高效发展

1）推进货物多式联运发展

以提高货物运输集装化和运载单元标准化为重点，积极发展大宗货物和特种货物多式联运。完善铁路货运线上服务功能，推动公路甩挂运输联网。制定完善统一的多式联运规则和多式联运经营人管理制度，探索实施"一单制"联运服务模式，引导企业加强信息互联和联盟合作。

2）统筹城乡配送协调发展

加快建设城市货运配送体系，在城市周边布局建设公共货运站场，完善城市主要商业区、社区等末端配送节点设施，推动城市中心铁路货场转型升级为城市配送中心，优化车辆便利化通行管控措施。加快完善县、乡、村三级物流服务网络，统筹交通、邮政、商务、供销等农村物流资源，推广"多站合一"的物流节点建设，积极推广农村"货运班线"等服务模式。

3）促进邮政快递业健康发展

以邮区中心局为核心、邮政网点为支撑、村邮站为延伸，加快完善邮政普遍服务网络。推动重要枢纽的邮政和快递功能区建设，实施快递"上车、上船、上飞机"工程，鼓励利用铁路快捷运力运送快件。推进快递"向下、向西、向外"工程，推动快递网络下沉乡村，扩大服务网络覆盖范围，基本实现乡乡设网点、村村通快递。

4）推进专业物流发展

加强大件运输管理，健全跨区域、跨部门联合审批机制，推进网上审批、综合协调和互联互认。加快发展冷链运输，完善全程温控相关技术标准和服务规范。加强危险货物全程监管，健全覆盖多种交通方式的法律体系和标准规范，创新跨区域联网联控技术手段和协调机制。

4．增强国际化运输服务能力

1）完善国际运输服务网络

完善跨境运输走廊，增加便利货物和人员运输协定过境站点和运输线路。有效整合中欧班列资源，统一品牌，构建"点对点"整列直达、枢纽节点零散中转的高效运输组织体系。加强港航国际联动，鼓励企业建设海外物流中心，推进国际陆海联运、国际甩挂运输等发展。拓展国际航空运输市场，建立海外运营基地和企业，提升境外落地服务水平。完善国际邮件处理中心布局，支持建设一批国际快件转运中心和海外仓，推进快递业跨境发展。

2）提高国际运输便利化水平

进一步完善双多边运输国际合作机制，加快形成"一站式"口岸通关模式。推动国际运输管理与服务信息系统建设，促进陆路口岸信息资源交互共享。依托区域性国际网络平台，加强与"一带一路"沿线国家和地区在技术标准、数据交换、信息安全等方面的交流合作。积极参与国际和区域运输制度规范修订，全面提升话语权与影响力。

3）鼓励交通运输走出去

推动企业全方位开展对外合作，通过投资、租赁、技术合作等方式参与海外交通基础设施的规划、设计、建设和运营。积极开展轨道交通一揽子合作，提升高速铁路、城市轨道交通等重大装备综合竞争力，加快自主品牌汽车走向国际，推动各类型国产航空装备出口，开拓港口机械、液化天然气船等船舶和海洋工程装备国际市场。

5．发展先进适用的技术装备

1）推进先进技术装备自主化

提升高速铁路、大功率电力机车、重载货车、中低速磁悬浮轨道交通等装备技术水平，着力研制和应用中国标准动车组谱系产品，研发市域（郊）铁路列车，创新发展下一代高速列车，加快城市轨道交通装备关键技术产业化。积极发展公路专用运输车辆、大型厢式货车和城市配送车辆，鼓励发展大中型高档客车，大力发展安全、实用、经济型乡村客车。发展多式联运成套技术装备，提高集装箱、特种运输等货运装备使用比重。继续发展大型专业化运输船舶。实施适航攻关工程，积极发展国产大飞机和通用航空器。

2）促进技术装备标准化发展

加快推进铁路多式联运专用装备和机具技术标准体系建设。积极推动载货汽车标准化，加强车辆公告、生产、检测、注册登记、营运使用等环节的标准衔接。加快推进内河运输船舶标准化，大力发展江海直达船舶。推广应用集装化和单元化装载技术。建立共享服务平台标准化网络接口和单证自动转换标准格式。

6.3 一体化开发的措施

1. 构建与城市群发展阶段、资源环境、人口密度相适应的交通模式

对于我国东部发展较为成熟的城市群，如京津冀、长三角、珠三角城市群，城市人口密度较大，城际客货运输需求较大，要充分利用既有铁路，利用客运专线、普通铁路开行城际列车、市郊通勤列车等。同时，重视公路客货运输需求，推进城际客运公交化运营等，引导形成多种形式、以公共交通为主导的城际客运交通模式。对于以中部大部分城市群为代表的快速发展中的区域性大城市群，应依托既有高速公路和高等级公路大力发展公共客运和专业化货物运输。但随着城市化率的提高，人口密度增大，运输需求增长潜力大，应在城市群主要城际通道上适时发展城际轨道交通，逐步引导公路客运向集约型交通模式转变。以西部部分城市群为代表的正处于发育初期的区域性城市群，要进一步发展和完善城市群内及对外交通干线网络的规划建设，基于城市群人口密度、客流强度，适当利用部分客运专线、既有线路进行城际客运。

2. 加强轨道交通对城市群空间结构的引导和优化调整

应尽量避免城市群内城市发展的无序蔓延，在经济发达和人口密集区域，需充分发挥轨道交通对城市群空间结构的引导和优化调整作用，将轨道交通作为城镇布局的依托，形成以轨道交通为主导的复合型交通走廊，引导城市群构建集约发展的布局模式，并通过廊道效应带动城市群区域的经济增长。同时注重多层次轨道交通体系的建设，以干线高速铁路、城际铁路支撑城市群中心城市间的商（公）务出行，以区域快线或市郊铁路系统支撑都市圈内高效率的通勤出行。

3. 通过综合交通枢纽的高效衔接，提高城市群交通一体化的效率

应加强不同类型的综合交通枢纽（航空、铁路等）的快速衔接及枢纽内部不同交通方式的便捷换乘；加强综合交通枢纽与城市功能的结合发展，在加强城市之间经济联系的同时减轻城市内部交通网络的压力。

4. 区域交通一体化体制机制的突破和创新

针对区域内的交通基础设施，成立更加有效的区域管理和协调机构，在实现综合交通枢纽实体设施高水平建设的同时，提高组织、管理水平。通过与土地开发结合，建立跨区域交通基础设施投资、收益分担共享机制。统一区域行业服务标准及服务规范，建立区域统一的交通运输市场，满足城市群区域内资源要素的自由流动。

6.4 一体化开发案例分析

6.4.1 车站综合体

京都市位于日本关西地区，属于日本东海道城市群，是京阪神都市圈的核心城市，面积约 828km²，人口约 150 万人，为日本第七大城市，也是日本著名的历史名城、千年古都。京都、大阪、神户共同组成了"京阪神都市圈"。

京都站每年接待大量游客，同时作为都市圈的核心城市承载了巨大的客流量。基于这种巨大的客运压力，京都站于 1995 年进行了改造，由日本著名的建筑设计师原广司进行设计，历时两年建造完成。改建后的日本京都站占地近 4 万 m²，总建筑面积约 24 万 m²，地面建筑 16 层，地下 3 层，高 60 m。新干线、既有铁路、近畿铁路（简称"近铁"，日本最大规模的私有市域/郊铁路）、地铁、公交等在这里聚散交错，成为京阪神都市圈内重要的综合交通枢纽。

首先，京都站有多条铁路线路汇集于此，实现了平均 8min 的发车间隔，支撑着每年 4000 万人次的客流量。其次，改造后的京都站不仅是一个火车站、交通枢纽站，同时还是一个集多种功能于一体的综合体。该车站内聚集了伊势丹百货商场、近铁百货商场、地下商业街、京都剧场、美术馆、高档宾馆京都格兰比亚大酒店及怀石料理等各种餐饮店等，综合体现代化程度高、规模大，具备多种业态，服务门类齐全。在建筑设计上，除了具备充满未来感的空间艺术设计特点，更是充分结合了交通运输与文化娱乐（美术馆、舞台等）等多种功能来进行立体层叠。这也使京都站作为一个商业地标焕发出了异彩。日本京都站综合体外观如图 6-1 所示。

图 6-1　日本京都站综合体外观

6.4.2 交通枢纽功能

在发展城市交通的过程中，日本国土交通省确定了一个观点：缓解大城市客运紧张状况，必须大力发展以大运量公交为主的高效交通系统。

在京阪神都市圈内，区域性的城际客流量十分巨大，发达的区域性轨道交通线路构建了城际间联系的主轴，促进了区域内的经济联系。其中，京都站作为区域内重要的交通枢纽，汇集了 5 条 JR 线与近铁线（日本网络规模最大的私有铁路）、2 条新干线（高速铁路）及 1 条地铁线，发达的铁路线网将其与神户和大阪紧密地联系在一起。除此之外，作为京都市内的交通枢纽，京都站还有 27 条公交线路及机动车与非机动车停车场，满足乘客多样化的出行需求。京阪神都市圈如图 6-2 所示。

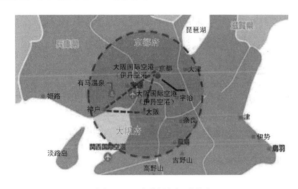

图 6-2　京阪神都市圈

京都站在内部设计上也具有自己的特色。既有线列车站台设置在地面，通过地下一层的一条连廊贯通既有线、新干线、地铁及地面公交站场；通过二层的贯穿走廊连接南北两侧广场和高架的新干线站台（见图 6-3）。车站内部没有大面积的售票厅与候车室，乘客基

（a）地下一层南北连廊

图 6-3　车站南北通行及换乘连廊

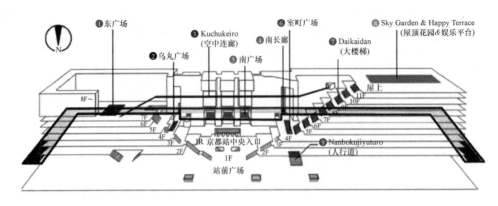

(b)地上三层南北连廊

图 6-3　车站南北通行及换乘连廊（续）

本都是通过"交通卡"与自动售/检票机完成购票—检票—进站的过程，省去了传统火车站的买票、候车时间，提高了乘客的出行效率。值得一提的是，这样的设计使车站的基本功能仅使用了综合体大楼 1/20 的建筑面积，为大体量商业在此生根发芽奠定了基础，使其成为一个"能让乘客逗留的车站"。

6.4.3　多方式交通布局

京都站汇集了日本国有铁道 JR 既有线、新干线、近铁、地铁、城市公交、高速长途大巴、旅游公交、出租车及私人交通等，形成了多方式综合客运枢纽。

京都站是一座以轨道交通为主的综合交通枢纽，南北双侧广场布局，以北广场为主广场，南广场为次广场，JR 既有线布局在车站的核心位置，线路呈东西方向贯穿车站；新干线布局在 JR 既有线的南侧；近铁布局在车站的西南侧，为尽头式车站，与 JR 既有线、新干线和地铁在南侧衔接；地铁布局在车站的东侧，从地下衔接并南北贯穿车站；城市公交枢纽/起终点站布局在车站南北广场的车站出口正面最方便的位置，体现了公交优先的原则，以北侧为主，南侧为辅。旅游公交布置在北侧公交枢纽的西侧，长途（高速）大巴布局在离高速公路出入口较近的南侧公交起终点站南侧；出租车停车场/位设置在城市公交站场的旁边次优先的位置。

京都站在东西楼设置了 2 个自行车（含摩托车）停车场和 3 个自走式立体停车场，分别具有 1425 个和 1250 个停车位，方便自行车和私家车的停车，但在站前广场没有设置自行车和停车场/泊位，以净化站前广场环境，并且不鼓励私家车利用站前广场上下车。多方式交通布局示意图如图 6-4 所示。

京都站北侧广场由于行人多，为了方便行人，保障行人安全，在盐小路通与乌丸通交叉口采用了 X 形斑马线和具有行人专用相位的交通信号控制。X 形斑马线如图 6-5 所示。

第6章 城市群综合交通枢纽一体化开发

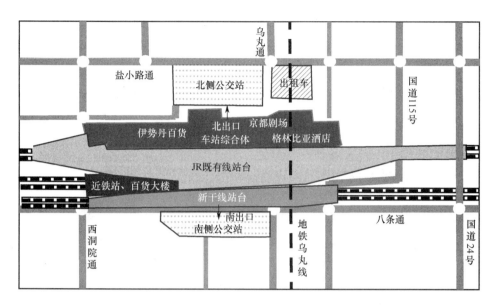

图 6-4 多方式交通布局示意图

图 6-5 X形斑马线

总结京都站的多方式交通布局特征：一是把行人放在最重要的位置上，方便行人，愉悦行人，使其具有满足感和安全感；二是体现公交优先原则，将公交站台布局在车站两侧广场最方便的位置，使行人行走距离最短；三是多种交通方式在车站实现平面+立体式混合衔接；四是提供私家车停车服务，但私家车不能利用车站广场上下车。

6.4.4 空中城市功能

京都站上层由充当建筑核心的一个超大尺度灰空间大厅控制，它联系着站内外及各层的使用空间，各功能空间沿着大厅向左右两侧层叠式展开。东西两侧的升高方式采用不同的手法：东侧呈台地状，各台地之间主要通过自动扶梯联系，尽端是旅馆围合的屋顶广场；西侧设置了一个巨大的弧形宽台阶，形成连续上升的坡面。西侧的伊势丹百货商场在各层都可与宽台阶相连，尽端屋顶上是开敞观光广场。车站立体剖面如图6-6所示。

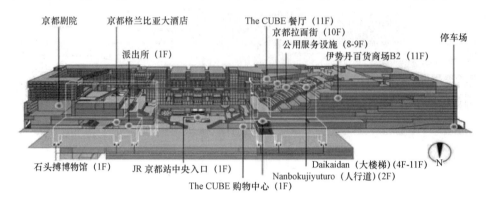

图6-6 车站立体剖面

车站综合体商业业态构成包括酒店、化妆品商店、男女服装店、儿童用品店、珠宝钟表店、卧室用品店、美容室、摄影室、杂货店、外语培训学校，另外还包括中国餐馆和日餐怀石料理在内的各色餐馆、食品店，以及邮送业务点、旅行社、证券交易所、美术馆、剧院等。在建筑结构上，地上建筑划分为东楼和西楼两部分，每个部分具有各自的业态布置形式。

东楼：东楼由京都剧院与京都格兰比亚大酒店组成，京都剧院位于东楼2~6层，包括3个观众厅，其中最大厅925座，除了承办各类演出，还可作为会展场地为酒店提供服务。此外还配套设置了4家餐厅，满足观众就近餐饮的需求。东楼示意图如图6-7所示。

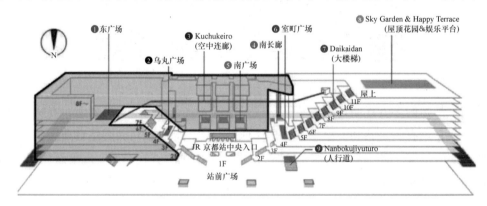

图6-7 东楼示意图

西楼：地下2层到地上11层都是伊势丹百货商场。其中，1~9层近一半面积用作停车场，结合建筑外形设计，形成了购物中心独特的坡道式动线，西楼示意图如图6-8所示。

第 6 章　城市群综合交通枢纽一体化开发

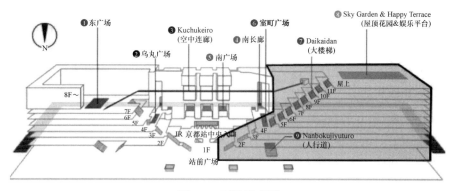

图 6-8　西楼示意图

空中连廊：在东楼和西楼之间设计了一条空中连廊连接大楼东西两侧，从东楼的东广场直达西楼的伊势丹百货商场，既可在空中联络东西楼，透明玻璃设计又可供游客欣赏周边景色，如图 6-9 所示。

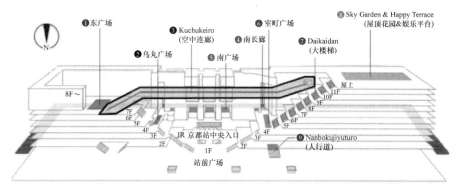

图 6-9　空中连廊

京都站二层南北侧自由通道和地下通道，将南北广场及站内设施连接了起来。在京都站西南侧近铁区域，还建设有近铁百货，大楼一层供近铁售票等业务办公，上层供乘客购物。京都站内的近铁百货如图 6-10 所示。

图 6-10　京都站内的近铁百货

6.4.5 城市花园功能

京都站半开敞的大厅融合了各功能区并创造了可停留空间。中央大厅和东西两侧的宽台阶激发了公共空间活力。各层次上东西两端的广场形成了不同高度的花园平台，这里可以供游人休息、赏玩，同时也是城市的一个露天舞台，形成了一道靓丽的风景线。从数百级的台阶拾级而上，远远就可以看到两个黄色的亭子，它们是屋顶花园的引路标志。屋顶花园的四周是玻璃墙，透过玻璃向南可以看到车站新干线繁忙的景象，向北可以看到古城安宁的风貌。通过玻璃墙观景，好像中国古代园林的借景一般，将空间在视线上进一步扩展。屋顶花园的中部采用素混凝土建造的花坛，质感朴素。灯式设计新颖，颜色鲜艳跳跃，与混凝土的颜色形成对比，使其整体更为美观，屋顶空中花园如图 6-11 所示。

图 6-11 屋顶空中花园

6.4.6 车站特征

从京都站综合体的成功案例可以发现其具有以下特征。

（1）深入城区，周边各类城市交通十分便利，城市配套设施完善，通过新干线、地方铁路、地铁线、公交线、出租、社会车辆，建立起发达快速的对外交通联系和便捷的城市交通联系。

（2）交通功能所占空间较小。在京都站，车站全部布置于地下，面积只占总面积的 1/20。综合体规模大、功能多，服务门类齐全。各功能群组与城市公共交通空间相连，各自独立，又相互联系。

（3）注重空间的灵活和延伸、景观呈三维分布，立体开发、竖向发展、空间引导。在日本京都站，大厅空间本身是一个整体，在各个层面上与各层的使用空间都形成回路，使位于不同层面上的使用空间都融于大厅，而且成为传统城市空间的延伸，削弱了高层建筑的感觉。空间的引导加上在车站内外设置了清晰明确的标示、导示系统，旅客可以很便捷地到达想要去的地方。

（4）外观大胆创新、不拘一格、出奇制胜。根据常规，新建的日本京都站应建设成体量轻巧的古典式。而建筑师原广司却在这样一个敏感、充满矛盾的历史古都建设了一个大型的现代化建筑。如此庞然大物矗立在几乎没有高层建筑的日本京都引发了非常大的争议。但随着它的投入使用，批评之声逐渐变少，更多的人开始享受它带来的便捷与乐趣。

（5）充分体现了"交通+"的一体化开发理念。京都站在设计过程中，充分将商业、文化、娱乐、餐饮、住宿等融入车站综合体，为乘客或游客提供了交通出行之外的活动，成为京都的观光景点之一，很好地实现了一体化开发的目的。

第 7 章

城市群综合交通枢纽发展

城市群综合交通枢纽是一个城市重要的出入门面，它一般结合长途客运站、轻轨站、机场、地铁站及铁路车站等进行建设，形成特点不同、风格和类型迥异的交通枢纽。其中，综合交通枢纽的设计与建设不仅要满足客流量的输送需求，还要综合考虑交通枢纽的商业布置及周边的景观设计，融入当地的人文环境，即体现综合交通枢纽的"交通+"功能。城市旅游客流对综合交通枢纽提出了一定的要求，综合交通枢纽的设计与建设还要考虑当地经济发展现状与未来的经济发展预期，立足当下，谋划未来。

7.1 交通方式的有效融合与衔接

综合交通枢纽一般布局在大城市中心地带，人口密度高、地价昂贵，又是商业发达和人流汇集的重要区域，需要集约式发展和高密度开发，因此多种、多线路的大运量交通方式有效汇集、分层衔接与对接设计将是发展趋势，主要表现为以下两种形式。

1. 同一综合体内的立体式衔接

将几种交通方式汇集到同一个综合体内，通过地下、地面和高架实现乘客的垂直换乘，通过设置众多的地下出入口实现乘客的汇集和疏散，以支撑和引导交通枢纽及周边的高密度开发。在这种情况下，城市轨道交通通常位于地下和高架，城市公交位于地面，可以极大地方便乘客换乘，客流集疏快，但枢纽区域开发范围相对受限。

2. 在枢纽区域的对接与立体式衔接

将几种交通方式布局在相对集中的立体空间范围内，以汇入几条城市轨道交通线路的车站为主，周边布局市域（郊）铁路的尽头式车站，通过地下、地面、高架实现交通方式间的衔接和互联互通。地面公交分别布局在各尽头式车站的地面上，形成交通枢纽区域，由地下出入口实现地上建筑物群客流的汇集与疏散。这种布局模式需要建设地下商业街，支撑的交通枢纽区域开发强度高，但乘客换乘距离长，适用于兼顾购物、餐饮、娱乐等的综合交通枢纽。

7.2 综合交通枢纽设计与景观

设计综合交通枢纽环境景观是在综合交通枢纽的区域范围内施行环境景观原理。在科技不断进步、社会文明飞速发展的今天，人们开始美化塑造综合交通枢纽环境景观，避免生态环境被破坏。国内外社会对建设和规划机场综合交通枢纽系统也越来越关注，有重要地位的环境景观设施也同样受到重视。人文景观和自然景观是广义上的环境景观类别，自然景观比较全面地体现了地域性的自然现象，人文景观则概括了发展过程中的人文艺术、历史及科学。

综合交通枢纽环境景观包括屋顶绿化、集中绿地、道路景观和主入口广场等。屋顶绿化是指综合交通枢纽的建筑屋顶上的景观绿化。集中绿地由陆侧绿地、广场绿地、中央绿地及高架桥下绿地 4 部分组成。道路景观指机场、客运站内的起降着陆道路景观和车行道路景观。主入口广场指站前广场，绿地和广场两者之间的特征慢慢融合，相互补充，可能会在综合交通枢纽环境景观中产生形式比较新颖的广场绿地。

7.2.1 构成综合交通枢纽环境景观的要素

自然物和人工建筑物都属于环境景观的构成要素。植被是组成综合交通枢纽景观的最主要元素，它在视觉上带给人美的享受，植被的色彩、形态等在不同的季节让人在视觉上感受不一样的变化。地形地貌可以控制人们视觉上的感受，它是人们所看到的景观的基本骨架。人工要素指规划设计的交通枢纽布局及各类配套的建筑物。综合交通枢纽环境景观包括的人工要素有建筑物、视觉及生态环境景观、综合交通枢纽及其范围内的景观。综合交通枢纽环境景观设计既要保证综合交通枢纽高效安全运营，还要确保其美观及与自然环境和谐共存。人工要素建设中要防止生态环境被破坏。

7.2.2 设计综合交通枢纽环境景观的功能作用

1. 功能性

综合交通枢纽环境景观的设计要满足交通功能，人们在进入综合交通枢纽的候车大厅或航站楼等时，通行速度较快，所以要将环境景观设计成适合动态交通的简洁明快的风格，确保乘客安全、舒适、便捷地通行；但对于停车场这种静态的区域，在设计环境景观时，既要考虑增加绿化面积，以减少人们对铺装的不适，又要避免景观干扰停车场，让绿化植物和停车场之间相对独立。为了满足乘客和工作人员的休息需要，环境景观设计还要考虑休憩功能，即在乘客和工作人员休息的区域运用植物、园路、建筑等建造适宜观赏的各种景观空间。

2. 艺术性

依据美学观点，可以运用艺术手法对综合交通枢纽环境景观进行规划设计，建造具有观赏价值和美观效果的环境景观。这种艺术性设计主要体现在空间关系、场所精神、植物景观及地形格局等上。空间关系是运用单一元素的统一化、多种活动的分区化等手法，采用系统整合的手段，设计具有"枢纽绿洲"效果的空间关系，这种设计要重视转换微观、中观和宏观尺度，满足人们对不同场所的体验和视觉需求，让人们能识别出不同功能的场所环境景观设计不同。场所精神是让人们适应和认同自己所属文化和自然现象构成的整体场所，这种环境景观设计应通过艺术形式和物质对象对场所的空间和性格进行合理规划，满足人们身心需求。植物景观要与机场各区域保持协调。地形格局就是将现有的地形以简洁的风格设计出满足人们需求的环境景观。

3. 科学性

综合交通枢纽环境景观的科学设计不仅要以"设计遵从自然"为原则，采取低碳建设规划；而且在植物的选择上，为了适应地域气候，以及与机场整体的空间格局相互协调，也应该选取具有地域特色或风格的植物。

7.2.3 综合交通枢纽景观设计要点

1. 标志性的体现

标志性景观指某一区域、场所中位置显要、形象突出、公共性强的人工建筑物、自然景观或历史文化景观，它能体现场所的特色，对周围一定范围内的环境具有辐射和控制作用，融合相应的人文价值，经时间的沉淀，成为人们辨别方位的参照物和对某一地区记忆的象征。

一处景观场地要成为一个城市的标志性景观，它必须要体现出一座城市的地域性、时代性、场所性和空间性。标志性城市景观便是一座城市的灵魂和形象代表，标志性城市景观能够提升一座城市的品位，让人一听说这个标志性景观，就会想到这个城市。

设计应尽量突出地方自然特色,即适合当地的地形、地貌及气候特征,选用当地材料,进行景观建设,与当地文化、产业结构相统一。

2. 简洁、通透的立体绿化设计

倡导生态优先,建设生态节约型绿化体系,模拟自然植物群落植被组成、结构特点和演变规律,科学营造人工植物景观,构建乔、灌、草多层次复合的植被模式,采用综合的、完整的、科学的生态设计方法,构建生态式广场,与自然和谐统一的城市景观才能走可持续发展的道路。

3. 凸显地方文化

使景观与建筑风格保持一致,最终凸显当地的特色地域文化。首先,应凸显其地方社会特色,以历史文脉景观为表现形式,凸显地方建筑艺术特色与民族风情。建设以地方文化为背景,具有超前意识又因地制宜的园林式广场,要将城市历史文化资源与国家级园林城市标准有机结合起来,增强广场的凝聚力和对游客的吸引力。因此,在综合交通枢纽的建设中应将景观绿化与城市的历史文脉和现代发展紧紧联系在一起,让城市以景观绿化的方式得到良好展示,加强城市的宣传、招商的效应,让轨道交通站前广场这个文化的平台促进社会效益和经济效益的双赢。

4. 符合人性化理念

分析考虑不同人群的心理需求及行为模式所需要的不同的空间环境,从设计的根本出发,落实对人的关怀。出发的人,主要等车、餐饮和购物,对空间场所的要求是享受和放松;到达的人,主要等人、吃饭和购物,对城市将产生美好的认知;休闲的人,主要进行商务休闲、吃饭、购物,对环境有一种愉悦的向往。基于以上分析思考,通过充分考虑不同人群的诉求,对应不同的景观功能空间,最终用景观来领导、组织整个公共空间场地的交通行为活动。

7.3 综合交通枢纽设计与地方文化

综合交通枢纽作为城市客流的集疏地,是集中体现城市文化、文明的场所。综合交通枢纽是进入一座城市的门户,是乘客进入这座城市的第一印象。综合交通枢纽作为城市物质与精神文明的窗口,作为外来人口流动的场所,其文化内涵对城市建设来说非常重要,其规划设计能否彰显本地地域及其民族文化特色,能否较好地展现城市风貌需要设计师深入思考。

综合交通枢纽的站前广场、航站楼、候车大厅等的环境设计应该体现该城市的文化特色，如传统宗教民俗等当地文化要素，在实际规划设计中深入挖掘其中蕴含的景观元素，并将其融入设计规划中，将城市的文化特色风貌展现出来。例如，高速铁路站的站前广场设计首先要考虑其功能性，即作为乘客和当地居民中转聚集交流场所的功能，一方面要体现当地的历史文化风貌，另一方面要保证乘客乘车的方便快捷。开敞的空间适合站前广场，人群密度较高的地区更要提高其流通性，在设计中尽可能少地使用大块草坪，以使来往于站前广场的人们可以方便地穿行。

7.4 交通枢纽建设与旅游

随着大众旅游时代的到来和全域旅游的快速推进，交通运输作为旅游业的基础支撑和先决条件，对旅游业的带动和发展作用愈加凸显。在旅游消费升级的大趋势下，如何更好地满足游客个性化和多样化的出游需求，对交通行业和旅游行业而言，既是挑战更是机遇。而综合交通枢纽承担为运输网络吸引和疏散客货流的任务，对促进交通运输产业的发展起着至关重要的作用。京津冀城市群以高速铁路、高速公路、航空等为代表的大众交通取得突飞猛进的发展，综合交通枢纽的建设极大地影响了旅游者的时空游览格局，使得旅游者的出行更加便捷，游客在旅游目的地的快速集聚，进一步刺激了旅游目的地旅游交通游览体系的完善。

京、津、冀三地拥有丰富的旅游资源，但以前一直处于"单打独斗"的状态，随着京津冀旅游协同发展策略的推进及京津冀城市群综合交通枢纽的建设，这一局面有了很大的改观。京、津、冀三地共同设计推出了红色旅游、冬季滑雪等特色旅游线路，还有周末亲子游、摄影之旅、休闲自驾游、古村古镇游、滨海休闲游等满足各类人群不同需求的旅游线路。围绕这些旅游线路，三地共同举办了房车巡游、科普旅游等系列活动。同时，京、津、冀三地还一同建设京东休闲旅游示范区、京北生态（冰雪）旅游圈、京西南生态旅游带、京南休闲购物旅游区、滨海休闲旅游带这五大旅游试点示范区。2018 京津冀旅游年卡使游客持有一张卡即可畅游 199 个景区。

交通是旅游业的重要组成部分，是旅游完成的充要条件。今天，京津冀 1 小时区域交通圈正在形成，交通一体化的成果正越来越多地惠及三地人民，一张三地互通的小小交通卡，连起一张越织越密的路网，映照出一张统一规划的区域蓝图。2016 年 12 月 9 日，随着京台高速公路北京段的开通,《国家高速公路网规划》中涉及的 7 条首都放射线全部开通。京哈、京沪、京台、京港澳、京昆、京藏、京新 7 条高速公路编织成一张交通网,京津冀城市群区域路网进一步完善。京秦高速公路三河段至北京东六环打通后,从天津北部进京将无须绕道京哈高速公路,同时达到分担京哈高速公路交通压力的作用。首都地区环线高速公路贯通成"环"后,将把北京、承德、廊坊、固安、张家口、崇礼等节点城市一一串联起来。

"轨道上的京津冀"建设让"同城"效应愈加显现——京张、京沈高速铁路和京唐、京滨城际铁路建设全面提速、进展顺利,北京城市副中心线、怀密线等市郊铁路投入运营。继京津城际铁路延伸线(天津至于家堡)开通、京津城际推出同城优惠卡及延伸线票价打折等诸多便民惠民新举措之后,京津城际列车以"公交化"服务,助力区域"同城化"发展。同时,城际高速铁路也让天津与河北保定等城市实现"同城"生活。大北环铁路和西南环线建成通车、南港铁路主体工程基本完工的同时,京滨城际铁路北段、京唐城际铁路及京哈铁路蓟州南站改造工程相继开工建设,天津至雄安城际铁路及天津至首都机场联络线纳入《雄安新区及周边地区铁路布局规划》,三地铁路路网将进一步延伸。天津机场交通中心实现了各种交通方式的无缝接驳,形成覆盖京津冀城市群区域及天津全市域的地面交通 1 小时行程圈,再通过津秦客专、津保客专等铁路网,机场腹地可扩大至 100km 服务圈。由 20 座城市候机楼打造的城市候机楼群,已将天津机场的腹地延伸至京、津、冀、辽、鲁五省市,空铁联运效果显著。天津机场将进一步着眼枢纽中心建设,深度打造进出北京的"第二空中通道"。

7.5 交通枢纽建设与商住

交通因素对商住的形成和发展有很大影响,而综合交通枢纽汇集了铁路、公路、航空、水运及包括城市轨道交通在内的各种公共交通方式,交通枢纽附近可达性极高,有利于附近居民的便利出行,为商住的形成奠定了基础,对商住的发展有很大的促进作用。京津冀城市群在发展的过程当中,由于人口的增加,城市的发展逐步由市中心向外扩展,尤其是北京、天津,近年来机动车保有量保持了高增长的态势,出行总量变大、出行距离变长、出行方式选择增多和出行质量提高。建设综合交通枢纽,创造人性化、便捷化的城市公共交通、城际交通成为京津冀城市群城市交通发展的目标之一。

汇集多种交通方式的综合交通枢纽的建设必然会导致该地区某些经济要素的变化,如流动人口的增加,对交通可达性要求较高的企业的积聚、商住区的出现等。便捷的交通也会吸引更多投资,产生商业积聚效应,进一步促进综合交通枢纽附近商住的开发。而城市轨道交通的融入,也使综合交通枢纽的可达性更高、吸引力更大,目前北京地铁日客流量已破千万,对商住的开发具有良好的带动作用。与交通枢纽息息相关的首要商机主题就是地产行业和物业投资,综合交通枢纽带来了人流、物流,吸引了资金流,产生了信息流的发散作用,使其周边地区成为经济、商务、公共活动频繁的场所,为商住的发展提供了肥沃的生存土壤和广阔的发展空间。

综合交通枢纽周边商住开发时,要结合交通枢纽的客流情况、商业现状、配套服务设施等有针对性的设计规划,以枢纽为核心,将平道、廊道、地面多层人行步道、下沉广场停车场等元素汇集融合,实现集各种商业功能于一体的商业中心。

参 考 文 献

[1] 朱照宏，杨东援，吴兵. 城市群交通规划[M]. 上海：同济大学出版社，2007.

[2] 杨晓光，等. 城市道路交通设计指南[M]. 北京：人民交通出版社，2003.

[3] 杨晓光，白玉，马万经，邵海鹏. 交通设计[M]. 北京：人民交通出版社，2010.

[4] 王炜，陈学武. 交通规划[M]. 2 版. 北京：人民交通出版社，2010.

[5] 张生瑞，周伟，姜彩良，等. 城市客运结构评价体系及评价方法[J]. 长安大学学报（自然科学版），2004，24(4)：59-62.

[6] 栗红强，陆化普，张永波. 系统聚类分析在国家综合运输网枢纽布局规划中的应用[C]. 第五届交通运输领域国际学术会议论文集（交通工程分册），2005：479-483.

[7] 胡大伟，闫光辉. 聚类分析在公路运输枢纽宏观布局规划中的应用[J]. 公路交通科技，2004，21(9)：136-139.

[8] 管楚度. 交通区位论[M]. 北京：人民交通出版社，2001.

[9] 邵春福，张旭，等. 城市交通设计[M]. 北京：北京交通大学出版社，2015.

[10] 邵春福. 城市交通规划[M]. 北京：北京交通大学出版社，2014.

[11] 邵春福. 交通规划原理[M]. 2 版. 北京：中国铁道出版社，2014.

[12] 齐岩，战国会，柳丽娜. 综合客运枢纽功能空间组合设计——理论与实践[M]. 北京：中国科学技术出版社，2014.

[13] 何世伟，等. 城市交通枢纽[M]. 北京：北京交通大学出版社，2016.

[14] 张超，李海鹰. 交通港站与枢纽[M]. 北京：中国铁道出版社，2011.

[15] 综合客运枢纽设计指南编写组，综合客运枢纽设计指南[M]. 北京：人民交通出版社，2015.

[16] 周爱莲. 交通枢纽规划与设计[M]. 北京：人民交通出版社，2013.

[17] 胡列格，刘中，杨明. 交通枢纽与港站[M]. 北京：人民交通出版社，2003.

[18] 刘其斌，马桂贞. 铁路车站及枢纽[M]. 北京：中国铁道出版社，2010.

[19] 曾珍香，顾培亮. 可持续发展的系统分析与评价[M]. 北京：科学出版社，2000.

[20] 胡永举，黄芳. 交通港站与枢纽设计[M]. 北京：人民交通出版社，2012.

[21] 斯卡洛夫 KIO. 城市交通枢纽的发展[M]. 北京：中国铁道出版社，1990.

[22] 杜成. 我国城镇化发展历程、存在的问题与改革趋势[J]. 经济视角, 2015(6): 4-5.

[23] 黄志刚, 荣朝和. 国外城市大型客运交通枢纽的发展趋势与原因[J]. 交通运输系统工程与信息, 2007(2): 12-17.

[24] 田辉. 综合交通枢纽布局设计分析[J]. 建筑与装饰, 2018(4): 35-36.

[25] 王静, 姜阳. 关于推进我国城市交通枢纽发展的思考[J]. 综合运输, 2013(10): 22-25.

[26] 韩靓. 珠三角城市群人口城市化特征及机制演化——兼与长三角、京津冀城市群比较分析[J]. 深圳社会科学, 2019(4): 26-36.

[27] 魏勇强, 张振宇. 长三角城市群协同发展机制研究[J]. 现代管理科学, 2019(3): 21-23.

[28] 郝良峰. 长三角城市群区域一体化发展的合作机制构建[J]. 苏州科技大学学报(社会科学版), 2019, 36(2): 47-50.

[29] 张瑜珊. 长三角城市群经济增长俱乐部趋同及因素分析[J]. 投资与创业, 2019(2): 106-107.

[30] 王德起, 庞晓庆. 京津冀城市群绿色土地利用效率研究[J]. 中国人口资源与环境, 2019, 29(4): 68-76.

[31] 梁晨晨, 何昊天. 京津冀城市群多中心化现状研究[J]. 环境与发展, 2019, 31(6): 214-216.

[32] 胡昊, 朱燕萍, 邬峻. 发展大上海都市圈快速铁路系统——巴黎—阿姆斯特丹都市圈的启示[J]. 铁道运输与经济, 2006(8): 1-3.

[33] 石芳铭. 巴黎都市圈的交通系统发展[J]. 美与时代(城市版), 2016(5): 29-30.

[34] 周明生, 梅如笛. 京津冀城市群区域产业布局与主导产业选择[J]. 学习与探索, 2016(2): 98-102.

[35] 叶玉玲, 陈鹏超, 程正. 基于双参数的城际乘客出行方式动态仿真方法[J]. 同济大学学报（自然科学版）, 2015, 43(6): 859-871.

[36] 李劲松, 王重明. 风险偏好类型与风险判断模式的实验分析[J]. 人类工效学, 1998, 4(3): 17-21.

[37] 段文婷, 江光荣. 计划行为理论述评[J]. 心理科学进展, 2008, 16(2): 315-320.

[38] 张好智, 肖昭升, 傅白白. 客运需求预测方法之比较分析[J]. 公路与汽运, 2009(2): 47-50.

[39] 吴小华. Excel在指数平滑法参数优选中的应用[J]. 安徽工业大学学报（社会科学版）, 2007(1): 39-40.

[40] 漆凯. 我国综合客运枢纽等级分级方法的研究[J]. 交通运输系统工程与信息, 2011, 11(5): 17.

[41] 胡迎鹏. 珠三角城市群综合客运枢纽现状剖析及发展对策[J]. 广东公路交通, 2014(4): 77-84.

[42] 朱胜跃, 赵慧, 吴海俊. 综合客运交通枢纽分类分级研究[J]. 铁道经济研究, 2012, 2: 23-29.

[43] 於昊, 何小洲, 杨涛. 城市群综合客运枢纽整体发展规划研究——以苏南城市群为例[J]. 规划师, 2011, 27(10): 12-16.

[44] 张露芳, 黄薇, 吴明. 公共环境中人的行为方式与标识设置研究[J]. 浙江工业大学学报, 2005: 303-305.

[45] 吕慎, 田锋, 李旭宏. 基于城市用地与交通一体化的枢纽等级体系研究[J]. 交通运输工程与信息学报,

2005，3(1)：57-62.

[46] 王瑜，陈雯. 机场综合交通枢纽环境景观之我见[J]. 中国科技纵横，2015(11)：11.

[47] 葛春景，郝珍珍. 以机场为中心的综合交通枢纽规划与建设[J]. 科技和产业，2013(9)：28-31，61.

[48] 高志凡. 浅谈城市轨道交通站前广场景观设计[J]. 建筑工程技术与设计，2016(3)：282.

[49] 芮春梅. 轨道交通枢纽站前广场景观设计探讨[J]. 四川建筑，2016，36(6)：16-17.

[50] 北京地铁日客流量破千万[J]. 世界轨道交通，2013(4)：67.

[51] 吴向东. 关于构建高速铁路车站商住综合体的若干思考[J]. 江苏交通科技，2019(4)：29-30.

[52] 蒋玲钰，陈方红，彭月. 综合客运枢纽功能区空间布局优化研究[J]. 铁道运输与经济，2009，31(11)：69-71.

[53] 邱丽丽，顾保南. 国外典型综合交通枢纽布局设计实例剖析[J]. 城市轨道交通研究，2006，9(3)：55-59.

[54] 余兴. 城市轨道交通与国有铁路的衔接方式[J]. 城市轨道交通研究，2001，4(2)：5-7.

[55] 周铁征. 现代化铁路客站的超前设计理念[J]. 铁路技术创新，2009(3)：17.

[56] 席庆，霍娅敏. 交通运输枢纽中客运站点布局问题的研究[J]. 西南交通大学学报，1999，34(3)：374-378.

[57] 昌慎，李旭宏. 城市客运换乘枢纽设施布局效用分析[J]. 东南大学学报(自然科学版)，2006，36(6)：1024-1028.

[58] 吴友梅，张秀媛. 城市轨道交通的公交换乘问题与对策分析[J]. 铁道运输与经济，2005，27(8)：19-21.

[59] 葛亮，王炜，邓卫，等. 城市客运换乘枢纽规划及设计方法研究[J]. 规划师，2004，20(10)：53-55.

[60] 王秋平，李峰. 城市其他客运交通换乘轨道交通协调探讨[J]. 西安建筑科技大学学报(自然科学版)，2003，35(2)：136-139，150.

[61] 聂伟. 都市圈道路网络优化及其评价理论研究[D]. 北京：北京交通大学，2007.

[62] 郝合瑞. 道路客运枢纽站场布局规划理论与方法研究[D]. 北京：北京交通大学，2010.

[63] 陈荔. 经济区客运量预测与综合枢纽布局研究[D]. 西安：长安大学，2011.

[64] 谢焕海. 我国城镇化发展的问题与对策研究[D]. 济南：山东师范大学，2014.

[65] 胡煜. 中国交通枢纽的空间溢出效应研究[D]. 北京：北京交通大学，2017.

[66] 张晓东. 基于灰色理论的京津冀交通货运量预测系统及应用研究[D]. 石家庄：河北经贸大学，2016.

[67] 葛大鹏. 基于出行行为分析的都市圈城际客运交通方式划分研究[D]. 西安：长安大学，2017.

[68] 徐鹏. 运输通道内各交通方式客流分担率研究[D]. 兰州：兰州交通大学，2016.

[69] 丁洁瑶. 个人风险偏好与时间偏好的实验研究[D]. 成都：西南交通大学，2007.

[70] 尚建勇. 面向综合交通枢纽布局的需求分析与预测研究[D]. 成都：西南交通大学，2014.

[71] 续宗芳. 区域综合运输需求分析及运输需求量预测研究[D]. 西安：长安大学，2012.

[72] 贾倩. 综合交通枢纽布局规划研究[D]. 西安：长安大学，2006.

[73] 王伟. 综合客运枢纽与城市交通换乘衔接研究[D]. 青岛：山东科技大学，2015.

[74] 夏媛. 浦东新区主要道路标识系统设计研究[D]. 上海：同济大学，2006.

[75] 林建新. 基于乘客视觉感知行为的综合客运交通枢纽分级导向标识布设方法研究[D]. 北京：北京交通大学，2017.

[76] 段智. 城市综合客运交通枢纽交通功能评价和方法研究[D]. 北京：北京交通大学，2007.

[77] 邹展. 综合枢纽的交通一体化[D]. 大连：大连交通大学，2008.

[78] 祝宝君. 沈阳经济区交通一体化发展对策与研究[D]. 沈阳：东北大学，2005.

[79] 张岩铮. 城市综合交通枢纽一体化设计研究与实践[D]. 大连：大连理工大学，2010.

[80] 李柔锋. 中日交通枢纽之商业空间比较研究[D]. 成都：西南交通大学，2012.

[81] 姚凤金. 旅客综合枢纽运输协调理论研究[D]. 北京：北京交通大学，2006.

[82] 宁鑫鑫. 城市综合客运枢纽换乘组织研究[D]. 石家庄：石家庄铁道大学，2012.

[83] 姜帆. 城市大型交通枢纽规划理论与方法的研究[D]. 北京：北京交通大学，2002.

[84] 陈琛. 城市公共交通换乘系统研究[D]. 南京：东南大学，2004.

[85] 丰伟. 城市对外交通综合换乘枢纽系统关键问题理论研究[D]. 成都：西南交通大学，2010.

[86] 陶志祥. 都市圈轨道交通枢纽规划理论及关键技术研究[D]. 南京：东南大学，2004.

[87] 依田和夫. 駅前広場・駐車場とターミナル[M]. 東京都：技術書院，1991.

[88] 横田英男. 旅客駅 – 計画と設計 – [M]. 东京：山海堂出版，1967.

[89] Seneviratne PN, Morrall JF. Level of service on pedestrian facilities[J]. Transportation quarterly, 1985, 39(1): 109-112.

[90] Davis DG, Braaksma JP. Level-of-service standards for platooning pedestrians in transportation terminals[J]. ITE Journal, 1987, 57(4): 31-35.

[91] Odoni AR, De Neufville R. Passenger terminal design[J]. Transportation Research Part A: Policy and Practice, 1992, 26(1): 27-35.

[92] Lee KKT, Schonfeld P. Optimal slack time for timed transfers at a transit terminal[J]. Journal of Advanced Transportation, 1991,25(3): 281-308.

[93] Setti JR, Hutchinson BG. Passenger-terminal simulation model[J]. Journal of transportation engineering, 1994, 120(4): 517-535.

[94] Carlos Lúcio Martins Margarida Vaz Pato. Search strategies for the feeder bus network design problem[J]. European Journal of Operational Research, 1998,106(2): 425-440.

[95] Chowdhury MS, Chien S. Optimization of transfer coordination for intermodal transit networks[C]// Transportation Research Board Annual Meeting. Washington DC: National Academies Press, 2001.

[96] Castelli L, Pesenti R, Ukovich W. Scheduling multimodal transportation systems[J]. European Journal of Operational Research, 2004, 155(3): 603-615.

[97] Cevallos F, Zhao F. Minimizing transfer times in public transit network with genetic algorithm[J]. Transportation Research Record: Journal of the Transportation Research Board, 2006, 1971(1): 74-79.

反侵权盗版声明

电子工业出版社依法对本作品享有专有出版权。任何未经权利人书面许可,复制、销售或通过信息网络传播本作品的行为;歪曲、篡改、剽窃本作品的行为,均违反《中华人民共和国著作权法》,其行为人应承担相应的民事责任和行政责任,构成犯罪的,将被依法追究刑事责任。

为了维护市场秩序,保护权利人的合法权益,我社将依法查处和打击侵权盗版的单位和个人。欢迎社会各界人士积极举报侵权盗版行为,本社将奖励举报有功人员,并保证举报人的信息不被泄露。

举报电话:(010)88254396;(010)88258888
传　　真:(010)88254397
E-mail：dbqq@phei.com.cn
通信地址:北京市万寿路 173 信箱
　　　　　电子工业出版社总编办公室
邮　　编:100036